"五大改造"教育读本丛书

北京市监狱管理局 ◎ 编著

政治改造
分册

中国政法大学出版社
2019·北京

《"五大改造"教育读本丛书》编委会

顾　　　问：秦　宣　章恩友　史殿国　林　乾　翟中东
编委会主任：刘亚东
副　主　任：戴建海
编　　　委：林仲书　何中栋　戴志强　李朝旺
　　　　　　栾淼淼　张洪建　孙本良　董世珍
　　　　　　赵永生　王金亮　徐万富
总　策　划：林仲书　何中栋
执 行 策 划：周　勤　杨东义
策　　　划：李春乙　马　锐　秦　涛
丛 书 统 筹：练启雄

《政治改造分册》

分 册 主 编：王金亮
执 行 主 编：李鹤鸣
执行副主编：高　炜（特邀）　姚静强　马玉正
分 册 统 筹：杨　畅
编　　　辑：陶　侃　李海涛　刘力源　佟　静　曹　骏
　　　　　　周文静　褚宏观　程亚文　刘开杨　周　坤
　　　　　　陈光宇　李　昱　杜锦旻　马　锐

总 序

党的十八大以来,党中央、国务院高度重视监狱工作,习近平总书记多次作出重要指示,为监狱工作提供了根本遵循,指明了前进方向。司法部党组准确研判新时代监狱工作的形势任务和职能定位,提出"坚守安全底线、践行改造宗旨"的工作思路,坚持以政治改造为统领,统筹推进监管改造、教育改造、文化改造、劳动改造的"五大改造"工作要求。

首都监狱系统提高政治站位、强化责任担当,以统筹推进"五大改造"工作要求为首要目标,积极推动"一四五四"北京行动纲领和"三新"工作意见落实,组织力量编写了一套立足监狱实际、贴近服刑生活、反映时代特征、体现北京特色、匹配犯群素质的《"五大改造"教育读本丛书》。主要目的是通过丛书的编写和使用,带动首都监狱建立起科学的改造体系,引导服刑人员认同党的领导、认同伟大祖国、认同中华民族、认同中华文化、认同中国特色社会主义道路,树立正确的历史观、民族观、国家观、文化观和宗教观。

《"五大改造"教育读本丛书》包含五大读本,分别为《政治改造分册》《监管改造分册》《教育改造分册》《文化改造分册》和《劳动改造分册》,共100余万字。丛书反映了社会发展和时代进步的最新成果,将中央和司法部对监狱工作的新思路、新要求融入其中,坚持以政治改造为统领,牢固树立监管改造的基础地位,充分发挥教育改造的治本作用,积极拓展文化改造的教化功能,切实推进劳动改造的功能回归。丛书将"一四五四"北京行动纲领和"三新"工作意见融入其中,充分体现北京市监狱管理局党组和全局上下的使命担当和积极作为,充分反

映首都监狱改造工作取得的成绩和经验，积极展示首都监狱工作的特色和水平。丛书立足监狱工作实际，贴近服刑人员服刑生活，紧扣服刑、改造、生活、回归等环节，重点围绕政治、监管、教育、文化、劳动五大方面，摆事实、讲道理、明规矩、正言行，既可供服刑人员阅读，也可供民警讲授，力求对服刑人员有所启发、有所感悟，帮助服刑人员解决思想和实际问题。丛书引用大量故事和事例，以案析理、图文并茂，文字表述通俗易懂、简单明了，使服刑人员愿意读、有兴趣、能读懂、易接受。

自 2018 年 9 月至 2019 年 11 月，《"五大改造"教育读本丛书》编写出版历时一年多，得到了各级领导的大力支持和悉心指导，监狱民警、社会专家及出版单位中国政法大学出版社认真履职、通力合作，开展了内容调研、提纲拟定、样章起草、正文撰写、插图设计、统稿审议、修改完善和出版印刷等大量艰辛繁忙的工作。丛书还荣幸地邀请到秦宣、章恩友、史殿国、林乾、翟中东等知名教授担任顾问，给予指导，撰写序言，有利于丛书提升规格，打造精品。

希望广大服刑人员以此套丛书为契机抓手，加强学习、认真领悟、认罪悔过、自觉改造，早日成为有益于社会的守法公民。

就此机会，谨向付出艰辛劳动的全体编写人员致以崇高敬意，向支持帮助丛书编写出版的同志们及社会各界人士表示衷心的感谢！由于时间和水平有限，难免存在疏漏和不足之处，欢迎批评指正。

《"五大改造"教育读本丛书》编委会
二〇一九年十一月

分　序

中国特色社会主义进入新时代，人民日益增长的美好生活需要和不平衡不充分发展之间的矛盾成为社会的主要矛盾。监狱作为国家执行刑罚的政治机关，要在确保国家整体安全、推进国家治理体系和治理能力现代化的大局中，承担重要的政治责任、法律责任和社会责任。监狱要履行好惩罚和改造罪犯的法定职责和根本职能，"将罪犯改造成为守法公民"；要将高质量的改造成果向社会输送，确保政治稳定、社会安宁；要对社会治理积极参与有所贡献，不断发挥社会主义监狱制度的优越性。从这个意义上讲，对罪犯进行政治改造既是形势任务的需要，也是引导罪犯改过自新、更好回归社会、重塑新生的实招善举。

毛泽东等老一辈无产阶级革命家把改造罪犯的工作同无产阶级解放事业紧密结合在一起，把改造罪犯作为改造人、改造社会伟大事业的一部分，确立了新中国监狱的根本制度，明确了监狱工作的根本任务。老一代党和国家领导人特别是毛泽东同志曾针对改造人的工作作出过许多深刻论述：如"世界观的转变是一个根本的转变"；"人是可以改造的，就是政策和方法要正确才行"；"要以政治改造为第一"；"犯了罪的人也要教育"；"我们的监狱其实是学校"，等等。1965年他还具体指出："劳改工厂、劳改农场，就不能以生产为第一，就要以政治改造为第一。要做人的工作，要在政治上启发人的觉悟，发挥他的积极性。"周恩来同志也曾指出，把罪犯改为新人，政治教育是第一。这些富有哲理的创造性论述，指明了中国特色社会主义监狱工作的根本方向和实质是政治性实践。

中国特色社会主义进入新时代，习近平总书记高度重视监狱工作和

罪犯改造工作,多次作出重要批示。我们社会主义国家的监狱,第一位的工作应当是对罪犯进行政治教育、政治引导、政治改造;要充分利用党的指导思想、路线方针政策,依法依规管理和教育罪犯,要利用马克思主义的基本立场、观点和方法,帮助罪犯破除错误思想观念,进行世界观、人生观和价值观的重塑;将政治教育与特定人群、特定需求相结合,是新时期做好思想政治工作的重要方面,更是思想政治工作者大有可为、应当积极作为的领域。

机缘凑巧,也是责任使然。在北京市监狱管理局清河分局与中央团校马克思主义学院部分教师的共同努力下,形成了这样一本以传播习近平新时代中国特色社会主义思想、传承历史、弘扬正气、帮助罪犯寻找正确人生航向、重塑新生的思想教育教材提供给我,让我有了一个了解、思考我国监狱工作和特殊人群教育的机会。以一名理论工作者的视角来看,本书具有四个方面的鲜明特点:

一是政治性。本书秉承马克思主义的基本立场和观点,坚持辩证唯物主义和历史唯物主义的认识论和方法论,既旗帜鲜明地讲清楚了应当坚持的、正确的观点和事实,也有理有据、明确地批驳和反对错误的观念和认识,对全面、准确地认识党史国史国情、中华民族历史传统以及中国特色社会主义制度、道路、文化具有积极意义,对于反对历史虚无主义、极端民族主义和宗教极端主义,有现实帮助作用。

二是思想性。政治教育重在引导人、影响人、塑造人。习近平总书记指出,爱国主义是人世间最深层、最持久的情感,是一个人立身之基、立德之源、立功之本。本书始终体现着坚定的理想信念,字里行间充满了对党、国家、中华民族和中国人民的浓厚情感,充满着新时代中国的四个自信。

三是教育性。人的社会属性需要实现身份认同,特别是对国家、文化、政治组织、民族的政治认同或者说是归属感。政治认同是把人们汇集在一起的精神力量。本书从章节设计到内容编排,把握住了引导罪犯建立政治认同这个关键环节,从我们从哪里来讲起,阐明了正确的国家观、历史观、文化观、民族观和宗教观,畅想了建设社会主义现代化强

国的光明图景和人民的幸福生活,既有分析阐述,又有教育提醒,也有劝勉和希望。

四是可读性。在酝酿、成书过程中,编写组立足服刑人员的知识结构、认知特点等,进行了深入细致的调查研究和交流沟通,反复斟酌确定题材内容、章节目录,力求在有限的篇幅内,呈现中国共产党艰苦奋斗的光辉历史、中国革命建设以及改革开放举世震惊的伟大成就,呈现中华民族的悠久历史、灿烂文化和伟大精神,呈现中国文化的深厚积淀和博大精深,呈现中华民族和中国人民的美好未来。史料经历了反复斟酌,言语平和,通俗易懂,具有时代性。

一个人做什么人、走什么路,深深受到他自己的认知体系即思想观念的支配,反映他的"三观"。一个人,不管他犯过怎样的罪错,只要在思想上得以改造,就能从根本上解决个人与社会、需求与规则、当下与未来之间存在的矛盾和冲突,重新融入社会、更好地生存发展。希望《政治改造分册》能够对读者改造观念、自我革新、重塑新生起到良好的帮助作用。

2019 年 10 月 10 日

目 录

总　序	/ 001
分　序	/ 003

第一章　历史和人民选择了中国共产党　　/ 001
　　第一节　曾经积贫积弱的中国　　/ 003
　　第二节　各种救亡努力的失败　　/ 012
　　第三节　为什么是中国共产党　　/ 025
　　第四节　党领导人民走向富强　　/ 046

第二章　新时代中国人的旗帜　　/ 059
　　第一节　人类历史之问　　/ 061
　　第二节　社会主义从俄国到中国　　/ 074
　　第三节　从苏东剧变到中国之问　　/ 080
　　第四节　回答中国新时代之问　　/ 097

第三章　尊崇宪法是我们的义务　　/ 119
　　第一节　宪法是民意的集中体现　　/ 121
　　第二节　中国宪法的历史　　/ 123
　　第三节　宪法是公民权利的根本保障　　/ 139
　　第四节　法律是人们一切活动的底线　　/ 146

第四章　中华民族大家庭　　/ 151
　　第一节　中华民族灿烂辉煌的历史　　/ 153

第二节　民族政策与民族区域自治制度　　/ 165
第三节　中华民族复兴与人类命运共同体　　/ 176

第五章　我们站立的地方就是中国　　/ 185
第一节　统一是中国的主旋律　　/ 187
第二节　坚决维护社会主义制度　　/ 195
第三节　中国奇迹从哪里来　　/ 208
第四节　中国人的家国情怀　　/ 216

第六章　我们共同的精神家园　　/ 223
第一节　中华文化源远流长　　/ 225
第二节　中国特色社会主义文化　　/ 236
第三节　走向世界的中国特色社会主义文化　　/ 247

第七章　我们如何看待宗教　　/ 261
第一节　宗教是怎么产生的　　/ 263
第二节　党的宗教政策　　/ 271
第三节　宗教极端主义与邪教是美好生活的毒药　　/ 275

第八章　人生再审视　　/ 283
第一节　人是自然的一角　　/ 285
第二节　人的一生应该怎样度过　　/ 292
第三节　践行社会主义核心价值观　　/ 299

第九章　未来世界　　/ 311
第一节　未来世界属于社会主义　　/ 313
第二节　未来中国的美好蓝图　　/ 318
第三节　"我将无我",点燃未来岁月　　/ 325

结束语　　/ 330

政治改造分册

第一章

历史和人民选择了中国共产党

第一章 历史和人民选择了中国共产党

近代以来，中国人有两个梦想，一是赢回国家主权和民族尊严，二是实现人民幸福和民族振兴。"近代以后，争取民族独立、人民解放和实现国家富强、人民幸福就成为中国人民的历史任务。在旧式的农民战争走到尽头，不触动封建根基的自强运动和改良主义屡屡碰壁，资产阶级革命派领导的革命和西方资本主义的其他种种方案纷纷破产的情况下，十月革命一声炮响，为中国送来了马克思列宁主义，给苦苦探寻救亡图存出路的中国人民指明了前进方向、提供了全新选择。"[1]习近平总书记这段话深刻揭示了中国人民近代以来的百年梦想：争取民族独立和人民解放，实现国家富强和人民幸福。近代中国的历史，是中国人民受难、中华民族受辱的历史，是中国社会各界奋力救亡、艰难探索的历史。最终，中国共产党团结带领全国各族人民，经过艰苦卓绝的斗争，通过一代又一代人的接续努力，赢得了民族独立和国家主权，实现了从站起来到富起来的历史性飞跃，赢得了走向中华民族伟大复兴的光明前景。所以说，中国历史和中国人民选择了中国共产党作为自己的领导核心，选择了社会主义作为自己的道路和方向。

第一节 曾经积贫积弱的中国

公元 17 世纪到 19 世纪的工业革命和资产阶级民主革命，使欧洲列强经济进步、科技实力和军事实力迅速增强，工业化和资产阶级民主制度给各国经济带来了日新月异的增长。而当时的清王朝骄傲自满、夜郎自大、不思进取，错过了工业革命生产方式变革和政治制度变革的先机。生产方式的落后和政治制度的衰败使中国以科技实力和军事实力为标志的综合国力逐渐衰退，鸦片战争以后满清王朝更是屡战屡败，日益陷入贫困和孱弱的泥沼之中。

---

[1] 习近平："在纪念马克思诞辰 200 周年座谈会上的讲话"，载《人民日报》2018 年 5 月 5 日第二版。

一、天朝上国的迷梦

中国自公元前 5 世纪进入封建社会以来，历经秦、汉、三国、两晋、南北朝、隋、唐、五代、宋、元、明、清诸朝代，一直延续了两千多年。在这两千多年中，勤劳智慧的中华民族创造了灿烂辉煌的古代文明。中国人发明了指南针、造纸术、印刷术和火药，建造了万里长城，开凿了五千多里的大运河，成就了秦汉唐宋元明清等强大帝国。但是，残酷漫长的封建专制统治，又使我国的经济、政治、文化、科技逐渐失去创新活力，长期处于发展迟缓的状态之中。17 世纪下半叶至 18 世纪，清朝的康熙、雍正、乾隆年间，是中国封建社会最后的鼎盛时期，但同时封建社会也走向了末世。到了鸦片战争前夜的嘉庆、道光年间，清王朝衰相尽显，潜伏着许多危机，而且闭关自守，故步自封。中国封建制度已处处显露出土崩瓦解的不祥之兆。

中国国家博物馆馆藏清人绘《大观园图》，当中国皇帝沉浸于虚幻的"盛世"时，工业文明已经在地球另一端蓬勃兴起。

然而，世界局势并没有因中国社会的停滞落后而停止变化，中国已经在科学技术及其运用上逐渐落后于西方资本主义国家。16 世纪西欧各国先后进入资本主义时代，17 世纪即明末崇祯和清初康熙时期，英国资产阶级革命完成，在所谓乾隆盛世时，法国大革命、美国独立战争先后爆发，英国占领印度建立了殖民地。到 1807 年，第一艘蒸汽轮船在西方国家制造完成，世界形势急剧变革，新兴资产阶级国家对中国施行炮舰政策已经有了技术前提。而即将处于釜中之鱼险境的清朝皇帝还懵然不知，仍然在做着其天朝上国、万世长存的迷梦。

二、民族灾难的开端

清朝统治者害怕中国民众在思想上受外国人的影响而对其统治不利，采取了闭关锁国的政策。闭关政策固然是清政府在遇到外来威胁的情况下采取的一种民族自保政策，在一定的时期和一定程度上，也起到了某种抵御外侵的作用，但从历史发展来看，它的消极作用大于积极作用。实行这种政策的结果，不仅切断了中国与世界的联系，阻碍了中外的经济文化交流，而且严重地束缚了国人的眼界和思想，助长了夜郎自大、愚昧无知的腐朽观念的蔓延。正因为如此，西方资本主义列强对中国的蚕食和控制咄咄逼人，鸦片战争前的清王朝好比一条庞大而破旧的船只，漂荡在急风暴雨来临之前的大海中。

19世纪初，英国已经基本上完成工业革命，成为世界最强大的资本主义国家，建立了号称"日不落"的殖民大帝国。继在亚洲占领印度之后，中国成为它的主要侵略目标。英国早已对地大物博、人口众多的中国垂涎三尺，中国的海外贸易已大部分掌握在英国的东印度公司手里，而中国对通商的限制显然不利于其海外市场的拓展，英国遂决心要打开中国的大门。1793年英国曾派特使马戛尔尼到中国交涉，向清政府提出加开新的通商口岸、割让舟山附近岛屿、降低关税等无理要求，被清政府拒绝。此后英国又向中国大量倾销商品，试图以商品来打开中国的通商大门。

当时中国经济中占主导地位的是小农业与家庭手工业相结合的自给自足的自然经济，在19世纪以前，外国没有什么大宗货物是中国需要买的，英国的洋货在中国市场上也很难卖出去。英国工业品遭到中国自然经济和闭关政策的顽强抵抗，销量不大，而英国商人却需要用大量银元购买中国的茶叶、生丝等商品。英国对华贸易长期处于入超状态。于是，英国殖民者以走私毒品鸦片作为牟取暴利及改变贸易逆差的手段。英国东印度公司在其殖民地印度强迫和诱使印度农民大量种植鸦片，并源源不断地运入中国，输入量年年增加。鸦片战争前的四十年间，仅英国运进中国的鸦片就达四十二万七千箱，从中国掠夺走了三亿至四亿两银元。随着鸦片输入的不断增加，当时中国吸鸦片的人不下两百万，清朝军队的不少官兵也成了大烟鬼。道光年间，已经是烟毒泛滥，成千上万中国人的身体被摧残，大量白银外流，国家财政经济出现了严重危机。

英国资产阶级及其政府对向中国发动武装侵略蓄谋已久。1825年和1837年英国发生了两次资本主义经济危机。为了摆脱危机和转移国内人民

的视线，英国政府迫不及待地酝酿发动一场对华侵略战争。1835年，林德赛致函英国外交大臣巴麦斯顿子爵，建议对中国发动战争，而且提出了具体的作战方案和所需的兵力及时间、路线等。在华鸦片贩子、伦敦东印度公司、曼彻斯特商会、利物浦印度协会等，都曾经上书英国政府，要求动用武力打开中国市场。

这期间的中国，鸦片之危害已经引起了充分的注意，国人纷纷要求禁绝鸦片。英国的鸦片走私不仅造成了中国的白银大量外流和财政危机，还导致银贵钱贱，加重了劳动人民的负担，并且直接毒害了中国人的身体和精神。朝野上下，人心沸腾，一些满腔爱国热忱的有识之士，纷纷向道光帝上奏章，要求禁烟。清政府实行禁鸦片措施，钦差大臣林则徐于1839年6月在广东虎门销毁鸦片的行动，完全是维护国家利益和民族尊严的正义行动。

中国的禁烟运动让英国政府找到了发动侵华战争的借口。英国政府于是加紧了发动侵华战争的准备。1840年4月，英国国会通过对华战争的决定。同年6月，英国侵华舰队封锁了珠江海口和广东海面，鸦片战争正式爆发。

鸦片战争以清政府的失败而告终。1842年8月29日，清政府派钦差大臣耆英、伊里布与英国签订了中国近代史上第一个不平等条约《南京条约》。1843年10月，又签订了中英《虎门条约》。英国获得了实惠，美国、法国等西方列强趁火打劫，逼迫清政府与之签订不平等条约，捞取商业利益。1844年7月中美签订《望厦条约》，10月中法签订《黄埔条约》，从1845年起，比利时、瑞典等国家也陆续胁迫清政府签订了类似条约，中国的主权遭到进一步破坏。通过这一系列不平等条约，英国等西方列强在中国攫取了大量侵略特权。割占香港岛，破坏了中国的主权和领土完整；外国船舰可在中国领海自由航行，破坏了中国的领海主权；外国人在华不受中国法律管束，享受领事裁判权，破坏了中国的司法主权；协定关税，破坏了中国的关税主权等等。

鸦片战争的失败和《南京条约》等一系列不平等条约的签订，使中国社会发生了根本性的变化。鸦片战争之后，中国在政治上领土主权遭到严重破坏，自给自足的自然经济逐渐解体，逐渐成为世界资本主义的商品市场和原料供给地，中国开始沦为半殖民地半封建社会。

第一次鸦片战争后，西方资本主义列强相继侵入中国。但是，它们不满足已经取得的特权和利益，蓄意加紧侵犯中国主权，进行经济掠夺。

1851年太平天国起义爆发后，列强认为这是加紧从中国攫取利益的大好时机。第一次鸦片战争之后，广东民间排外活动时有发生。当时两广总督兼五口通商大臣叶名琛采取默许态度，对一切外国的投诉均置之不理。1854年，《南京条约》届满十二年。英国曲解中美《望厦条约》关于十二年后贸易及海面各款稍可变更的规定，援引最惠国待遇，向清政府提出全面修改《南京条约》的要求。主要内容为：中国全境开放通商，鸦片贸易合法化，进出口货物免交子口税，外国公使常驻北京等。法、美两国也分别要求修改条约。清政府表示拒绝，交涉无果。1856年，《望厦条约》届满十二年。美国在英国、法国的支持下，再次提出全面修改条约的要求，但仍被清政府拒绝。于是，西方列强决心对中国发动一场新的侵略战争。

在俄、美支持下，英法趁中国太平天国运动之际，以"亚罗号事件"及"马神甫事件"为借口，联手发动了进攻中国的战争。因为这场战争可以看作是第一次鸦片战争的延续，所以也称"第二次鸦片战争"。1856年10月到1860年10月，第二次鸦片战争历时四年多，中国人民和爱国官兵英勇抗敌，给予侵略者沉重的打击。但是，由于清政府的软弱、腐败和无能，战争以中国失败而告终。

后人绘制的英法联军火烧圆明园场景。自诩文明的英法侵略者，却堂皇地对东方文明殿堂犯下了不可饶恕的野蛮罪行！

战争中，英法联军所到之处，烧杀抢掠，无恶不作，使中华民族再次蒙受深重的灾难。英法联军在北京洗劫和烧毁了融汇中外建筑艺术精华的"万园之园"——圆明园。

第二次鸦片战争，列强侵略更加深入，先后迫使清政府签订中法《天

津条约》和《北京条约》、中俄《瑷珲条约》等和约。中国因此而丧失了东北及西北共150多万平方公里的领土。战争结束后,清政府得以集中力量镇压了太平天国,维持统治,清史称"同治中兴"。

经过第二次鸦片战争,外国资本主义的侵略势力由东南沿海进入中国内地,并日益扩展,外国公使驻京加强了对清政府的影响和控制,中国社会进一步半殖民地化。

三、滑入灾难的深渊

两次鸦片战争以中国失败并赔款割地告终。中国开始向外国列强割地、赔款、开放,商定关税,中国主权受到严重危害,独立自主的地位丧失,开始沦为半殖民地半封建社会,引发了自然经济的解体。鸦片战争之后,帝国主义相继发动甲午战争和八国联军侵华战争,给中国人民带来深重的灾难。

19世纪90年代,世界资本主义列强先后进入帝国主义阶段。帝国主义国家迫切需要寻找新的投资场所,垄断殖民地的原料和市场,以保证本国工业的发展。当时,几乎整个非洲、澳洲和亚洲远东以外的地区已沦为殖民地,侵略者的目光只好移向还没有完全被分割的少数地区。中国和朝鲜,就成为帝国主义国家争夺的焦点。

日本作为新兴的资本主义国家,侵略中国和朝鲜蓄谋已久。日本原来是一个封建军阀统治的封建国家,经过1868年明治维新后,走上了资本主义的发展道路,并很快发展到垄断资本主义阶段。日本是个岛国,国内市场狭小,原料缺乏,加上封建残余势力的存在,广大农民生活十分困苦,无力购买工业品,因而更加需要寻找国外市场。

早在明治维新时期,日本就制定了旨在征服中国,然后征服世界的"大陆政策"。日本统治者为了实现其对外侵略的狂妄计划,在加紧发展军事工业、疯狂扩军备战的同时,大肆向国民和士兵灌输武士道精神和推广军国主义教育。到甲午战争前夕,日本已建立了一支拥有6.3万常备兵、23万预备兵的陆军和排水量7.2万多吨位的海军舰队。同时,还派出大批特务潜入朝鲜和中国的各战略要地,大肆收集经济、政治、军事情报,从各方面做好了武装侵略朝鲜和中国的准备。

日本军国主义在完成各项侵略准备之后,就开始寻找借口,发动战争。1894年，日本政府终于找到了发动战争的借口。这就是朝鲜东学党起义。东学党是朝鲜人民以宗教形式组织的反帝反封建的革命团体。1894年初，东学党在全罗道举行起义，起义军在"除暴救民、尽灭贵权、逐灭洋倭"等口号下，展开了反对封建统治者和打击外国侵略者的斗争。起义军发展迅速，朝鲜当局惊恐万分，派兵镇压无效，于是要求清政府派兵助剿。日本认为这是发动战争的绝好机会，一面极力怂恿清政府出兵，一面迅速完成了战争动员，设立了战时大本营。1894年6月6日，清政府派叶志超率军1500人赴朝，驻扎牙山。日本政府见其阴谋得逞，便以"保护使馆和侨民"为名，大举出兵朝鲜。清政府发现落入日本的圈套后，进退两难，急忙建议两国军队同时撤出朝鲜，遭日本拒绝。日军继续增兵入朝，事态严重，战争面临一触即发之势。面对这一严重形势，当时指挥战事的李鸿章，秉承慈禧太后的旨意，一味把停息战事的希望寄托在

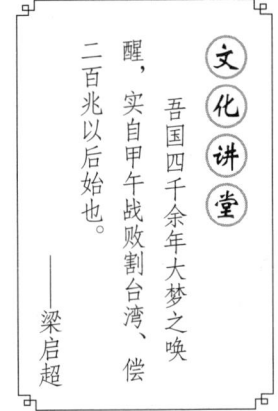

文化讲堂

吾国四千余年大梦之唤醒，实自甲午战败割台湾、偿二百兆以后始也。
——梁启超

俄、英、美的身上，不做积极应战的准备，甚至认为日方不会先清而动，说这是"万国公例，谁先开战，即谁理拙"。7月23日，日军闯入朝鲜王宫，劫持国王，组织傀儡政权。7月25日，日本迫使朝鲜傀儡政权宣布"授权"日军驱逐在朝中国军队。同一天，日本不宣而战，分两路向驻守在牙山的中国军队及牙山口外丰岛海面的中国兵舰发动突然袭击，挑起了侵略中国的战争。8月1日，中日同时宣战，1894年是中国农历的甲午年，史称"甲午战争"。

甲午战争以1894年7月25日丰岛海战的爆发为开端，至1895年4月17日《马关条约》签订结束。

日本人绘《马关条约》签字场景。《马关条约》大大加深了中国的民族危机，也进一步促使中国人思考救国救民的出路。

这场战争以中国战败、北洋水师全军覆没告终。中国清朝政府迫于日本军国主义的军事压力，签订了丧权辱国的不平等条约——《马关条约》。它给中国社会造成了极其严重的危害，进一步加深了中国社会半殖民地化的程度。

在甲午战争之前，中国经历了多年的洋务运动，建立了初步的近代工业。在中法战争中，中国取得了战争胜利，让世界为之一惊，对中国刮目相看。左宗棠收复伊犁，威慑了沙皇俄国。清王朝开始要求与外国修改不平等条约，开始在世界舞台上取得了一定的话语权，此时的中国仍然具有一定的经济实力和综合国力，建立了总吨位第一的军舰队，自称为亚洲第一强国。但是在甲午战争之后，世界列强得出了中国看似外表强大，实际上十分虚弱的结论。中国从此失去了相应的国际地位和话语权，西方列强开始肆无忌惮，变本加厉地欺负中国，掀起了瓜分中国的狂潮。

随着民族危机的加深，中国人民反抗帝国主义的斗争日益高涨。与此同时，随着战争赔款的加深，人民不堪重负，终于引起了义和团运动。义和团的迅速发展，沉重地打击了帝国主义列强的侵华势力，使帝国主义极为恐惧，多次胁迫清政府镇压义和团。清政府内忧外患，无力抵抗，因此西方列强更加放肆，1900年5月20日，各国驻华公使决定对华武装干涉。5月28日，大英帝国、美利坚合众国、法兰西第三共和国、德意志帝国、俄罗斯帝国、日本帝国、意大利王国、奥匈帝国八国在各国驻华公使会议上正式决定联合出兵镇压义和团，以"保护使馆"的名义，调兵入北京，清政府被迫同意。1900年6月6日前后，八国联合征华计划相继得到各自政府的批准，联军协同行动，进攻中国的战争爆发。6月10日，英军驻华司令、海军中将西摩统率八国联军2300多人，由天津乘火车向北京进犯。随后，侵华帝国主义海军在沙俄海军将领指挥下，联合进攻大沽口炮台，遭到守军坚决抵抗，清军共击伤击沉敌舰6艘，毙伤敌军200余名。正当战事激烈时，守将罗荣光中弹牺牲，清军失去指挥，大沽炮台失守。大沽口失陷后，俄、英、德、美援军数千人，闯入天津海河西岸紫竹林租界，对天津城及其外围发动猛攻，攻陷天津。8月中旬，联军2万余人由天津进犯北京。8月14日，北京失陷。8月15日晨，慈禧太后和光绪皇帝仓皇出逃。联军入城后，解除了义和团对东交民巷和西什库教堂的围攻，义和团被迫退出北京，转往外地坚持抗击侵略者。慈禧太后在流亡途中，指定李鸿章为与列强议和的全权代表,发布彻底铲除义和团的命令,与联军签订了丧权辱国的不平等条约——《辛丑条约》。这个条约虽暂时保住了清政府的权位,却大大加强了帝国主义对中国人民的统治,清政府由此成为帝国主义的傀儡。

四、 国耻民辱何时休

甲午战争失败标志着清朝历时三十余年的洋务运动的失败,取得的近代化成果化为乌有,打破了近代以来中国人民对民族复兴的追求,标志着列强侵华进入了一个新阶段,列强掀起进一步瓜分中国的狂潮,大大加深了中国的半殖民地化程度,中国的国际地位急剧下降。甲午战争直接导致中国人民挽救民族危亡的运动高涨,资产阶级掀起了维新变法运动和民主革命运动,中国人民自发反抗侵略的斗争高涨。

20世纪初,帝国主义列强在迫使中国签订《辛丑条约》以后,加强了对清政府的政治控制,多方扩展在华经济势力,不仅给中国人民带来了沉重负担,还损害了国家主权。从此,清政府完全成为帝国主义统治中国的工具,变成了"洋人的朝廷"。

外国在华投资规模急速扩张,包括扩大设厂规模和给清政府大量高息贷款,而铁路、矿山的利权更是成为帝国主义掠夺的重要目标。1903~1904年,英国派兵入侵中国西藏地区。1904~1905年,日、俄两国为了争夺在华利益竟然在中国东北进行战争,清政府却宣称"局

清末《时局图》生动地勾画出了列强意在瓜分中国的局势。

外中立"。经过一年多的厮杀,日本战胜俄国,俄国将所攫得的中国东北南部所有一切侵略特权"转让"给日本。中国的民族危机进一步加深。

为了对外支付巨额赔款等,十多年间,清政府的财政开支激增4倍之多。在清朝的最后几年里,各种旧税一次又一次被追加,种种巧立名目的新税更是层出不穷,各级官吏还要中饱私囊,致使民怨沸腾,社会矛盾进一步激化。

正是在中外反动派的严重压迫下,20世纪初,各阶层人民的斗争风起云涌、遍及全国。1902年至1911年间,各地较大规模的民变多达1300余起。其中包括各阶层人民的反洋教斗争,农民、手工业者的抗租、抗捐、抗税斗争,工人的罢工斗争,商人的罢市斗争,少数民族与会党的起事等。同时,还发生了拒俄、拒法、抵制美货,收回利权运动和保路运动等爱国运动。在一些运动中,资产阶级开始成为主要的角色。

这些情况说明,随着晚清政局的演变,人民群众已经不能照旧生活下去了。

第二节　各种救亡努力的失败

随着帝国主义列强的入侵,中国的民族危机和社会危机日益加深,中华民族面临亡国的危险,社会各阶级阶层都面临着"怎么办"的问题。农民阶级、地主阶级洋务派、资产阶级维新派、资产阶级革命派,先后提出自己的救国主张。他们从各自的阶级立场出发,对国家的出路进行探索,先后提出了不同的主张和方案,这些主张和努力,都没有能够挽救中国。

一、农民阶级自发救亡

农民是外国侵略者和本国封建统治者的主要压迫对象和反抗力量。长期以来,中国广大农民在封建地主的压迫和剥削下,过着极其贫困和不自由的生活。鸦片战争失败以后,为支付对列强的巨额赔款,同时也为了弥补财政亏空,清政府加重了赋税的征收科派。各级官吏在征收钱粮时往往浮收勒扣、横征暴敛,农民的负担更为沉重。

由于西方资本主义的入侵,中国的农业和家庭手工业相结合的自然经济逐渐解体。鸦片贸易在战后进一步泛滥,导致白银外流、银贵钱贱的现象更加严重,又额外增加了农民的负担。残酷的压迫和剥削,迫使广大人民尤其是农民群众走上反抗斗争的道路。1842年至1850年间,全国各族人民的反清起义在百次以上。清政府调兵镇压,但群众斗争彼伏此起,酝酿着更大规模的反抗。太平天国农民起义就是在这种情况下爆发的。

1843年,洪秀全撷取原始基督教教义中反映下层民众要求的平等思想和某些宗教仪式,从农民斗争的需要出发,加以改造,创立了拜上帝教,并利用它发动和组织群众。1851年1月,洪秀全率拜上帝教教众在广西桂平金田村发动起义,建号太平天国。随后,太平军从广西经湖南、湖北、江西、安徽,一直打到江苏,席卷6省。1853年3月,占领南京,定为首都,改名天京,正式宣告太平天国农民政权的建立。

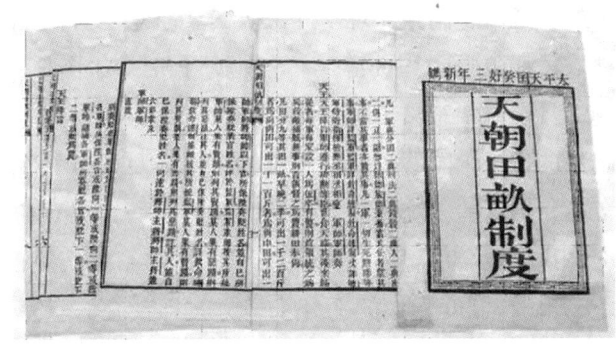

太平天国颁布的《天朝田亩制度》是几千年来农民运动的思想结晶,同时又有着不容忽视的局限性。

太平军所进行的战争,是一次反对清政府腐朽统治和地主阶级压迫、剥削的正义战争。太平军在进军的征途中,坚决镇压和打击官僚、豪绅、地主,焚烧衙门、粮册、田契、债券,有力地冲击了封建统治秩序。太平军纪律严明,所过之处,"以攫得衣物散给贫者……谓将来概免租赋三年"。这使太平军受到群众的欢迎和拥护。因此,太平天国起义得到了迅速的发展。太平天国定都天京后,先后进行了北伐、西征和天京城外的破围战。到1856年上半年,除北伐失利外,太平军在湖北、江西、安徽和天京附近等战场都取得了重大胜利,控制了大片地区,达到了军事上的全盛时期。

太平天国定都天京后,进行了一系列制度建设,并颁布了《天朝田亩制度》。《天朝田亩制度》是最能体现太平天国社会理想和这次农民起义特色的纲领性文件。太平天国的领导者们希望通过施行这样的方案,建立

"有田同耕,有饭同食,有衣同穿,有钱同使,无处不均匀,无人不饱暖"的理想社会。所以,《天朝田亩制度》实际上是一个以解决土地问题为中心的比较完整的社会改革方案。

《天朝田亩制度》的主张,从根本上否定了封建社会的基础即封建地主的土地所有制,体现了广大农民要求平均分配土地的强烈愿望,是对以往农民战争中"均贫富""等贵贱"和"均平""均田"思想的发展和超越,具有进步意义。不过,它并没有超出农民小生产者的狭隘眼界。它所描绘的理想天国,仍然是闭塞的自给自足的自然经济,是小农业和家庭手工业相结合的传统生活方式;同时又是一个没有商品交换和绝对平均的社会。这种社会理想,在很大程度上具有不切实际的空想的性质。实际上,《天朝田亩制度》中的平分土地方案即使在太平军占领地区也并未能付诸实行。

《资政新篇》是太平天国后期颁布的社会发展方案。1859年,洪仁玕从香港来到天京。不久,他提出了一个统筹全局的改革方案——《资政新篇》。它的主要内容是:在政治方面,主张"禁朋党之弊",加强中央集权,并学习西方,制定法律制度。在经济方面,主张发展近代工矿、交通、邮政、银行等实业,奖励科技发明和机器制造,尤其是提出"准富者请人雇工",对穷人"宜令作工,以受所值",这就把向西方的学习,从生产力的领域扩展到生产关系的领域,即开始提倡资本主义的雇佣劳动制。在文化方面,建议设立新闻馆,"以报时事常变",破除陈规陋俗,提倡兴办学校、医院和社会福利事业。在外交方面,主张同外国平等交往、自由通商,"与番人并雄",但严禁鸦片输入。对于外国人,强调"准其为国献策,不得毁谤国法"。

《资政新篇》是一个具有资本主义色彩的方案。洪秀全看到后,几乎逐条加以批示,对其中绝大部分条款表示赞同,并下令镌刻颁布。但是限于当时的历史条件,未能付诸实施。

太平天国起义者们想要建立一个以"天王"为首的农民政权。但是,在以小农业和家庭手工业相结合的分散的小生产的基础上,虽然可以建立暂时的劳动者政权,但它最终还是会向封建专制政权演变的。在太平军取得重大胜利的同时,太平天国内部潜在的矛盾和弱点也日益明显地暴露出来。1856年，发生了太平天国内部自相残杀的天京事变。东王杨秀清、北王韦昌辉先后被杀，翼王石达开率部出走败亡。天京事变严重地削弱了太平天国的领导和军事力量，成为太平天国由盛转衰的分水岭。

为重整纲纪，挽救危局，洪秀全提拔了陈玉成、李秀成等一批具有军事才干的青年将领，1859年又封洪仁玕为干王，总理朝政。但是，这已经无法从根本上挽回败局。洪秀全本人的保守和迷信思想也越来越严重。当天京被湘军包围时，他拒绝了李秀成提出的"让城别走"另辟新根据地的建议，坚持死守天京。1864年6月，洪秀全病故。7月，天京被湘军攻破，太平天国起义失败。

太平天国农民起义动摇了清王朝封建统治的基础，有力地打击了西方资本主义侵略者，显示了农民阶级的反抗精神和战斗力量。太平天国起义及其失败表明，在半殖民地半封建的中国，农民具有伟大的革命潜力；但它自身不能担负起领导反帝反封建斗争取得胜利的重任。单纯的农民战争不可能完成争取民族独立和人民解放的历史任务。

二、清王朝自强图存一场空

封建士大夫阶级的救亡努力是从销毁鸦片开始的。道光年间，烟毒泛滥，摧残了成千上万的中国人的身体，鸦片走私导致大量白银外流，国家财政经济出现了严重危机。一些具有爱国热忱的有识之士纷纷向道光帝上奏章，要求禁烟。1838年10月，湖广总督林则徐在奏章中说：今鸦片流毒，天下为害深重，法治当严，如果以平常态度看待，恐怕数十年之后，中国几乎就没有可以御敌之兵，也没有可以充饷之银了。这些话说动了道光帝的心，1838年底，道光帝宣召林则徐进京，半个月后，任命他为钦差大臣，驰赴广东，查禁鸦片。

1839年3月，林则徐到达广州，在广大人民群众的支持下，收缴鸦片两万多箱，二百三十七万六千多斤。1839年6月3日，在他的亲自监视下，用盐卤和石灰浸化的办法，在虎门海滩开始销毁，收缴的鸦片足足烧了一个月，当时虎门上空浓烟滚滚，人人拍手称快。这就是近代中国人民的爱国壮举——虎门销烟。

后人绘制的林则徐虎门销烟场景。林则徐不图私利，将收缴的鸦片全部销毁，令外国鸦片贩子也不得不肃然起敬。

洋务运动是封建地主阶级大规模近代化的努力，在中国建立了最早的工厂、矿山等近代工业。洋务运动是在19世纪60年代初清政府镇压太平天国起义的过程中和第二次鸦片战争结束后兴起的，由有识的高级官僚发起。为了挽救清政府的统治危机，封建统治阶级中的部分成员如奕䜣、曾国藩、李鸿章、左宗棠、张之洞等，主张引进、仿造西方的武器装备和学习西方的科学技术，创设近代企业，兴办洋务。这些官员被称为"洋务派"。

洋务派兴办洋务事业的指导思想可以概括为"中学为体，西学为用"。所谓"中体西用"，就是以中国封建伦理纲常所维护的统治秩序为主体，用西方的近代工业和技术为辅助，并以前者来支配后者。从19世纪60到90年代，洋务派举办的洋务事业归纳起来有三个方面。

（一）兴办近代企业

洋务派首先兴办的是军用工业，这些企业都是官办的。其中规模较大的有5个：1865年，曾国藩支持、李鸿章筹办的上海江南制造总局，是当时国内最大的兵工厂；同年，李鸿章在南京设立金陵机器局；1866年，左宗棠在福建创办的福州船政局（附设有船政学堂）是当时国内最大的造船厂；次年，崇厚在天津建立天津机器局；1890年，张之洞在汉阳创办湖北枪炮厂。

洋务派还兴办了一些民用企业。这些企业除少数采取官办或官商合办的方式外，多数都采取官督商办的方式。其中最重要的官督商办企业有轮船招商局、开平矿务局、天津电报局和上海机器织布局，都是李鸿章筹办或控制的。这些官督商办的民用企业，虽然受官僚的控制，发展受到很大限制，但基本上是资本主义性质的近代企业。

（二）建立新式海陆军

19世纪60年代，北京、天津、上海、广州、福州等地的军队纷纷改用洋枪、洋炮，聘用外国教练。李鸿章的淮军、左宗棠的湘军也是用洋枪装备的军队。

1874年，日本派兵侵犯中国台湾，清政府筹办海防、建设海军之议随之兴起。19世纪70~90年代，分别建成福建水师、广东水师、南洋水师和北洋水师。其中北洋水师是清政府的海军主力，拥有舰艇20多艘，这支舰队一直归李鸿章管辖。

（三）创办新式学堂，派遣留学生

洋务派创办的新式学堂主要有三种：一为翻译学堂，如京师同文馆，主要培养翻译人才；一为工艺学堂，培养电报、铁路、矿务、西医等专门人才；一为军事学堂，如船政学堂等，培养新式海军人才。在创办新式学堂的同时，还先后派遣赴美幼童和官费赴欧留学生200多人。

洋务派提出"自强""求富"的主张，通过所掌握的国家权力集中力量优先发展军事工业，同时也试图"稍分洋商之利"，发展若干民用企业，在客观上对中国的早期工业和民族资本主义的发展起到了一定促进作用。但是，洋务派兴办洋务新政，主要是为了维护封建统治，并不是要使中国朝着独立的资本主义国家方向发展。

洋务运动历时30多年，虽然办起了一批企业，建立了海军，但却没有使中国富强起来。甲午战争一役，洋务派经营多年的北洋海军全军覆没，标志着以"自强""求富"为目标的洋务运动的失败。首先，洋务运动的指导思想是"中学为体，西学为用"，企图以吸取西方近代生产技术为手段，来达到维护和巩固中国封建统治的目的，这就决定了它必然失败的命运。其次，洋务运动进行之时，清政府已与西方国家签订了一系列不平等条约，西方列强正是依据种种特权，从政治、经济等各方面加紧对中国的侵略和控制，它们并不希望中国真正富强起来。而洋务派官员却一再主张对外"和戎"，其所兴办的企业一切仰赖外国，他们企图依赖外国来达到"自强""求富"的目的，无异于与虎谋皮。最后，洋务企业的管理具有腐朽性。洋务派所创办的一些新式企业虽然具有一定的资本主义性质，但其管理基本上仍是封建衙门式的。企业内部极其腐败，充斥着营私舞弊、贪污受贿、挥霍浪费等官场恶习。正因为如此，洋务运动不可能为中国摆脱贫弱找到出路，也不可能避免最终失败的命运。甲午战败和北洋水师的全军覆灭，宣告了洋务运动的失败。

戊戌维新，也称戊戌变法、百日维新，是康有为、梁启超等人发起的，受到皇帝和部分大臣赞同的比较全面的向西方学习的救国努力。19世纪90年代以后，中国民族资本主义有了初步发展。新兴的民族资产阶级迫切要求挣脱外国资本主义和国内封建势力的压迫和束缚，为在中国发展资本主义开辟道路。甲午战争的惨败，造成了新的民族危机，激发了新的民族觉醒。而站在救亡图存和变法维新前列的，正是代表民族资本主义发展要求的知识分子。他们把向西方学习推进到一个新的高度，即不但要求学习西方的科学技术，而且要求学习西方资本主义的政治制度和思想文化。

康有为和梁启超，是资产阶级维新派的代表人物，也是近代中国具有影响力的思想家。

在内忧外患的冲击和中西文化的碰撞过程中，人们逐步形成了一个共识：要救国，只有维新；要维新，只有学外国。当时的外国只有西方资本主义国家是进步的，它们成功地建设了资产阶级的国家。日本向西方学习有成效，中国人也想向日本学。在这样的历史条件下，资产阶级的改良思想迅速传播开来，逐步形成变法维新的思潮，并发展成一场变法维新的政治运动。

由于民族危机越来越严重，在维新派的推动和策划下，富有爱国心、想要有所作为但又无实权的年轻的光绪皇帝也希望通过变法维新来救亡图存，并从以慈禧太后为首的后党手中夺取统治大权。1898年6月11日，他颁布了"明定国是"谕旨，宣布开始变法，并在此后的103天中，接连发布了一系列推行新政的政令。其内容归纳起来，包括下列数端：

政治方面：改革行政机构，裁撤闲散、重叠机构；裁汰冗员，澄清吏治，提倡廉政；提倡向皇帝上书言事；准许旗人自谋生计，取消他们享受国家供养的特权。

经济方面：保护、奖励农工商业和交通采矿业，中央设立农工商总局与铁路矿务总局，各省设立商务局；提倡开办实业，奖励发明创造；注重农业发展，提倡西法垦殖，建立新式农场；广办邮政，修筑铁路；开办商学、商报，设立商会等各类组织；改革财政，编制国家预决算。

军事方面：裁减旧式绿营兵，改练新式陆军；采用西洋兵制，练洋操，习洋枪等。

文化教育方面：创设京师大学堂，各省书院改为高等学堂，在各地设立中、小学堂；提倡西学，废除八股，改试策论，开经济特科；设立译书局，翻译外国书籍，派人出国留学；奖励新著，奖励创办报刊，准许自由组织学会。

"百日维新"期间颁布的各项政令大多是接受了维新派的建议而制定的，其中许多政令旨在开放一定程度的言论、出版、结社自由，使资产阶级享受一定程度的政治权利，促进资本主义工商业的发展，因此，戊戌维新是一场资产阶级性质的改良运动。但是，在光绪皇帝发布的新政诏令中，并没有采纳维新派多次提出的开国会等政治主张。这些政令和措施并未触及封建制度的根本，所要推行的是一种十分温和的不彻底的改革方案。

维新派试图通过光绪皇帝推行的这种改革方案，遭到了封建守旧势力的强烈反对。光绪皇帝所颁布的新政命令，由于中央和地方守旧官僚们的抵制，大多未能付诸实施。聚集在慈禧太后周围的守旧势力力图对维新派进行反击和镇压。1898年的"百日维新"如同昙花一现，只经历了103天就夭折了。除京师大学堂（北京大学的前身）被保留下来以外，其余新政措施大都被废除，维新派人士和参与或同情变法的官员，或被囚禁，或被革职，或遭放逐。以慈禧太后为首的保守势力扼杀维新变法的政变，史称"戊戌政变"。戊戌维新运动宣告失败。康有为、梁启超远走日本避难，六个主要参与者被杀。他们是谭嗣同、林旭、杨锐、杨深秀、刘光第、康广仁，被称为"戊戌六君子"。谭嗣同本来也有机会逃走，但是他说："各国变法无不从流血而成，今日中国未闻有因变法而流血者，此国之所以不昌也。有之，请自嗣同始。"为唤起民众觉醒，他从容就义。

戊戌维新作为中国民族资产阶级登上政治舞台的第一次表演，竟失败得这么快，这不但暴露了这个阶级的软弱性，同时也说明在半殖民地半封建的中国，企图通过统治者走自上而下的改良的道路，是根本行不通的。要想争取国家的独立、富强，必须用革命的手段，推翻帝国主义、封建主义联合统治的半殖民地半封建的社会制度。戊戌维新的失败再次暴露出清朝统治集团的腐朽与顽固，"戊戌六君子"流血的教训促使一部分人放弃改良主张，开始走上革命的道路。此后，孙中山领导的资产阶级民主革命，进一步发展了起来。

三、 资产阶级革命成与败

戊戌维新运动失败后，以孙中山为代表的革命派在中国掀起了一场资产阶级革命运动。这场革命的发生，是当时民族危机加深、社会矛盾激化的结果，具有历史的必然性。它是当时中国人民争取民族独立、振兴中华深切愿望的集中反映，是当时中国人民为救亡图存而前仆后继顽强斗争的集中体现。

在资产阶级革命思想的传播过程中，资产阶级革命团体也在各地次第成立。从1904年开始，出现了十多个革命团体，其中重要的有华兴会、科学补习所、光复会、岳王会等。这些革命团体的成立为革命思想的传播和革命运动的发展提供了不可缺少的组织力量。

1905年8月20日，孙中山和黄兴、宋教仁等人以兴中会和华兴会为基础，在日本东京成立了中国同盟会，孙中山被公举为总理，黄兴被任命为执行部庶务，实际主持会内日常工作。同盟会以《民报》为机关报，并确定了革命纲领。这是近代中国第一个领导资产阶级革命的全国性政党，它的成立标志着中国资产阶级民主革命进入了一个新的阶段。

孙中山领导的同盟会不仅提出了革命纲领,而且从事实际的革命活动,先后发动了多次武装起义。这些起义虽然相继失败,但是产生了广泛的影响。其中影响最大的是1911年4月27日举行的广州起义。是日,黄兴率敢死队120余人在广州举行起义,大部在激战中牺牲。其中72位烈士的遗骸被葬于黄花岗,故是役史称"黄花岗起义"。革命形势成熟之时,湖北新军中的共进会和文学社两个革命团体决定联合行动,在武昌举行武装起义。1911年10月10日晚,驻武昌的新军工程第八营的革命党人打响了起义的第一枪。起义军一夜之间就占领武昌,取得起义的胜利。革命军在三天之内就光复了武汉三镇,成立了湖北军政府。

武昌起义掀起了辛亥革命的高潮,打开了清王朝统治的缺口。大江南北、长城内外,到处燃起革命的烈火。在一个月内,就有13个省以及上海和许多州县宣布起义,脱离清政府的统治。腐朽的清王朝迅速土崩瓦解。1912年2月12日,清帝被迫退位。在中国延续了两千多年的封建帝制终于覆灭。

辛亥革命取得胜利后,1912年1月1日,孙中山在南京宣誓就职临时大总统,定1912年为民国元年,改国号为中华民国,一个资产阶级共和国性质的革命政权——中华民国临时政府宣告成立。1912年3月,临时参议院颁布《中华民国临时约法》(以下简称《临时约法》)。这是中国历史上第一部具有资产阶级共和国宪法性质的法典。

辛亥革命是资产阶级领导的以反对封建君主专制制度、建立资产阶级共和国为目的的革命,是一次比较完全意义上的资产阶级民主革命。在近代历史上,辛亥革命是中国人民为救亡图存、振兴中华而奋起革命的一个里程碑,它使中国发生了历史性的巨变,具有伟大的历史意义。

辛亥革命取得了巨大的成功,但仍以失败而告终。南京临时政府只存在了三个月便夭折了。北洋军阀首领袁世凯在帝国主义和国内反动势力以及附从革命的旧官僚、立宪派的共同支持下,窃夺了辛亥革命的果实。3月10日,袁世凯在北京就任临时大总统。4月1日,孙中山正式卸去临时大总统职务。随后,临时参议院议决将临时政府迁往北京。

从根本上说,辛亥革命的失败是因为在帝国主义时代,在半殖民地半封建的中国,资本主义的建国方案是行不通的。尽管当时先进的中国人真

诚地希望把中国建设成为资产阶级共和国，但是，帝国主义决不容许中国建立一个独立、富强的资产阶级共和国，从而使自己失去中国这个占世界人口四分之一的剥削、奴役的对象。因此，它们用政治、外交、军事、经济、财政等各种手段来破坏、干涉中国革命，扶植并支持它们的代理人袁世凯夺取政权。帝国主义与以袁世凯为代表的大地主大买办势力以及旧官僚、立宪派一起勾结起来，从外部和内部绞杀了这场革命。

从主观方面来说，在于它的领导者资产阶级革命派本身存在许多局限性：第一，没有提出彻底的反帝反封建的革命纲领，他们没有明确提出反帝的口号，甚至幻想以妥协退让来换取帝国主义对中国革命的承认和支持。第二，不能充分发动和依靠人民群众。由于中国民族资产阶级同封建势力有千丝万缕的联系，因而不敢依靠反封建的主力军农民群众。第三，不能建立坚强的革命政党，作为团结一切革命力量的强有力的核心。同盟会内部的组织比较松懈，派系纷杂，缺乏一个统一和稳定的领导核心。

资产阶级革命派的这些局限性，根源于中国民族资产阶级的软弱性和妥协性。正因为如此，辛亥革命仅仅赶跑了一个皇帝，却没能改变封建主义和军阀官僚政治的统治基础，无法完成反帝反封建的任务。辛亥革命的失败表明，资产阶级共和国的方案没能拯救中国，先进的中国人需要进行新的探索，为中国谋求新的出路。

尽管辛亥革命最终失败了，但是，以孙中山为代表的中国民主革命的先驱者的业绩和不屈不挠的奋斗精神，永远是中国近代革命史上光辉的一页。经过辛亥革命，民主共和的思想从此流传广远，人们对革命的继续追求也绵延不绝。接受过这场革命洗礼的中国先进分子和中国人民继续顽强探索民族复兴的道路。辛亥革命之后十年，中国共产党宣告成立。许多参加过辛亥革命的老人，陆续参加中国共产党或成为共产党的忠诚朋友，这不是偶然的。中国共产党人继承和发展了孙中山的革命事业，并把它推进到了新的阶段。

四、 一盘散沙话北洋

袁世凯窃夺辛亥革命的果实之后，建立了代表大地主和买办资产阶级利益的北洋军阀反动政权。这个形式上的共和国，很快成为袁世凯窃国的工具。袁世凯复辟失败之后，更成为一盘散沙。

首先在政治上，北洋政府实行军阀官僚的专制统治。以袁世凯为首的封建军阀大力扩充军队，建立特务、警察系统。他们制定《暂行新刑律》《戒严法》等一系列反动法令，剥夺《临时约法》赋予人民的言论、出版、集会、结社等各种政治权利，任意逮捕、杀害革命党人和无辜民众。

当时的中国，从形式上看，有了约法，有了国会，有了众多的公开活动的政党，似乎有点像民主共和国的样子了。实际上，全部政权都掌控在以袁世凯为首的北洋军阀手里，他们对资产阶级民主制度是不能容忍的。1912年8月，宋教仁在征得孙中山、黄兴的同意后，以同盟会为基础联合其他几个政党，组成中国国民党。它在随后的第一届国会选举中获得了多数席位。国民党领袖宋教仁希望由此组织以他为首的责任内阁，在中国推行资产阶级议会民主制度。1913年3月，袁世凯指使心腹收买刺客暗杀了宋教仁；7月至9月，又以武力镇压了南方七省国民党人的"二次革命"。同年10月，在总统选举中，袁世凯指使军警、流氓包围国会，强迫议员投票选举他为正式大总统。接着，他又撕下"拥护共和"的假面具，攻击国会是"暴民专制"，妨碍国家统一，于1913年11月下令解散国民党，收缴国民党议员的国会证书、徽章，使国会不足法定人数，无法开会。1914年1月，他又停止参议院、众议院两院议员的职务，遣散议员。5月，袁世凯公然撕毁《临时约法》，炮制了一个《中华民国约法》，用总统制取代内阁制。不久，他又通过修改《总统选举法》，使大总统不仅可以无限期连任，而且可以推荐继承人。这样，袁世凯不仅可以终身独揽政权，而且还可以将其传子传孙。至此，中华民国只剩下一块空招牌了。

军阀们为了实行专制统治，不惜投靠帝国主义。袁世凯统治时期，出卖路权、矿权，大肆借款，并签订众多不平等条约。他未经国会同意，与列强签订"善后大借款"合同，用盐税作抵押，使列强实现了控制和监督中国财政的愿望。1915年5月，为了让日本支持复辟帝制，他竟然基本接受日本提出的严重损害中国权益的"二十一条"要求。皖系军阀段祺瑞控制北京政府时，也投靠日本，向日本借款扩充自己的势力，准备武力统一中国。这些借款以东北金矿、森林、东北、山东铁路，国家烟酒专卖利润等为担保，便利了日本进一步掠夺中国的矿产资源和其他原料。

袁世凯复辟图

为了达到专制独裁的目的，袁世凯公然进行帝制复辟活动。1915年12月12日，袁世凯发表接受帝位申令。第二天，袁世凯在中南海居仁堂接受百官朝贺。31日，下令以1916年为"中华帝国洪宪元年"，准备在元旦举行登基大典。帝制复辟活动遭到举国反对，袁世凯从1月1日到3月23日只当了83天皇帝就被迫取消帝制和洪宪年号。1917年6月，前清官僚张勋率"辫子军"北上，拥废帝溥仪复辟。这一次复辟的时间更短，仅12天就在全国人民的声讨中失败了。

其次在经济上，北洋政府竭力维护帝国主义、地主阶级和买办资产阶级的利益。军阀、官僚本身就是大地主，他们还以各种手段兼并土地。袁世凯在河南彰德等县占有的土地就有4万多亩，奉系军阀张作霖在东北占地150万亩。许多自耕农和半自耕农陷入破产和丧失土地的境地，变成佃农和雇农。北洋政府还通过"清丈地亩"、征收各种苛捐杂税等手段，对农民进行敲骨吸髓的压榨。

军阀与官僚还借助政治势力，组成官僚买办资本集团，操纵、垄断财政金融和工业、运输业。如以梁士诒为首的交通系集团，控制了铁路和交通银行。交通银行具有代理国库、发行纸币的特权，为北洋政府经理外债、内债和税收，还直接控制了一些工矿企业。

最后在文化思想方面，尊孔复古思潮猖獗一时。1913年6月，袁世凯向全国发布《通令尊崇孔圣文》。不久，又命令全国恢复祀孔、祭孔典礼，恢复跪拜礼节，中小学恢复尊孔读经。一些清朝遗老遗少、保守

分子纷纷组织尊孔复古团体，发行尊孔刊物。他们攻击民主共和，宣传封建伦常，甚至要求将孔教定为"国教"。一些帝国主义分子也大肆鼓吹孔教是"中国独一无二之根本"，只有尊孔才能避免"人人之心皆为革命所颠倒"。

袁世凯当权时，北洋政府统治下的中国在形式上是统一的。在1916年袁世凯称帝败亡之后，连这种形式上的统一也维持不住了，中国陷入了军阀割据的局面，如同一盘散沙。这种局面之所以形成，其深刻的原因在于：一方面中国主要是地方性的农业经济，没有形成统一的资本主义市场，另一方面帝国主义国家在中国采取划分势力范围的分裂剥削政策。这些割据称雄的各派系军阀之间，或者为了争夺中央政权，或者为了保持与扩大自己的地盘，纷争连年不断，引发多次战乱。军阀的专制统治和割据、纷争乃至混战，给人民带来无穷灾难，使经济遭到极大破坏。

总之，北洋政府从政治上、经济上和文化思想上对辛亥革命进行了全面的反攻倒算。中国重新落入了黑暗的深渊。孙中山本人沉痛地说，当时中国政治上、社会上种种黑暗腐败比前清更盛，人民困苦日甚一日。资产阶级革命派在中国建立一个独立、民主的资产阶级共和国的梦想破灭了。

孙中山具有顽强的革命精神，他首先喊出"振兴中华"的口号，不断摸索救国救民的道路，并始终坚持奋斗，不愧是中国民主革命的伟大的先行者。他在领导人民推翻帝制、建立共和国的斗争中建立了历史功勋。但是，孙中山并没有找到中国的真正出路，他所领导的革命推翻了封建帝制，而革命的果实却被袁世凯窃取。中国的旧民主主义革命已经陷入绝境，中国民族资产阶级再也不能领导中国革命前进。

第三节　为什么是中国共产党

在1919年五四运动至1949年新中国成立这个时期，中国仍然是半殖民地半封建社会，社会的主要矛盾仍然是中国人民同帝国主义和封建主义的矛盾；农民仍然是反帝反封建斗争的主力，工人阶级、学生群众和民族

资产阶级这些新的社会力量发展了起来；而工人阶级则代替资产阶级成了资产阶级民主革命的领导力量。在中国工人阶级的先锋队中国共产党的领导下，中国人民经过长期、艰苦、曲折的斗争，推翻了半殖民地半封建的社会制度，推翻了三座大山，取得了新民主主义革命的胜利，创建了中华人民共和国，完成了争取民族独立、人民解放的任务，从而为实现国家繁荣富强、人民幸福创造了前提，开辟了道路。

一、 中国人第一次真正觉醒了

新文化运动是中华民族救亡运动走向深入的结果。近代以来，为了挽救国家的危亡，中国的先进分子曾经历尽千辛万苦，向西方国家寻找真理。但是，中国人学习西方的努力在实践中却一而再，再而三地碰壁。辛亥革命的失败和北洋军阀统治的建立，更使人们陷入了深深的绝望、苦闷和彷徨之中。

一些先进的中国知识分子认为，以往少数先觉者的救国斗争之所以成效甚少，是因为中国国民对之"若观对岸之火，熟视而无所容心"。因此，"欲图根本之救亡"，必须改造中国的国民性。[1]他们决心发动一场新的启蒙运动，以期廓清蒙昧、启发理智，使人们从封建思想的束缚中解放出来。这个运动后来被称为新文化运动。

1915年9月陈独秀在上海创办《青年杂志》（后改名为《新青年》），1917年1月，爱国民主主义者、教育家蔡元培出任北京大学校长。他聘陈独秀为北大文科学长，《新青年》编辑部也随之迁至北京。李大钊、鲁迅、胡适等参加编辑部并成为主要撰稿人。《新青年》杂志和北京大学成了新文化运动的主要阵地。

---

[1] 陈独秀："我之爱国主义"，载《新青年》第2卷第2号。

陈独秀，中国最早的马克思主义者，中国共产党的缔造者之一。

陈独秀在发表于《青年杂志》第一卷第一号的通信中说："盖改造青年之思想，辅导青年之修养，为本志之天职。批评时政，非其旨也。"不过，在政治斗争中，他们并非旁观者。他随后讲过，他们之所以把主要注意力倾注于清除旧思想方面，是由于他们认定"伦理问题不解决，则政治学术，皆枝叶问题"。国民性不改造，"不但共和政治不能进行，就是这块共和招牌，也是挂不住的"。

新文化运动的倡导者提出的基本口号是民主和科学，即所谓拥护"德先生"（Democracy）和"赛先生"（Science）。提倡民主、反对专制，提倡科学、反对迷信盲从，在社会上掀起了一股思想解放的潮流。这股潮流冲决了禁锢人们思想的闸门。而这个闸门一被打开，各种新思潮的涌流就不仅不可避免，而且是无法遏制的了。正因为如此，在那时，这个运动是生动活泼的、前进的、革命的。

1919年五四运动标志着新文化运动进入新的历史时期。五四运动的直接导火线，是巴黎和会上中国外交的失败。在1919年上半年召开的巴黎"和平会议"上，中国政府代表提出废除外国在华势力范围、撤退外国在华驻军等七项希望和取消日本强加的"二十一条"及换文的陈述书，遭到拒绝。这个由几个西方列强把持的会议，竟规定德国应将在中国山东获得的一切特权转交给日本。会议给予中国的，只是归还八国联军侵入北京时被德国掠去的天文仪器而已。北洋政府居然准备在这样的和约上签字。消息传到国内，激起了各阶层人民的强烈愤怒。五四运动由此爆发。

1919年5月4日，北京大学等北京十几所学校的学生三千余人在天安门前集会，随后举行示威游行。学界的宣言呼吁："中国的土地可以征服而不可以断送！中国的人民可以杀戮而不可以低头！国亡了！同胞起来呀！"[1]

人民英雄纪念碑上展示的五四运动场景的浮雕

学生的爱国行动受到北洋政府的严厉镇压。正是在这个时候，中国工人阶级开始以独立的姿态登上历史舞台。从6月5日起，上海六七万工人为声援学生先后自动举行罢工。工人罢工推动了商人罢市、学生罢课。随后，这场反帝爱国运动扩展到了24个省区、150多个城市。

五四运动开始时，英勇地出现在斗争前面的是学生群众。而至此时，运动突破了知识分子的狭小范围，成为了有工人阶级、小资产阶级和资产阶级参加的全国范围的革命运动。斗争的主力由学生转向了工人，运动的中心由北京转到了上海。

迫于人民群众的压力，北洋政府不得不于6月10日宣布罢免亲日派官僚曹汝霖、章宗祥、陆宗舆的职务。6月28日，中国政府代表也没有出席巴黎和约的签字仪式。五四运动的直接斗争目标得到了实现。

巴黎和会上中国的外交失败，有力地打破了人们对于资本主义列强的幻想。对于五四运动，瞿秋白当时就说："绝不能望文生义地去解释它。中国民族几十年受剥削，到今日才感受殖民地化的况味。帝国主义压迫的切骨的痛苦，触醒了空泛的民主主义的噩梦。学生运动的引子，山东问题，本来就包括在这里。工业先进国的现代问题是资本主义，在殖民地上

---

[1] 彭明：《五四运动史》，人民出版社1984年版。

就是帝国主义,所以学生运动倏然一变而倾向于社会主义。"[1]而在这些倾向于社会主义的知识分子中,一些人经过比较,开始在马克思主义的旗帜下集合起来。

在五四运动中,工人阶级显示了伟大的力量。工人在斗争中发挥决定性作用的这个事实,给予先进的知识分子以真切的教育。上海学生联合会在告同胞书中说,"学生罢课半月,政府不惟不理,且对待日益严厉","工界罢工不及五日,而曹、章、陆去"。正如邓中夏所说:"'五四'运动中有一部分学生领袖,就是从这里出发'往民间去',跑到工人中去办工人学校,去办工会。"[2]那些接触了社会主义思潮、初步掌握了马克思主义的知识分子脱下学生装,穿上粗布衣,开始到工人中去进行宣传工作和组织工作。他们发挥了某种先锋和桥梁的作用。而先进知识分子与工人群众相结合的过程,也就是马克思主义与中国工人运动相结合的过程。这样,五四运动就为1921年中国共产党的成立作了思想上和干部上的准备。正因为五四运动具备了上述新的历史特点,它也就成了中国革命的新阶段即新民主主义革命阶段的开端。

中国共产党的诞生,是中国近现代历史上开天辟地的大事件。随着中国工人阶级开始作为独立的政治力量登上历史舞台和马克思主义在中国逐步传播,建立一个以马克思主义理论为指导的工人阶级政党的任务被提上了日程。

在工人阶级政党产生以前,中国国民党及其前身在中国革命中起领导作用。辛亥革命以后,许多原先的革命党人有的消极退隐,有的甚至蜕变为军阀、官僚、政客。五四运动时,国民党并没有站在群众运动的前列。蔡和森感叹说,这个趋势很可以说明国民党已"不能领导革命了,客观的革命势力发展已超过它的主观力量了"。成立新的政党来领导中国革命,成了近代中国社会发展和革命发展的客观要求。

1920年4月,经共产国际批准,俄共(布)远东局派维经斯基来华。他先后在北京、上海会见李大钊、陈独秀等,介绍苏俄和俄共情

---

[1] 蔡尚思主编:《中国现代思想史资料简编》第1卷,浙江人民出版社1982年版,第656页。

[2] 邓中夏:《邓中夏文集》,人民出版社1983年版,第431页。

况，并说中国可以组织共产党。这对中国共产党的创建起了一定的促进作用。

中国工人阶级政党最早的组织，是在中国工人阶级最密集的中心城市上海建立的。时间约在1920年8月，参加者有陈独秀、李汉俊、李达等。首次会议决定，推陈独秀为书记，并函约各地社会主义分子组织支部。11月，创办《共产党》（月刊）。这标志着共产党和共产主义的旗帜在中国大地上树立起来了。

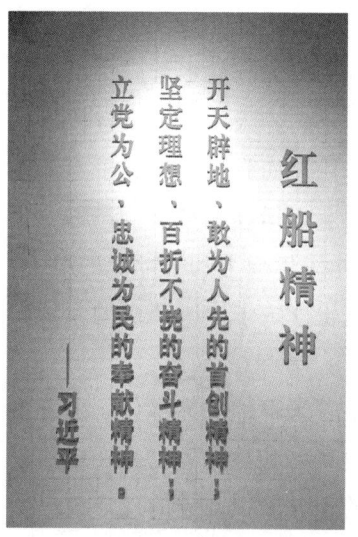

同年10月，李大钊、张国焘等在北京成立共产党的早期组织；11月，将其定名为中国共产党北京支部，李大钊任书记。从1920年秋至1921年春，董必武、陈潭秋、包惠僧等在武汉，毛泽东、何叔衡等在长沙，王尽美、邓恩铭等在济南，谭平山、谭植棠等在广州，都成立了共产党的早期组织。在日本、法国留学的中国先进分子，也成立了这样的组织。

共产党早期组织成立后进行一系列研究和宣传马克思主义的活动，促进了马克思列宁主义的传播及其与中国工人运动的结合。在这个过程中，初步确立了共产主义信念的知识分子，其思想感情进一步转变到工人阶级方面来；同时，一部分工人由于受到马克思列宁主义的教育而提高了阶级觉悟。这样，就形成了一批工人阶级的先进分子。在中国创建工人阶级的先锋队——中国共产党的条件基本具备了。

在中国工人运动与马克思列宁主义初步结合的基础上，中国共产党第一次全国代表大会于1921年7月23日在上海法租界望志路106号举行。其间由于会场受到暗探注意和法租界巡捕房搜查，最后一天的会议改在嘉兴南湖的游船上举行。这条游船后来被称为"红船"。大会确定党的名称为中国共产党。党的纲领是：以无产阶级革命军队推翻资产阶级，采用无产阶级专政以达到阶级斗争的目的——消灭阶级，废除资本私有制，以及联合第三国际等。

大会选举产生了由陈独秀、张国焘、李达组成的党的领导机构——中央局，以陈独秀为书记。中共一大正式宣告了中国共产党的成立。

二、 中国国民党先天不足与历史局限

1921 年中国共产党的成立和 1924 年中国国民党的改组，是中国近代政治史上的两个重大事件，而这两者均产生于近代中国半殖民地半封建社会这块土壤之上，二者又是在"以俄为师"的背景下发生的。中国共产党人是孙中山先生革命事业最坚定的支持者、最忠诚的合作者、最忠实的继承者。因此，"国民党和共产党是一根藤上结的两个瓜"。[1]

在中共建党过程中，苏俄和共产国际发挥了重要的推动作用。1920 年，上海成为以吴廷康等为代表的苏俄共产国际使者有计划地推动中共建党工作的根据地，中国的建党工作正是从 1920 年开始在上海启动，并在北京、武汉、长沙、济南、广州等地发起成立各地党的早期组织。

1921 年，共产国际代表马林和维经斯基到达上海后，联络上海共产党早期组织成员，开始筹备召开中国共产党第一次全国代表大会。中共一大在上海召开之后，中国各地的共产党早期组织由此开启了集中组织统一工作的新局面。中共正式建党以后，国内也经常出现共产国际代表的身影。此外，共产国际还经常将中共党员接到苏联，接受共产国际的指示，学习苏联革命的经验。因此，在中共建党后的相当一段时间内，共产国际在某种程度上扮演着中国革命间接领导者的角色，一些共产国际及俄共领导人成为中国革命的导师。

同样，共产国际在国民党的改组过程中也起着不可替代的作用。20 世纪 20 年代，孙中山在总结历次革命失败的教训时认识到"我党今后之革命，非以俄为师，断无成就"[2]。他决心仿照俄共组织，改组国民党，即"把国民党再来组织成一个有力量有具体纲领的政党，并用政党的力量改造

---

[1] 王奇生：《党员、党权与党争：1924—1949 年中国国民党的组织形态》，上海书店出版社 2009 年版，第 3 页。
[2] 孙中山："今日革命非学俄国不可——致蒋中正函"（1924 年 10 月 9 日），载《孙中山文集》下卷，团结出版社 1997 年版。

国家"。[1]苏俄为贯彻其世界革命"东方战线"的构想,于1923年初作出"全力支持国民党"的战略决策。1924年1月20日,中国国民党第一次全国代表大会在广州举行,李大钊在全体代表大会上公开发表声明,光明正大地阐明了中共加入国民党的目的和诚意。国共两党第一次合作的实现,开创了中国民主革命新局面,其背后是共产国际的推动。

中国共产党人是孙中山先生革命事业最坚定的支持者、最忠诚的合作者、最忠实的继承者。在他生前,中国共产党人坚定支持孙中山先生的事业。在他身后,中国共产党人忠实继承孙中山先生的遗志,团结带领全国各族人民英勇奋斗、继续前进,付出巨大牺牲,完成了孙中山先生的未竟事业,取得了新民主主义革命胜利,建立了人民当家作主的中华人民共和国,实现了民族独立、人民解放。在这个基础上,中国共产党人团结带领中国人民继续奋斗,完成了社会主义革命,确立了社会主义制度。新中国成立70年来,特别是改革开放40年来,在中国共产党领导下,中国人民在社会主义道路上实现了一个又一个伟大飞跃,取得了举世瞩目的伟大成就。

国民党先天不足及其失德失政决定了它无法领导中国革命走向胜利。国民党的先天不足是由其阶级基础、经济基础决定的。近代史上,民族资本主义具有"先天不足、后天畸形"的特点,而国民党正是这一经济基础的产物,代表着中国民族资产阶级的利益,只是由于蒋介石等叛变了中国革命而使国民党转向为了大地主、大资产阶级的代表。

所谓"先天不足"是指相对于欧洲资本主义萌芽于封建社会而言,中国的资本主义是在半殖民地半封建社会时期发展起来的,没有资本原始积累的过程,近代民族工业资金少、规模小、技术力量薄弱,并且缺少先进的管理人才和经验。"先天不足"的内因是鸦片战争以前,中国封建社会已经孕育着资本主义萌芽,但由于中国封建社会的种种束缚和限制,这一资本主义萌芽尚未形成独立的资本主义经济形态。鸦片战争后,中国资本主义萌芽过程被外来侵略所打断,民族工业是受外商企业刺激和洋务运动

---

[1] 广东省社会科学院历史研究所、中国社会科学院近代史研究所中华民国史研究室、中山大学历史系孙中山研究室合编:《孙中山全集》第9卷,中华书局1986年版,第97页。

的诱导而产生，没有必要的资本原始积累，资金少、规模小、技术力量薄弱；民族资产阶级主要来源于官僚、地主、商人，因而缺少先进的管理人才和经验。外因是鸦片战争以后，外国资本主义侵入，截断了中国资本主义独立发展的道路。正是在这种环境下，无论是孙中山还是蒋介石，其经济发展大多依靠西方资本主义势力的支持。只是孙中山在历经无数失败之后认识到了帝国主义的侵略本性及其在华代理势力"一丘之貉"的本质，从而决定"以俄为师"，实行新三民主义，开展国民大革命。国民党于1928年完成了形式上的统一，但其权力范围只及华中、华东，而东北、西北、西南等地不时出现叛乱，地方割据势力一直存在，各地军阀与国民党中央政权间暗潮涌动，再加上地方派系、日本侵略等原因，事实上国民党在很大程度上没有办法有效地统治中国。再加上国民党从未成为一个具有凝聚力的、意识形态统一的、纪律严明的政党，而是一个集中在蒋介石的个人权威之下的各派系的松散联盟，这些原因共同导致了国民党本身的脆弱性。

孙中山去世后，国民党叛变大革命，埋下了失败的伏笔。一个政权的命运，最根本上取决于其对人民的态度，这是千古不变的铁律，国民党失败的根本原因在于其不得民心的政策举措。蒋介石抛弃了孙中山"三民主义"的宗旨，不但没有保障人民为国家建言献策的权利，反而用野蛮、专制的手段，粗暴地压制民主政见；为了维护其专制统治，严密控制社会言论，不允许来自社会各界的批评，尤其是对各种进步报刊进行无理查封，对与国民党政府意见相左、不与苟同的人，进行各种形式的迫害，社会舆论界笼罩在白色恐怖之中；尤其是抗战胜利后不久，国民党政府撕去和平的伪装，发动全面内战，导致教育经费入不敷出，广大人民受到失学、失业的严重威胁，挣扎在饥饿和死亡线上；而以蒋介石为代表的四大家族，却利用手中的权力，将大量社会财富聚集在自己的名下，将"国资"变为"家产"。上行下效，国民党各级官员纷纷在自己职权的范围内，大肆掠夺治下的人民；实行恐怖政策，整个特务系统数十万人员遍布全国各地的国民党党政机关、经济部门和军队的各个角落。以上种种，都是其失德失政的表现，最终遭致广大人民的唾弃。

三、中国共产党救国救民的艰苦探索

五四运动后,中国进入新民主主义革命时期。自从中国共产党成立之后,中国人民和中华民族的前途和命运、中国历史的发展,就与中国共产党紧密相连。中国共产党领导人民经过了28年艰苦卓绝的奋斗,经过了北伐战争、土地革命战争、抗日战争和解放战争的浴血奋战,终于推翻了"三座大山",最终取得新民主主义革命的胜利,建立了中华人民共和国这一在中国历史上具有划时代意义的崭新国家,实现了中国从几千年封建专制政治向人民民主的伟大飞跃。

(一)打倒军阀的第一次国共合作

1924年,在中国共产党的努力下,国共两党形成了统一战线。1924年1月第一次国共合作实现后,轰轰烈烈的大革命开始了。1926年国民革命军誓师北伐,进展迅速。共产党人叶挺领导的、以共产党员为骨干的第四军独立团作为北伐先锋,战功卓著,获得了"铁军"称号,叶挺更是被誉为北伐名将。曹渊等一批共产党员在战斗中壮烈牺牲。国民革命军誓师北伐仅半年时间,就取得了惊人的进展,控制了南方大部分省区。北伐过程中,中国共产党各级组织输送、救护、宣传、联络等工作,为北伐胜利进军提供了有力保障。

然而,反帝反封建的大革命迅猛发展,严重威胁着帝国主义和大地主、大资产阶级的利益,民族资产阶级也因惧怕工农运动而动摇起来。1927年4月和7月,蒋介石和汪精卫先后在上海和武汉发动反革命政变。在中国共产党内,由于陈独秀的右倾麻痹,对国民党右派采取妥协退让政策。至此,第一次国共合作破裂,国共两党合作进行的北伐战争夭折。

(二)人类历史上空前艰苦的土地革命战争

北伐战争是一场规模空前的反帝反封建的革命战争,加速了中国革命历史的进程。虽然中途夭折,但这次战争沉重地打击了北洋军阀的统治,产生了深远的影响。这次战争中途夭折的教训,使共产党人和中国人民深刻认识到建立无产阶级军队,开展武装斗争的极端重要性,从而开始走上创建中国工农红军、进行土地革命、农村包围城市、武装夺取政权的崭新革命道路。两年半的井冈山斗争，革命烈士四万八千人；二万五千里长征，最初到达陕北的中央红军队伍只有 3000 人；中国共产党人领导的新民主主义革命，道路艰险，艰苦卓绝。而正是在这样的艰苦斗争中，以毛泽东为代表的中国共产党，创立了农村包围城市武装夺取政权的新民主主义革命道路。

> **文化讲堂**
>
> 七律·长征
>
> 红军不怕远征难，万水千山只等闲。
> 五岭逶迤腾细浪，乌蒙磅礴走泥丸。
> 金沙水拍云崖暖，大渡桥横铁索寒。
> 更喜岷山千里雪，三军过后尽开颜。
>
> ——毛泽东

（三）抗日战争的先锋和中流砥柱

在中华民族处于生死存亡的危急关头，与当时国民党当局采取的不抵抗主义形成鲜明的对照，中国共产党率先举起了武装抗日的旗帜。1931 年"九一八事变"后，中国共产党多次发表宣言、通电呼吁停止内战、一致抗日。9 月 20 日，中共中央即发表宣言，揭露日本帝国主义侵占东北的目的是使中国完全变成它的殖民

两万五千里长征中红军过雪山

地。中共中央发布一系列文告，号召全国工农武装起来，进行民族的自卫战争。党的各级组织要求每一个党员必须发挥自己全部的积极性，英勇地走上民族解放战争的战场，成为参加民族解放战争的先锋和模范。1932 年 4 月 15 日，中华苏维埃共和国临时中央政府宣布对日作战。面对日本的野蛮侵略，中国人民毅然奋起、英勇抵抗，进行了长达十四年的艰苦卓绝的抗日战争。中国人民在"九一八事变"后开始的抗日战争，揭开了世界反法西斯战争的序幕。中国人民付出了巨大的民族牺牲，为世界反法西斯战争的东方战线，艰难地支撑了半壁江山。

抗日战争初期最艰难的岁月里，中国共产党不仅积极参加和推动各地

的抗日救亡运动，而且直接领导了东北人民的抗日武装斗争。中共中央以及东北党组织先后选派罗登贤、杨靖宇、赵尚志、周保中、赵一曼等到达东北，加强中共满洲省委及各级地方党组织的领导力量。中共满洲省委派出大批党员、干部到抗日义勇军中工作。1933年初，中国共产党领导的抗日游击队先后在东北各地崛起。1934年，各抗日游击队先后改编为东北人民革命军；1936年2月以后，又陆续改建为东北抗日联军。东北抗日联军同日军进行了艰苦卓绝的斗争，沉重打击了日本侵略者。

但是，一直到1936年西安事变之前，国民党最高当局对中共团结抗战的呼吁总体上是持拒绝态度。西安事变爆发后，中国共产党迅速确定了和平解决的方针，迫使蒋介石接受了停止内战、联共抗日的主张，实现了第二次国共合作。正因为有了中国共产党领导建立的、以国共合作为基础的抗日民族统一战线，中华民族空前团结起来。一切爱国的力量集结在抗日的旗帜下，同仇敌忾、共赴国难，凝聚成反抗外来侵略的滚滚洪流，为坚持取得抗日战争的最后胜利奠定了最广泛、最深厚的民众基础。

抗战进入相持阶段后，日本侵略者在坚持灭亡中国的总方针下，进行了策略调整，转变为以政治诱降为主，军事打击为辅的策略。军事上，从重视国民党正面战场改为集中主要力量对付共产党领导的敌后抗日根据地。以蒋介石为代表的国民党顽固派畏惧中国共产党和人民武装力量的不断壮大，正如朱德所说，"国民党当局看到八路军、新四军在敌后很成功地建立了新的战场，收复了广大的失地，从抗日的立场说，本来没有任何理由不表示欢迎的，可是它偏不欢迎，而且非常不满"。[1]虽然国民党当局仍然坚持抗战，但同时国民党顽固派也表现出很大的妥协倒退倾向，改变了政策，逐渐实行消极抗日、积极反共的政策。1939年1月召开的国民党五届五中全会制定了"溶共""防共""限共"的反动方针，五中全会是抗日战争时期国民党对内政策的一个重要转折点，标志着国民党政府逐步转变为消极抗战。此后，国民党顽固派在国统区内进一步加强特务活动，镇压和迫害共产党人和爱国进步人士；对于中国共产党领导的抗日根据地和八路军、新四军，则不断制造军事"摩擦"，掀起了三次反共高潮。

---

〔1〕《朱德选集》，人民出版社1983年版，第139页。

针对国民党蒋介石集团既动摇妥协又不敢公开放弃抗日、既积极反共又不敢彻底破裂国共合作的两面态度，中国共产党明确制定了"发展进步势力，争取中间势力，孤立顽固势力"的方针，以及"有理、有利、有节"的斗争策略，最大限度地孤立了极少数反共顽固派，广泛地团结了一切可以团结的抗日力量，使全国团结抗战的局面得以坚持和发展。

为了贯彻执行全面抗战路线，中国共产党作出了开辟敌后战场的战略决策，中国共产党领导的敌后战场逐渐成为中国人民抗日战争的主战场，成为坚持抗战并取得最终胜利的中流砥柱。在全国抗战初期，八路军主要在战役上有力地配合国民党军队作战，国民党政府较积极地组织了一系列重要战役，如淞沪会战、徐州会战、南京保卫战、武汉会战，等等。但是太原失守后，华北国民党军队的正规战基本结束。抗战的第一阶段就暴露出国民党正面战场纪律松散、后方支持不力等各种弊端。而中国共产党的全面抗战路线和纲领体现出人民战争的巨大威力。

太平洋战争爆发后，日本帝国主义对共产党领导的解放区发动更加疯狂的进攻。日本侵略者集中60%以上的兵力以及几乎全部伪军，对敌后抗日根据地进行疯狂"扫荡"。共产党领导的敌后抗日根据地处于极端困难的境地。八路军、新四军由1940年的50万人减少到1942年的40万人，根据地面积缩小，人口急剧下降，生产力遭到破坏，财政经济和军民生活发生了极大的困难。面对困难局面，中国共产党坚持自力更生、艰苦奋斗、克服困难，准备将来反攻的方针，一方面利用政治、经济、思想各个方面的积极因素，另一方面从政治、经济、思想各个方面加强了根据地的建设，为战胜困难和发展抗日力量奠定了基础。

1945年上半年，世界反法西斯战争进入最后阶段，中国人民军队随后对日军全面开展战略反攻，最终取得了抗战的胜利。10月25日，中国政府在台湾举行受降仪式，并收回被日本侵占50年之久的台湾以及澎湖列岛。抗日战争的胜利，是中华民族由近代以来陷入深重危机走向伟大复兴的历史转折点。

1945年8月15日日本签字投降

在长达14年的抗战中,中国共产党的中流砥柱作用是中国人民抗日战争胜利的关键。中国共产党自成立之日起就把实现中华民族伟大复兴作为自己的历史使命。中国共产党倡导和推动国共合作,建立、坚持和发展广泛的抗日民族统一战线。中国共产党坚持全面抗战路线,制定正确的战略策略,开辟广大敌后战场,成为坚持抗战的中坚力量。中国共产党始终坚持抗战、反对投降,坚持团结、反对分裂,坚持进步、反对倒退,坚持动员人民、依靠人民,同各爱国党派团体和广大人民一起,共同维护团结抗战大局,引领着夺取战争胜利的正确方向,成为夺取战争胜利的先锋。

(四)赢得群众就赢得了历史

抗日战争胜利后,中国广大人民热切希望实现和平、民主,为建设新中国而奋斗。但是,通向新中国的道路仍然是崎岖、曲折的。国民党统治集团作为大地主、大资产阶级的政治代表,其根本目标是使战后的中国恢复到战前的状态,即坚持蒋介石的独裁统治,继续走半殖民地半封建社会的老路。由于中国共产党及其领导的人民革命力量的存在和发展是它实现上述目标的主要障碍,在抗战的中期、后期,蒋介石就开始采取避战观战以便保存实力、准备发动反共内战的方针。抗战刚胜利,中国就面临着内战的危险。

以武力消灭共产党及其领导的人民军队和解放区政权,是蒋介石集团的既定方针。由于全国人民强烈要求和平、反对内战,由于国民党的军队大部分远在西南、西北后方,要把它们运往内战前线、完成内战部署需要相当长的时间，由于国际上苏联、美国等都表示希望中国能够和平建国，因此，蒋介石在积极准备内战的同时，又表示愿意与中共进行和平谈判。其目的，一是以此敷衍国内外舆论，掩盖其正在进行的内战准备；二是诱使中共交出人民军队和解放区政权，以期不战而控制全中国；三是如果谈判不成，即放手发动内战，并把战争责任转嫁给中国共产党。中国共产党力求和平，积极参与谈判，与蒋介石签署"双十协定"，确认和平建国的基本方针；参与政治协商会议，与民主人士共同努力，通过有利于人民的和平民主的决议，并签订《停战协定》。但是，国民党却以各种方式破坏《停战协定》和政协决议，加紧部署全面内战。

抗战胜利后，蒋介石进一步投靠美国帝国主义。美国从它的全球战略出发，为了把中国变为它的附庸，只有扶植蒋介石，以蒋介石国民政府作为其侵略和控制中国的工具，对此，它从各个方面大力援助蒋介石。以周恩来为首的中国共产党代表团，在国统区内展开了针锋相对的斗争，并积极支持广大群众反内战的爱国民主运动。蒋介石的内战政策对人民的迫害，使国统区的人民逐渐觉醒，反对国民党的斗争不断高涨。针对国民党的内战部署，中国共产党在努力争取和平民主的同时，加紧自卫战争的准备。当国民党发动全面内战的时候，中国共产党和解放区人民已经有了充足的准备。在人民的支持下，经过三年的解放战争，中国人民解放军以少胜多、以弱胜强，最终战胜了国民党军。中国共产党最终赢得了新民主主义革命的胜利。

1949年9月21日，中国人民政治协商会议第一届全体会议在北平隆重召开，会议通过了《中国人民政治协商会议共同纲领》，规定了中华人民共和国的性质是工人阶级领导的、以工农联盟为基础的、团结各民主阶级和国内各民族的人民民主专政。10月1日，中华人民共和国成立。中华人民共和国的成立，开创了我国历史的新纪元。从此以后，我们的国家由半殖民地半封建的国家变成了真正独立统一的国家。我国各族人民历尽千辛万苦，从受剥削、受压迫的苦难深渊中解放了出来，成为了国家的主人。中华民族100多年来受帝国主义宰割和欺侮的年代一去不复返。

中国新民主主义革命的胜利，是中国共产党领导全国各族人民长期奋斗，无数先烈流血牺牲的结果，是马克思列宁主义、毛泽东思想的伟大胜

利。实践证明,中国共产党是全国各族人民的领导核心。毛泽东是中国共产党和中国各族人民的伟大领袖,在党和人民集体奋斗中产生的毛泽东思想,是全党智慧的结晶,是全党的指导思想,这是中国人民经过28年浴血奋战得出的结论。中国新民主主义革命的胜利,有力地表明,马克思主义不仅可以指导资本主义国家人民的解放斗争,也可以指导殖民地、半殖民地国家人民的解放斗争。

中华人民共和国的成立标志着近代以来久经磨难、苦难深重的中国人民,终于赢得了国家的独立,赢得了民族自觉权、民族的尊严和人民最基本的人权,标志着中国人民从此站起来了,从此不再受外国列强的欺压侮辱。

四、中国共产党成功的真正秘密

中国共产党领导中国革命成功的秘密,史学家各有研究,各有论述。

(一)"三大法宝"是破译中国共产党成功的密码

董希文绘制《开国大典》

1939年10月,毛泽东在《〈共产党人〉发刊词》一文中,总结了两次国内革命战争的经验教训,揭示了中国革命的客观规律,指出:"十八年的经验,已使我们懂得:统一战线、武装斗争、党的建设,是中国共产党在中国革命中战胜敌人的三个法宝,三个主要的法宝。"[1]统一战线和武装斗争,是战胜敌人的两个基本武器。统一战线,是实行武装斗争的统一战线,而党的组织,则是掌握统一战线和武装斗争这两个武器以实行对敌冲锋陷阵的英勇战士。这就是三者的相互关系。正确地理解了这三个问题及其相互关系,就等于正确地

---

[1]《毛泽东选集》第3卷,人民出版社1991年版,第606页。

领导了全部中国革命。这是中国共产党的伟大成绩，也是中国革命的伟大成绩。

1949年6月，毛泽东在《论人民民主专政》中对三大法宝的内容和意义作了更加完整的概括，指出：一个有纪律的，有马克思列宁主义的理论武装的，采取自我批评方法的，联系人民群众的党；一个由这样的党领导的军队；一个由这样的党领导的各革命阶级各革命派别的统一战线；这三件是我们战胜敌人的主要武器，依靠这三件，使我们取得了基本的胜利。[1]

三大法宝的核心是党的建设。中国人民所以能够战胜强大的敌人，推翻帝国主义、封建主义和官僚资本主义的反动统治，赢得革命的胜利，基本是依靠了统一战线和武装斗争这两个武器，而党的组织，则是掌握统一战线和武装斗争这两个武器以实行对敌冲锋陷阵的英勇战士。因此，围绕党的政治路线，加强党的建设，保证党的先进性，发挥党的先进作用，不断增强党的创造力、凝聚力和战斗力，对于中国革命的胜利具有极其重要的意义。

毛泽东认为，党的建设必须密切联系党的政治路线。党的纲领和政治路线决定着党的行动的总方向，决定着党的建设。要把党建设成为工人阶级的先锋队，实现党的领导作用，就必须有一条马克思主义的革命路线。

在党的建设的长期实践中，党和毛泽东特别着重于从思想上建党，提出党员不但要在组织上入党，而且要在思想上入党，经常注意以无产阶级思想改造和克服各种非无产阶级思想。他指出，理论和实践相结合的作风，和人民群众紧密地联系在一起的作风，以及批评和自我批评的作风，是中国共产党区别于其他任何政党的显著标志。他针对历史上党内斗争中存在过的"残酷斗争、无情打击"的"左"倾错误，提出了"惩前毖后、治病救人"的正确方针，强调在党内斗争中要达到既弄清思想又团结同志的目的。毛泽东创造了在全党通过批评与自我批评进行马克思主义思想教育的整风形式。新中国成立前夕和成立以后，鉴于我们党成为领导全国政权的党，毛泽东多次提出要继续保持谦虚谨慎、戒骄戒躁、艰苦奋斗的作风，警惕资产阶级思想的侵蚀，反对脱离群众的官僚主义。

经过长时期革命斗争的千锤百炼，中国共产党不断发展壮大，从一个

---

[1] 《毛泽东选集》第4卷，人民出版社1991年版，第1480页。

开始只有50余名党员的党，成为一个到1949年9月已拥有448万余名党员的全国范围内的群众性的马克思列宁主义政党。中国共产党是保证中国革命胜利的最先进和最强大的领导力量。中国共产党成为执政党，是历史的选择、人民的选择。

武装斗争是中国革命的主要斗争形式。中国革命以武装斗争为主要斗争形式，是由中国国情和中国革命的特点决定的。在半殖民地半封建的中国，没有资产阶级的民主制度，帝国主义、封建主义和官僚资本主义的联合势力总是凭借其强大的军队和暴力，对人民实行独裁统治。在这样的社会历史条件下，中国革命只能以长期的武装斗争为主要形式。其他形式的斗争虽然也是重要的，但它们直接或间接地都是配合武装斗争的。近代以来的中国历史已经一再地证明，在中国离开了武装斗争，就不能完成任何革命任务。

同时，中国是一个以农业经济为主的半殖民地半封建的大国，政治经济发展不平衡，帝国主义势力之间的争夺造成中国反动统治集团之间的分裂和战争。这种特点，又使革命武装能够在反动统治薄弱的农村不断积蓄和发展自身的力量，逐步扩大斗争的阵地。

中国的武装斗争，实质上就是无产阶级领导下的农民战争。1927年大革命失败以后，中国共产党独立地承担起领导中国革命的重任。这个革命只能采取武装斗争的形式，也只能走上农村包围城市，进而夺取全国政权，建立人民当家作主的新中国的道路。

党从单独领导中国革命战争时起，即以武装斗争在农村开辟革命根据地，实行土地革命、武装斗争和根据地建设三方面的结合，形成在四周白色政权的包围中若干小块红色政权存在和发展的工农武装割据的局面。党逐步克服以城市斗争为重心、企求速胜的"左"倾错误，将工作重心转入农村，长期以农村根据地为依托，开展武装斗争。党成功地解决了在以农民为主要成分的情况下，用无产阶级建军思想，建设一支具有高度政治觉悟和严格纪律、同群众保持密切联系的新型人民军队的问题，这就使得人民军队既与一切反动统治势力掌握的残害人民的军队根本不同，又在政治上、军事上和组织程度上远远超过历史上旧式的农民起义武装。

随着战争形势的发展，党通过人民战争，一步一步地把落后的农村改造成政治上、经济上、文化上的先进革命阵地，并依托和发展这个阵地，通过以农村包围城市、最后夺取政权的革命道路，经过22年艰苦卓绝的武装斗争，终于打败拥有优势装备、异常凶残的国内外敌人，最后赢得了夺取全国政权的伟大胜利。

革命统一战线是中国共产党领导中国革命最成功的经验。1939年12月，毛泽东撰写《中国革命和中国共产党》、论述新民主主义理论时指出："中国无产阶级应该懂得：他们自己虽然是一个最有觉悟性和最有组织性的阶级，但是如果单凭自己一个阶级的力量，是不能胜利的。而要胜利，他们就必须在各种不同的情形下，团结一切可能的革命阶级和阶层，组织革命的统一战线。"〔1〕

1947年12月，毛泽东在《目前形势和我们的任务》中，进一步指出："中国新民主主义的革命要胜利，没有一个包括全民族绝大多数人口的最广泛的统一战线，是不可能的。不但如此，这个统一战线还必须是在中国共产党的坚强的领导之下。没有中国共产党的坚强的领导，任何革命统一战线也是不能胜利的。"〔2〕

中国社会的历史条件，决定了中国革命有必要和有可能建立最广泛的革命统一战线。中国社会是一个两头小中间大的社会。无产阶级只占人口的少数，最广大的人民是农民、小资产阶级和民族资产阶级。中国的民族革命和民主革命，符合最广大人民的利益，也为他们所拥护。外国帝国主义通过其在中国的附庸压迫中国，使中国的民族危机深重，而日本帝国主义直接武装侵略中国更使全国各民族、各阶级和各阶层人民面临亡国的绝境，这就使得建立广泛的革命统一

> **文化讲堂**
>
> 中国新民主主义的革命要胜利，没有一个包括全民族绝大多数人口的最广泛的统一战线，是不可能的。不但如此，这个统一战线还必须是在中国共产党的坚强的领导之下。没有中国共产党的坚强的领导，任何革命统一战线也是不能胜利的。
>
> ——毛泽东

---

〔1〕《毛泽东选集》第2卷，人民出版社1991年版，第645页。
〔2〕《毛泽东选集》第4卷，人民出版社1991年版，第1257页。

战线成为可能。

巩固和扩大统一战线的关键，是坚持无产阶级及其政党对于统一战线的领导权。毛泽东指出，中国共产党掌握统一战线领导权，是中国革命发展规律的必然要求，统一战线领导权与中国革命的领导权是一致的，无产阶级政党不掌握统一战线领导权，中国革命不可能成功。

党还根据统一战线中各种社会力量的不同特性，以及它们在革命发展某一阶段的不同状况，规定和实行发展进步势力、争取中间势力、孤立顽固势力的政策。这样，党就能最大限度地孤立和打击主要的敌人，最广泛地团结一切可能团结的同盟者，保证革命在全国范围的历史性胜利，并保证中国社会经过新民主主义走向社会主义。

（二）三大作风是中国共产党最显著的特点和最有力的战斗武器

中国共产党自从 1921 年诞生以来，经历了三次伟大斗争，这就是北伐战争、土地革命战争和抗日战争。我们的党从一开始，就是一个以马克思列宁主义的理论为基础的党，这是因为这个主义是全世界无产阶级的最正确最革命的科学思想的结晶。马克思列宁主义的普遍真理和中国革命的具体实践相结合，使中国革命的面貌为之一新，产生了新民主主义的整个历史阶段。以马克思列宁主义的理论思想武装起来的中国共产党，在中国人民中产生了新的工作作风，其中主要的就是理论和实践相结合的作风、和人民群众紧密地联系在一起的作风以及自我批评的作风。

参加遵义会议人员

从新民主主义革命时期的历史来看，我们党是在同党内教条主义和经验主义斗争的过程中成长起来的，党的发展壮大是理论与实际相结合的结果。这期间，我们党领导的革命斗争，取得了巨大胜利，也经历了严重的挫折。在"大革命"和土地革命战争时期，党的主要领导人分别犯了"右"倾机会主义和"左"倾教条主义错误。

1935年1月召开的遵义会议上，我们党批判并纠正了王明的"左"倾错误。1938年党的六届六中全会又提出"使马克思主义在中国具体化"的任务。1941年至1944年间，我们党结合整风运动对党的历史进行深入讨论和研究。为彻底克服主观主义、教条主义和理论脱离实际的官僚主义作风，党的中央领导机关和高级干部大兴调查研究之风，纷纷制定深入社会和群众进行调查研究的计划。

批评与自我批评的作风是我们党在长期的革命斗争中形成的，有利于统一思想、团结同志。土地革命战争时期，党内"左"倾路线占统治地位时，提倡"批评"，但没有提倡"自我批评"，批评成为攻击个人和"残酷斗争"的代名词。遵义会议以后，我们党端正了党的思想路线，党内"左"倾组织路线的错误及其危害也被全党所认识。

抗日战争开始以后，以毛泽东为代表的中国共产党人面临新形势，需要解决一些新问题，特别是整风运动，需要有正确处理党内外问题的方式方法。在新形势下，党中央在总结经验教训的基础上开始在全党培养批评与自我

延安整风运动

批评的作风，在1941年7月颁布的《关于增强党性的决定》中明确规定："要用自我批评的武器和加强学习的方法，来改造自己使适合于党与革命的需要。"1942年开始的延安整风运动，采取了以自我教育为主的批评与自我批评的方式，达到了统一思想、团结同志的目的。

作为无产阶级先锋队和广大人民利益的忠实代表，我们党从建党伊始就决定了和人民群众紧密结合。是否与人民群众紧密联系在一起，决定了我们党革命和建设的成败。

党的七大召开前发动的延安整风运动，实际上也是一场伟大的群众运动。参加整风运动的群众之多，发动之彻底都是空前的。整风运动中，从

党的领导班子整风计划的制定,到每一个阶段运动的部署,都贯彻了群众路线。全党上下结合,深入群众蹲点进行调查研究,总结出一套紧密联系群众的工作方法。毛泽东对其进行了全面系统的总结,提出了"一般和个别相结合""领导和群众相结合""从群众中来,到群众中去"的著名论断。

在我们党长期革命实践的过程中,尤其是经过延安整风运动系统形成的党的优良作风,在党的七大上得到了全面的理论升华,被毛泽东同志概括为"理论联系实际""密切联系群众"和"批评与自我批评"三大优良作风。三大优良作风是党付出极大的努力和代价培育起来的,对中国革命和建设的胜利起到至关重要的作用。

第四节　党领导人民走向富强

一、中华人民共和国初登历史舞台

中华人民共和国的成立,标志着一百多年来殖民主义、帝国主义同封建统治者勾结起来奴役中国人民的历史和内外战乱频仍、国家四分五裂的历史从此结束,标志着中国新民主主义革命的基本胜利,开始了中国人民从站起来到富起来的伟大征程。人民企盼已久的独立、统一的新民主主义的新中国,终于诞生了。

(一) 最迅速的国民经济恢复

在"二战"遭受法西斯蹂躏的国家中,中国是国民经济恢复最快最好的国家。新中国所继承的是一个十分落后的千疮百孔的烂摊子——生产萎缩、交通梗阻、民生困苦、失业众多,特别是由于国民党政府长期滥发纸币,造成物价飞涨、投机猖獗、市场混乱的既成局面。面对极其困难的财政经济状况,党精心领导了稳定物价和统一财经的重大斗争,采取了有力的经济措施和必要的行政手段,相继组织了同投机资本作斗争的两大"战役":银元之战、米棉之战。国家还实行全国财政经济工作的统一管理和统一领导,从而沉重打击了破坏金融的非法活动。稳定物价和统一财经的工作是新中国成立后在财政经济战线上一个具有重大意义的胜利。从此结束了国民党统治时代自抗战以来连续十二年使人民深受其苦的通货膨胀和物价高涨的局面,也结束了旧中国几十年财政收支不平衡的局面,为安定人民生活,恢复和发展工农业生产,创造了有利条件。经济恢复期间,我国还进行了"三反""五反"、镇压反革命运动、土地改革等,对于新政权的巩固和发展发挥了重要作用,为三大改造奠定了物质基础。

(二)抗美援朝打出国家意志和民族性格

正当我国人民从各方面为争取财政经济状况根本好转而斗争的时候,新中国又面临着外部侵略的威胁。1950年6月25日,朝鲜内战爆发。美帝国主义宣布武装援助南朝鲜,干涉朝鲜内政,同时命令其海军第七舰队开入台湾海峡,阻止对台湾的任何进攻,公然干涉中国内政,插足中国的领土台湾。10月初,朝鲜政府向中国政府提出出兵援助的请求。10月8日,中国人民革命军事委员会主席毛泽东发布命令,将东北边防军组成中国人民志愿军,任命彭德怀为中国人民志愿军司令员兼政治委员,赴朝作战。1950年10月19日,志愿军雄赳赳、气昂昂,跨过鸭绿江。到1951年6月10日止,五战五捷,共歼敌二十三万人,把战线稳

抗美援朝

定在"三八线"附近。在这种情况下,从1951年7月开始双方举行停战谈判,谈谈打打、断断续续进行了两年之久。1953年7月27日双方在停战协定上签字。美国侵略者虽然使用了除原子弹以外当时所有的现代化武器,但是这场战争终于以中朝军队和人民的胜利而结束。这个胜利,打破了美帝国主义不可战胜的神话,为新中国打出了一片和平天地,打出了中国人民的志气,打出了新中国的国家意志和民族性格,打出了中国人民的尊严。这个胜利向全世界宣告,新中国不可欺,中国人民不可辱。

（三）万隆会议——新中国新形象

1955年召开的亚非会议即万隆会议，是有史以来亚非国家第一次在没有殖民国家参加的情况下讨论亚非事务的大型国际会议，是战后民族独立运动蓬勃兴起的产物。1954年，印度尼西亚政府首先提议召开，并获得缅甸、锡兰（今斯里兰卡）、印度和巴基斯坦等南亚、东南亚国家的大力支持。中华人民共和国应邀出席这次会议。这一切表明了亚非人民的觉醒和奋起已成为不可阻挡的历史潮流。

周恩来总理出席万隆会议

1955年4月万隆会议在印尼万隆举行。会议期间，某些原殖民主义和帝国主义国家利用一些国家制造纷争和矛盾，并对中国发出诋毁性言论，企图分裂会议。周恩来提出"求同存异"的方针缓解了这一矛盾。会议确定的指导国际关系的十项原则，以由中国首先倡导的"互相尊重主权和领土完整、互不侵犯、互不干涉内政、平等互利、和平共处"五项原则为核心内容，形成了举世闻名的万隆精神。万隆会议后，中国始终奉行和平共处五项原则处理国际事务，赢得了世界上不同地区、不同种族和不同社会制度国家的一致赞誉。

二、社会主义改造的内容

从1953年开始，我国进入了大规模的对生产资料私有制实行社会主义改造和有计划地进行社会主义建设时期。为适应这个时期社会历史发展的客观要求，党提出了过渡时期的总路线，这就是：在一个相当长的时期内，逐步实现国家的社会主义工业化，并逐步实现国家对农业、手工业和资本主义工商业的社会主义改造，这也是"一五"计划的主要内容，简言之，即"一化三改"。其体现了发展生产力和变革生产关系的有机统一，是一条社会主义建设和社会主义改造同时并举的总路线。

(一) 社会主义建设高潮

"一五"计划是在全国城乡迅速形成的参加和支援国家工业化建设的热烈气氛中进行的。

工人阶级一马当先,他们不但努力提高自己的思想觉悟,而且努力提高自己的文化水平和科学技术知识水平。工程技术人员和科学工作人员在工业化中大显身手。大批高等学校和各类专业技术学校的毕业生服从国家分配,不辞艰苦,兴高采烈地奔赴祖国各地工业建设的最前线。农民也很关心工业建设,他们用努力增加生产,积极交纳农业税和交售粮棉的实际行动支援工业建设。工业建设战线喜报频传。1953年12月26日,鞍山钢铁公司的三大工程——大型轧钢厂、无缝钢管厂、七号炼铁炉举行开工生产典礼。这是我国重工业建设中首批竣工投入生产的重要工程,大大加强了以鞍钢为中心的东北钢铁基地,是新中国社会主义工业化起步时的一个有重要意义的胜利。1956年,中国第一座生产载重汽车的工厂长春汽车制造厂建成投产,中国第一座飞机制造厂试制成功第一架喷气式飞机,中国第一座制造机床的工厂沈阳第一机床厂建成投产,中国第一座生产电子管的工厂北京电子管厂正式投产。1957年,飞架南北的武汉长江大桥建成,使铁路从此可以纵贯中国。青藏、康藏、新藏公路相继建成通车,沟通了西藏和内地的联系。大大小小的建设项目不胜枚举,单是限额以上的较大项目,平均每天有一个开工或者竣工。

总之,新中国工业化的起步,虽然基础是薄弱的,限制因素是多方面的,任务十分艰巨,但是有利条件也很多。其中最重要的就是:党提出的社会主义工业化的任务,作为过渡时期总路线、总任务

一汽提前完成"一五"计划

的主体,受到全国人民的热烈拥护。在全党全国人民同心同德的艰苦奋斗中,中国的工业化在扎扎实实地取得进展。

（二）中国共产党人的创举

随着第一个五年建设计划的实施和社会主义工业化的起步，党对农业、手工业和资本主义工商业有系统的社会主义改造也迈开了步伐。

农业上，党中央概括提出引导农民走向社会主义的几种过渡性经济组织形式。一是互助组，这具有社会主义的萌芽。二是初级农业生产合作社，在土地及牲畜、大农具私有的基础上土地入股、统一经营，有较多的公共财产，实行土地分红和按劳分配相结合的原则，这具有半社会主义的性质。三是高级农业生产合作社，将土地及其他主要生产资料归集体所有，统一经营、集体劳动，实行各尽所能、按劳分配的原则，这具有社会主义的性质。采取这种逐步过渡的办法，是中国农业合作化运动中的一项重要的创造。

在推进手工业合作化的过程中，中国共产党采取的是积极领导、稳步前进的方针。手工业合作化的组织形式，是由手工业生产合作小组、手工业供销合作社到手工业生产合作社，步骤是从供销入手，由小到大、由低到高，逐步实行社会主义改造和生产改造。农业合作化的迅猛发展，也极大地加快了手工业合作化的步伐。1955年底，党和国家提出要在两年内基本完成手工业合作化。实际上，由于改变了过去按行业分期、分批、分片改造的办法，而采取手工业全行业一起合作化的办法，到1956年底，参加合作社的手工业人员已占全体手工业人员的91.7%，手工业的合作化基本完成。

对资本主义工商企业进行社会主义改造，就是要把民族资本主义工商业改造成为社会主义性质的企业，并对民族资产阶级实行赎买政策。通过公私合营实现"四马分肥"。采取这样的政策，既可以在一定时期利用资本主义工商业的积极作用（如增加产品供应、扩大商品流通、维持工人就业、为国家提供税收等),又有利于争取民族资产阶级及其知识分子,并减少他们接受社会主义改造的阻力。正因为如此,中国共产党和人民政府对资本主义工商业采取了利用、限制、改造的政策,实现了对资产阶级的和平赎买,资本主义工商业实现顺利改造。

经过"一化三改",1956年社会主义制度在我国建立起来。社会主义制度的确立,为中国现代化的建设创造了制度条件,使广大劳动人民真正成为国家的主人和社会生产资料的主人,使占世界人口四分之一的东方大国进入了社会主义社会,这是世界社会主义运动史上又一个历史性的伟大胜利,是对马克思列宁主义的一个重大贡献,实现了中国历史上最伟大、最深刻的变革。

(三) 劳动改造——空前绝后的特殊战绩

新中国的劳动改造罪犯事业也取得了巨大的成绩,充分显示了社会主义制度的优越性。对于罪犯特别是战争罪犯的劳动改造,取得了空前绝后、举世震惊的效果,伪皇帝和大臣、曾经的军阀、汉奸和国民党将军,通过教育改造,转变为社会主义建设者和劳动者、共产党的拥护者;曾经的日本军阀和刽子手,转变为中日友好使者。这样的特殊战绩,在任何时代和国家都是无与伦比的。

新中国的劳动改造罪犯事业找到了一条化消极因素为积极因素、变破坏者为建设者的有效途径。只有强迫罪犯积极地改造客观世界,才能真正地改造他们自己的主观世界。罪犯在社会主义制度下被强迫进行劳动改造,实质上是使他们得到改恶从善重塑新生的效果。

劳动改造罪犯,是人民民主专政的任务之一。它是在依法监管罪犯的条件下,用组织大生产的集体劳动与政治思想、文化、技术教育相结合的途径,去改造罪犯成新人,立足于在惩罚犯罪的同时改造罪犯。对罪犯实行强迫劳动改造,给予重新做人的机会,体现了人民民主专政下刑罚的改造人的作用,使犯人感到在社会主义制度下,只要改恶从善,都有自己的光明前途。在劳动改造中,把犯人当人看待。犯人没有被依法处以死刑,劳改机关就要依法保护和爱护他们的生命。要在吃、穿、住、医疗、卫生、作息时间、劳动保护等方面,对罪犯给予革命人道主义的待遇,对犯人采取教育改造的措施。从教育人、改造人、造就人的政治目的出发,结

合劳改生产活动，对犯人有针对性地进行政治、劳动、文化和技术教育，让废料成材。劳动是改造罪犯的基本手段，通过集体生产劳动的实践活动，使罪犯真正认识寄生可耻、劳动光荣，产生爱劳动的心理，逐步树立起劳动观点，养成劳动习惯，学会生产技能，与劳动人民有共同的情感和语言。

新中国的劳动改造罪犯制度，不同于任何剥削制度下对罪犯实施的一切"劳役""劳作""劳改""劳动赔偿"等，它们的实质是惩罚性质的，新中国的"劳动改造"主要是改造、教育和挽救人。

新中国的劳动改造罪犯制度先后总结和制定了一套实施劳动改造罪犯的方针、政策、条例、规定，而且在管教犯人过程中还具体制定了各项合理的规章制度，采用了宽严并济、科学文明的管理措施，实行了有的放矢、行之有效的教育改造方法，特别是用人类最先进的思想——共产主义思想去洗刷人间最肮脏的犯罪灵魂，是一个成功的创举。这些方针、政策、条例、规定、制度、措施和方法是我国劳动改造罪犯成新人的宝贵工作经验。新中国劳改机关这种从改造人出发的执行刑罚的方法，使犯人在一定的范围内可以自由地从事生产和生活，可以比学赶帮，接受先进的思想影响，培植其与他人的新型关系，同时，还常请社会人士给犯人作报告或组织犯人到社会上去参观学习等，这比旧监狱的囚犯坐牢要人道得多、先进得多。新中国的劳改机关在有法必依、执法必严中所开创的这种从政治上、思想上、劳动上、道德上全面地对罪犯进行"治病救人"的拯救灵魂、消除罪恶和犯罪的实践，体现着人类崇高的正义精神，是社会主义建立高度的物质文明和精神文明不可分割的组成部分。这是新中国在刑法实施上对旧狱制的改造和创新。这种改造和创新遵循马克思主义的科学社会主义的理论，在阶级社会的最后一个历史舞台上卓有成效地减少和逐步走向最后消除罪恶和犯罪。

三、 没有一帆风顺的发展道路

中国已经是一个社会主义国家，但又是一个经济文化落后、人口众多、幅员辽阔、发展极不平衡的国家。怎样建设社会主义，怎样巩固和发展社会主义，并没有现成的道路可循，必须在实践中进行艰苦的探索。

（一）良好开局

1956年4月毛泽东在《论十大关系》中初步总结了我国社会主义建设的经验，提出了探索适合我国国情的社会主义建设道路的任务，为中共八大的召开作了准备。中共八大的召开，标志着中国共产党探索中国自己的建设社会主义的道路取得初步成果。

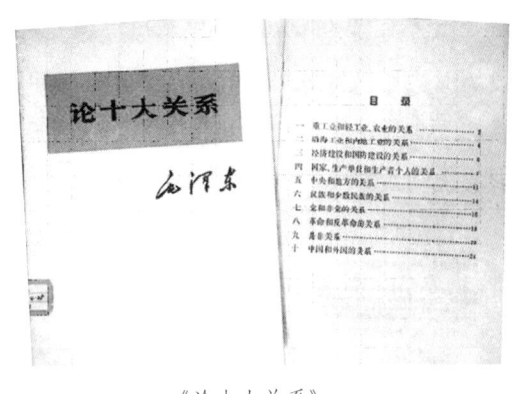

《论十大关系》

中共八大正确地分析了国内形势和国内主要矛盾的变化，提出了党在今后的根本任务，强调在生产资料私有制的社会主义改造已经基本完成的情况下，国家的主要任务已经由解放生产力变为在新的生产关系下保护和发展生产力，全党要集中力量去发展生产力。这个着眼点，历史证明是正确的。

1957年2月，毛泽东在《关于正确处理人民内部矛盾的问题》中指出：社会主义社会存在着敌我之间和人民内部两类性质根本不同的矛盾，前者需要用强制的、专政的方法去解决，后者只能用民主的、说服教育的、"团结—批评—团结"的方法去解决，决不能用解决敌我矛盾的方法去解决人民内部的矛盾。这样，就把正确处理人民内部矛盾作为国家政治生活的主题，并且从理论上提出了关于社会主义社会矛盾的新学说，而同那种不承认社会主义社会仍然存在矛盾，一遇到矛盾便把它当作外来的敌我矛盾的理论区别开来，为我国社会主义事业的发展奠定了理论基础，是对马克思主义的科学社会主义理论的重要丰富和发展。

1957年4月27日中共中央作出《关于整风运动的指示》。

(二) 曲折探索

1957年，党中央开始了整风运动，但由于当时党对阶级斗争和右派进攻的形势作了过分严重的估计，对斗争的猛烈发展没有谨慎地掌握，结果反右派斗争被严重地扩大化了，严重影响了中共八大关于我国社会主要矛盾的正确判断。

"鼓足干劲、力争上游、多快好省地建设社会主义"的总路线、"大跃进"、人民公社三面红旗的出现，是党探索社会主义建设道路中发生的一次严重失误。总路线的提出，反映了广大人民群众迫切要求尽快改变我国经济文化落后状况的普遍愿望。然而它忽视了客观的经济发展规律，否定了国民经济计划的综合平衡，夸大了主观意志和主观努力的作用，于是盲目求快就压倒了一切。在随后的纠正过程中再次发生了偏差，出现了庐山会议"反右倾"、八届十中全会以后阶级斗争扩大化的"左"倾错误，"左"倾错误的积累和发展，导致了一场长达10年的动乱。

(三) 从站起来到富起来

走出动乱和曲折，在已有的基础上继续奋斗，让中国人民富起来，实现国家富强、人民幸福的中国梦，是中国共产党人不变的追求和梦想。

1978年12月党的第十一届三中全会胜利召开，是新中国成立以来党的历史上具有深远意义的伟大转折。实现了思想路线、政治路线、组织路线的拨乱反正，系统地清理了重大历史是非，恢复了党的民主集中制的传统，作出了实行改革开放、全党的工作重点转移到经济建设上来的决策。中国人民开始了走向富裕的历史进程。

以党的十一届三中全会为起点，中国改革开放走过40余年波澜壮阔的不平凡历程，这是一部国家和民族发展的壮丽史诗。在中国共产党领导人民的奋斗中，中国社会主义现代化建设事业蓬勃发展起来，通过不断的探索和推进，我国逐步开辟了一条适合中国国情的发展道路——中国特色社会主义道路，实现了从高度集中的计划经济体制向充满活力的社会主义市场经济体制的根本性转变，实现了从封闭半封闭向全面开放的转变，实现了人民生活从温饱转向基本小康的转变，综合国力极大提升。

在40年改革开放的历史征程中，中国人民艰苦奋斗、顽强拼搏，极大

地解放和发展了中国社会生产力，综合实力明显增强，改革开放和现代化建设取得了巨大成就。中国人民的生活实现了由贫穷到温饱，再到整体小康的跨越式转变；中国社会实现了由封闭、贫穷、落后和缺乏生机到开放、富强、文明和充满活力的历史巨变，写下了中华民族发展史上光辉的篇章。

40年来中国经济实现了巨变。1978年，中国国内生产总值只有3679亿元，2017年站上80万亿元的历史新台阶，达到827122亿元，如今，已经超过90万亿元。40年来，中国经济总量占世界的份额从1.8%增至15%左右，跃居世界第二。经济结构实现重大变革，发展的协调性和可持续性明显提高，基础产业和基础设施跨越式发展，供给能力实现从短缺匮乏到丰富充裕的巨大转变，工业生产能力不断提升，交通运输建设成效突出，邮电通信业快速发展，科技创新成果大量涌现，发展新动能快速崛起。

40年来中国社会主义民主政治展现出旺盛的生命力。在作出把党和国家工作中心转移到经济建设上来、实行改革开放的历史性决策的同时，确立了发展社会主义民主、健全社会主义法制的基本方针。从制度上、法律上保障和发展人民民主，这是我们党对社会主义民主政治建设规律认识的一个重大转变，对发展社会主义民主政治具有十分重要的意义。今天，在习近平新时代中国特色社会主义思想的指导下，中国特色社会主义民主政治建设必将取得更大成就，在我国民主政治发展进程中树立起新的里程碑。

40年来中国特色社会主义文化建设不断繁荣发展。党的十一届三中全会以后，伴随着经济、政治改革的要求，在文化领域掀起了一浪接一浪的热潮，中国特色社会主义文化建设进入了新的全面发展繁荣时期。在"三个代表"重要思想中把"代表中国先进文化的前进方向"作为主要内容之一，突出了社会主义先进文化的历史作用，体现了文化建设对党的建设的

重要作用。伴随着改革开放不断深入的伟大实践,文化领域的改革发展,走过了极不平凡的历程,取得了极不平凡的成就。进入新时代,在习近平新时代中国特色社会主义思想指引下,坚定文化自信、高扬改革旗帜、锐意进取创新,中国特色社会主义文化发展道路将会越走越宽广,向着社会主义文化强国稳步迈进。

40年来人民生活不断改善,和谐社会建设成效显著。党和政府始终坚持把增进民生福祉作为一切工作的出发点和落脚点,在发展中保障和改善民生,在经济增长的同时实现居民收入同步增长。改革开放以来,我国经济取得了突飞猛进的发展,国民生产总值快速增长,全体国民创造出了巨大的社会财富,就业机会不断增多,就业结构发生了巨大变化,城乡居民收入快速增长,人民生活水平显著提高,人民群众切切实实享受到了改革发展的成果。

40年来中国的国际影响日益扩大。改革开放以来,国际地位显著提高,在国际社会发挥着重要的作用。从邓小平同志提出对外开放起,我国就不断提升自己的综合国力,走向世界。如今进入新时代,我们在政治、经济、军事、文化、体育、人民群众的生活水平和社会发展水平上都得到了极大的提高,我党和国家的国际影响力不断上升,中国正前所未有地走近世界舞台中央。

40年来的沧桑巨变向我们证明,改革开放是发展中国特色社会主义、实现中华民族伟大复兴的必由之路;只有社会主义才能带领中华民族走向繁荣富强。

鸦片战争失败后,一次次的战败,一次次的割地赔款、主权沦丧,清王朝的腐败无能和列强的侵略掠夺,使中国人民陷入深深的灾难之中。中国各阶级阶层的仁人志士纷纷寻求救国救亡之路,从引进西学、开办洋务,到君主立宪、改良社会,再到孙中山领导的资产阶级革命,各阶级代表人物的救亡图存努力相继归于失败。马克思主义的革命理论和俄国十月革命的成功经验给中国人指出了一条救亡图存的光明道路。中国共产党人把马克思主义理论和苏俄经验创造性地用于中国实践,开辟了新民主主义革命的中国道路。经过28年的艰苦奋斗,广泛充分地发动起了全国广大人民群众,团结带领中国人民战胜了日本法西斯,推翻了腐败反动的国民党政府，建立了人民当家作主的崭新中国。就这样，中国历史和中国人民选择了中国共产党作为自己的主心骨和领导核心。

　　从近代中国主权逐步沦丧，人民历尽苦难的历史走出来，中国共产党人提出了最能够解决中国实际问题的理论和救国方案，并以其坚定的信仰、坚强的意志、不变的初心使命、正确的路线方针政策、伟大的献身精神和优良的传统作风赢得了广大人民群众的支持。广大人民群众积极踊跃跟党走，就是民心所向。正是广大人民群众的选择，和中国共产党人团结带领中国人民艰苦奋斗，战胜一切艰难险阻和凶恶的敌人，赢得国家独立、民族主权和国民尊严的历史事实，证明了这样一个真理：中国共产党的领导和社会主义道路，是人民的选择、历史的选择。历史事实充分证明，只有中国共产党，才能领导中国人民救中国，只有社会主义和改革开放道路，才能发展中国，只有中国特色社会主义道路，才能带领我们实现中华民族伟大复兴的中国梦。

思考题

1. 近代中国都有哪些阶级和阶层的力量试图救国救亡？他们的基本主张是什么？
2. 五四运动对于中国近代史的意义是什么？
3. 中国共产党的初心和使命是什么？
4. 为什么说是中国历史和中国人民选择了中国共产党？

政治改造分册

第二章

新时代中国人的旗帜

道路决定命运，旗帜决定方向。历史和人民选择了中国共产党，中华民族伟大复兴事业有了主心骨。中国共产党人高举马克思主义和中国特色社会主义伟大旗帜，始终坚持马克思主义基本原理与中国实际相结合的正确道路，努力探索中国社会主义建设的规律，探索执政党建设的规律，团结带领中国人民，回答了一个又一个时代之问，创造了一个又一个奇迹，中国特色社会主义进入了新时代，中华民族正以崭新的姿态屹立于世界的东方。

第一节　人类历史之问

人类从何而来，人类社会又是怎样一步一步发展而来的，一直是一个未解之谜。马克思主义揭示了人类社会发展的一般规律，揭示了资本主义产生、发展和灭亡的规律，揭示了无产阶级解放斗争的规律，从而科学地回答了人类历史之谜。

一、何为马克思主义

坚持马克思主义立场观点和方法，我们首先要搞明白到底什么是马克思主义，区分清楚真马克思主义和假马克思主义，明确什么是马克思主义中不能丢、不能变的，什么是要发展、要丰富的。这是一个哲学问题、根本问题、需要正本清源的问题。

什么是主义？通俗些讲，"主义"就是决定人的价值取向和行为取舍的东西。把人类解放和为绝大多数人谋福利作为决定其价

> **文化讲堂**
>
> 让统治阶级在共产主义革命面前发抖吧。无产者在这个革命中失去的只是锁链。他们获得的将是整个世界。全世界无产者，联合起来！
>
> ——《共产党宣言》

值准则和行为取舍的主义就是马克思主义。实际上，任何一个科学的理论体系都必然地由价值追求和逻辑支撑两个基本要素构成。所谓价值追求，就是其主张什么、捍卫什么、追求什么，是本质、本源；所谓逻辑支撑，就是如何论证、支撑和实现自己的价值追求，这个是哲学、世界观、方法

论。马克思主义也不例外，其价值追求就是人类解放，其逻辑支撑就是唯物主义辩证法，这一价值追求和逻辑支撑统一于共产党人担当历史命运，让价值理想如实反映在历史和社会现实运动的伟大实践中。概括地讲，马克思主义由马克思主义哲学、马克思主义政治经济学和科学社会主义三大部分构成，其中马克思主义哲学是基础、是世界观和方法论，其共产主义的价值追求、辩证唯物主义和历史唯物主义的逻辑立场是不能丢、不能变的，这个是区分真马克思主义与假马克思主义的试金石，是我们共产党人坚定理想信念，是抵制价值虚无主义和历史虚无主义最有力的武器；马克思主义政治经济学是马克思主义哲学在社会经济关系领域中的应用，揭示了资本主义生产和剥削的本质，论证了资本主义必然灭亡和共产主义必然胜利的客观规律。随着资本主义矛盾的不断展开，马克思主义政治经济学的研究范围、研究方式、研究成果也会不断丰富和发展；科学社会主义是辩证唯物主义在社会历史领域应用过程中产生的，是反映无产阶级革命斗争和社会主义发展规律的科学理论，这一理论遵从"由实践到理论再到实践"的螺旋式的循环发展，必然在无产阶级的革命斗争和社会主义革命的实践当中不断丰富和发展，这也是马克思主义创造性、科学性、辩证性的体现。

（一）马克思主义精神血脉在中华大地的最新传承

马克思在《共产党宣言》中呼吁全世界无产者联合起来，为实现一切人的自由全面发展、为共产主义的最高理想而奋斗！实现这一追求，让无产阶级摆脱自然界、人类社会和腐朽思想的压迫与奴役，成为世界的主人，是马克思主义的基本价值追求。实现每个人自由而全面的发展，是马克思主义一以贯之的最高理想、价值基础和逻辑起点。而马克思主义理论就是关于无产阶级革命和人类解放的理论体系。毛泽东思想、中国特色社会主义理论体系是马克思主义科学精神在中国的传承，是其中国化的理论产物和成果，习近平新时代中国特色社会主义思想是马克思主义中国化的最新成果。

习近平新时代中国特色社会主义思想之所以被称为21世纪马克思主义，首先因为这一思想是坚持"革命理想高于天"的科学理论体系。从哲学上讲，人有怎样的理想就会有怎样的行动。中国共产党所做的一切，正是在这种马克思主义远大理想的驱动下，为人民谋幸福、为民族谋复兴、为世界谋大同。这是为实现最高理想所进行的实实在在的努力，是马克思主义精神信念在新时代的现实呈现。改革开放40年来，特别是党的十八大以来，以习近平同志为核心的党中央在世界上高高举起中国特色社会主义伟大旗帜，开创了党和国家事业发展的新局面，开创了坚持和发展马克思主义的新境界，开创了坚持和发展中国特色社会主义的新气象，形成了习近平新时代中国特色社会主义思想，引领中国特色社会主义进入了新时代。实践证明，中国特色社会主义这条道路走得通、走得对、走得好，是实现中华民族伟大复兴的正道，是实现人的全面发展和人类解放的康庄大道，是通向共产主义最高理想的必由之道，更是对人类社会破解发展瓶颈和贡献发展新模式作出的重大贡献。

党的十八大以来，习近平总书记反复强调共产党人要不忘初心、牢记使命，在2012年11月17日第十八届中央政治局第一次集体学习时的讲话中明确指出："理想信念就是共产党人精神上的'钙'，没有理想信念，理想信念不坚定，精神上就会'缺钙'，就会得'软骨病'"。为此，党中央作出全面从严治党战略部署，从本质上讲，就是在中国

特色社会主义新的历史实践中更好地传承、延续马克思主义根本价值理想和精神血脉的过程。

（二）马克思主义的灵魂与马克思主义中国化时代化大众化的历史性飞跃

马克思主义揭示了人类历史的发展规律。毛泽东思想揭示了中国新民主主义革命的规律，中国特色社会主义理论体系初步揭示了中国改革开放和社会主义现代化建设的规律。

习近平新时代中国特色社会主义思想同马克思主义、毛泽东思想、中国特色社会主义理论体系既一脉相承又与时俱进，"新成员"与"老面孔"

之间，是坚持与发展、继承与创新、源与流的关系。习近平新时代中国特色社会主义思想具有强大的理论穿透力和现实解释力，对发展马克思主义中国化做出了新的理论贡献。新时代中国特色社会主义理论强调以正在做的事情为中心，着眼于马克思主义理论的运用，着眼于新的实际和新的发展，着眼于对实际问题的理论思考，说了很多前人没有说过的"新话"，开辟了21世纪马克思主义、当代中国马克思主义新境界，也解决了新时代理论"不够用"的难题。这一切都取决于习近平新时代中国特色社会主义思想在继承优秀传统的基础上，在尊重客观规律和中国特色社会主义发展实际的条件下，勇立时代潮头，发思想之先声，在认识和把握共产党执政规律、社会主义建设规律、人类社会发展规律方面提出了新论断、新命题、新理念，用鲜活丰富的当代中国实践来推动马克思主义发展。比如，人民中心论、社会主义现代化强国论、社会主要矛盾变化论、经济新常态论、供给侧结构性改革论、现代化经济体系论、国家治理体系和治理能力现代化论、中国特色社会主义最本质特征论、新时代强军论、新型大国关系论、人类命运共同体论等。这些新论断、新命题、新理念，都蕴含着马克思主义世界观、认识论、方法论、价值论层面的崭新的时代性理解和阐述，是马克思主义中国化、时代化、大众化和新飞跃的重要标志，也是21世纪马克思主义的重要标志。这些原创性的理论贡献为实现中华民族伟大复兴的历史使命指明了方向、画定了蓝图，并拓展了发展中国家走向现代化的途径，为发展中国家提供了全新选择，为解决人类问题贡献了中国智慧和中国方案。

（三）新时代条件下灵活运用马克思主义思想武器破解时代之问的典范

马克思给我们留下的最有价值、最具影响力的精神财富，就是以他名字命名的科学理论——马克思主义，这是我们改造世界的锐利"思想武器"。党的十八大以来，以习近平同志为核心的党中央坚持马克思主义基本原则，努力推动中国特色社会主义理论创新，统筹推进"五位一体"总体布局，协调推进"四个全面"战略布局，科学回答了新的时代之问。

习近平总书记非常重视运用历史唯物主义基本原理认识和分析我国社会主要矛盾，强调要善于把认识矛盾和化解矛盾作为打开工作局面的突破口。在党的十九大报告中，习近平总书记根据当今我国已经发生历史性巨

变的事实，适时提出中国特色社会主义进入新时代后，我国社会主要矛盾已经发生转化，明确新时代我国社会主要矛盾是人民日益增长的美好生活需要和不平衡不充分的发展之间的矛盾。这一对社会主要矛盾的主要方面在于"不平衡不充分的发展"，因此我们的工作重点是解决发展不平衡不充分的问题。这不仅要求我们继续提升经济发展的质量和效益，还要求我们注重发展社会主义民主政治、法治、公平正义、生态文明等，注重生产力和生产关系、经济基础和上层建筑的各个领域的改革和完善，以破解不平衡不充分的问题。可见，习近平总书记关于新时代我国社会主要矛盾的论断，是对我党以往关于社会主要矛盾认识的丰富和发展，是将马克思主义社会矛盾学说运用于当代中国现实的最新体现。

习近平总书记非常善于运用"人民群众是历史的创造者"这一历史唯物主义基本观点分析我国的党群关系和干群关系。毛泽东同志创造性地把"人民群众是历史的创造者"这个观点转化为群众观点和群众路线，提出我党"全心全意为人民服务"的根本宗旨和走群众路线的根本领导方法与工作路线。习近平总书记进一步把群众观点拓展为"以人民为中心"的根本政治立场和价值取向，把群众观点和群众路线看作是处理党群关系和干群关系的根本立场和方法。针对有些领导干部不会妥善处理与群众的关系问题，习近平总书记深刻指出："领导在与群众的矛盾中始终处于主要方面。在领导和群众的矛盾中，如果领导方面是错误的，群众方面是正确的，毫无疑问，领导是矛盾的主要方面；如果群众方面是错误的，领导方面是正确的，矛盾的主要方面也在领导，在于领导对群众的说服教育工作没有到位，在于领导的工作措施不适应于群众。因此，领导与群众产生矛盾时，领导要想方设法去做好教育和转化工作，而不能因为群众错了，你就站到群众的对立面去，把人民内部矛盾当作敌我矛盾。"[1]这充分体现了总书记在新的时代条件下对马克思主义基本原理的创造性运用和发展。

二、 人类历史之谜

2018 年 5 月 4 日，习近平总书记在纪念马克思诞辰 200 周年的讲话中

---

[1] 习近平：《做好新形势下的群众工作》，《求是》2005 年第 17 期。

指出:"马克思给我们留下的最有价值、最具影响力的精神财富,就是以他名字命名的科学理论——马克思主义。这一理论犹如壮丽的日出,照亮了人类探索历史规律和寻求自身解放的道路。"马克思主义科学回答了人类历史之谜,揭示了人类社会发展的一般规律,揭示了资本主义运行的特殊规律,为人类指明了从必然王国向自由王国飞跃的途径,为人民指明了实现自由和解放的道路。

(一) 马克思主义对人类历史的认识

戏剧《俄狄浦斯王》提出过这样一个问题"什么东西早晨用四条腿走路,中午用两条腿走路,晚上用三条腿走路?"这被称为"斯芬克斯之谜",其答案便是"人"。关于人的起源一直是横亘于人类面前的一大课题。

受生产力发展水平的制约,古代人提出了"洪水创世""女娲造人"等观点。在此基础上,也推动了宗教的产生与发展。随着近代科学的发展,拉马克主义、进化论先后产生。进化论成为解答人类起源的主流学说。所谓"进化论",是指关于生物由低级到高级,由简单到复杂逐步演变过程的学说。这一学说主张物竞天择、优胜劣汰的思想,有人将此自然界的规律照搬到人类社会,给人类发展带来了不利影响,未能揭示人类社会发展的真正规律。古代中国,大多数人持历史循环论的观点,其以"五德终始说为代表";也有思想家提出了"据乱世、升平世、太平世"的观点,认为社会有其自身的发展阶段。但这些都不能从根本上揭示社会矛盾运动规律。马克思主义在总结批判前人观点的基础上,探讨了私有制的起源问题,提出了劳动创造人和人是社会关系的产物的观点,揭示了人的本质,形成了系统完整的唯物史观,找到了社会矛盾运动的基本规律,从而科学系统地回答了人类历史发展基本问题。

在马克思看来,共产主义"是历史之谜的解答,而且知道自己就是这种解答。"[1]"人们自己创造自己的历史,但是他们并不是随心所欲地创造……一切已死的先辈们的传统,像梦魇一样纠缠着活人的头脑。"[2]

马克思把人当作一种其心灵不仅反映世界而且创造世界的动物;人是

---

[1]《马克思恩格斯全集》第 3 卷,人民出版社 2002 年版,第 297 页。
[2]《马克思恩格斯选集》第 1 卷,人民出版社 2012 年版,第 669 页。

由一种"意识"武装起来的,但这种贯穿于历史的意识总的来说已经由于阶级分裂的社会所产生的各种思想而受到了扭曲。剥削的生产方式注定要产生一种必然的依附性,人自身也不可能得到发展,人的全面解放,人的自由而全面的发展,只有在公有制和共产主义的基础上才能够得以实现,人类真正的历史将从共产主义开始。马克思进一步阐述到,人们自己创造自己的历史。这样便把上帝赶出了人类历史活动,并因此而揭去了对历史之谜的解答的宗教外衣。

人类生活是由"生产方式"决定的。人首先必须满足吃、穿、住等物质的需要,然后才能从事法律的、政治的、宗教的、艺术的和哲学的等精神活动,手推磨产生的是封建主义,蒸汽磨产生的是资本主义。这种观点在解答历史之谜过程中有着至关重要的地位。《哲学的贫困》一文认为,随着经济基础的变更,由法律的、政治的、宗教的、艺术的或哲学的等意识形态构成的"全部庞大的上层建筑也或慢或快地发生变革",但是,"社会上一部分人对另一部分人的剥削却是过去各个世纪所共有的事实。因此,毫不奇怪,各个世纪的社会意识,尽管形形色色、千差万别,但总是在某种共同的形式中运动的,这种形式,这些意识形式,只有当阶级对立完全消灭的时候才会完全消失"。也就是说,这种革命性的变革只有在共产主义社会才能真正实现。

关于历史的概念。马克思认为,"历史"并非只是一个狭义的社会历史领域。"我们仅仅知道一门惟一的科学,即历史科学。历史可以从两方面来考察,可以把它划分为自然史和人类史。但这两方面是不可分割的;只要有人存在,自然史和人类史就彼此相互制约。"[1]在这里马克思非常清楚地说明了"惟一的科学,即历史科学"。我们由此可以认为,马克思所指的历史不仅仅是指狭义的社会历史领域,而是在哲学本体的语境中确认了人类现实的社会实践过程中构筑的历史性进程。

人类历史的现实起点是物质生活资料的生产。"人们为了能够'创造历史',必须能够生活。但是为了生活,首先就需要吃喝住穿以及其他一些东西。""因此,这是人们从几千年前直到今天单是为了维持生活就必须

---

[1]《马克思恩格斯选集》第1卷,人民出版社2012年版,第146页。

每日每时从事的历史活动,是一切历史的基本条件"。[1]马克思在这里用一个孩童都知晓的常识,清晰明了地阐述了人与自然之现实的历史关系。

人类社会的历史存在是在长期物质发展到一定阶段通过现实的生产历史地实现的。马克思面对生产,不是仅仅停留在生产之混沌无序的总体之中,因为任何生产实践都是具体的有序的,而是一定的生产的内在结构组织和动态格局的功能实现,这就是作为一定历史生存本质的生产方式。即马克思所说的,在社会生产活动中存在着"人们用以生产自己必需的生活资料的方式"。我们可以把它理解为:一方面,生产的有序结构是由生活物质资料的历史特性决定的;另一方面,更深层的含义是,生产方式表现了人们创造社会历史的主体活动之新的有序性,亦即人类生存的历史创造性。

描述历史并不是马克思的目的,其最终的理论指归乃是对现实资本主义社会的批判。"资本主义向何处去?"是马克思生活时代所面临的时代课题,空想社会主义、古典政治经济学和古典哲学都没有找到科学的答案。马克思在解答历史之谜的过程中,不是单纯地解答"资本主义之谜",而是在首先解答"历史之谜"的同时解答"资本主义之谜",这就为从人类社会的前史进入其正史创造了根本的理论条件,因而作为共产主义者和实践唯物主义者的马克思在解答"历史之谜"的同时,对欧洲的社会历史的现实特别是对资本主义的现实进行了全面而深刻的批判。

(二) 马克思主义的社会形态理论

马克思以生产关系的性质为标准把人类历史划分为五种不同的社会形态,即部落所有制社会、奴隶社会、封建社会、资本主义社会、共产主义社会;又以劳动者和劳动的客观条件的关系为标准把人类历史划分为三种不同的社会形态,即"人的依赖关系(起初完全是自然发生的),是最初的社会形式,在这种形式下,人的生产能力只是在

---

[1]《马克思恩格斯选集》第1卷,人民出版社2012年版,第158页。

狭小的范围内和孤立的地点上发展着。以物的依赖性为基础的人的独立性，是第二大形式，在这种形式下，才形成普遍的社会物质交换、全面的关系、多方面的需要以及全面的能力的体系。建立在个人全面发展和他们共同的、社会的生产能力成为从属于他们的社会财富这一基础上的自由个性，是第三个阶段"。[1]

马克思、恩格斯根据生产关系的不同性质，把人类历史划分为原始社会、奴隶社会、封建社会、资本主义社会和未来共产主义社会（社会主义社会是它的第一阶段）五种依次更替的社会形态。马克思的五种社会形态划分理论，是就全世界历史范围而言的，而不是说无论哪一个国家和民族不管其具体的历史情况如何，都要依次经历这五种社会形态。

1845~1846年，马克思、恩格斯合写的《德意志意识形态》一书，是标志历史唯物主义基本形成的第一部著作。在这部著作中，两位作者提出了社会形态划分及其发展规律的最初见解。他们根据生产力和生产关系的矛盾运动分析社会结构及其演变，把人类历史归结为生产关系（所有制形式）的发展，又把生产关系归结上升为生产力的高度。两位作者用以生产力和分工为基础的一定发展阶段的所有制形式，表述了他们社会形态划分理论的雏形。他们把资本主义社会以前的历史划分为三种所有制形式，"第一种所有制形式是部落所有制"，"第二种所有制形式是古典古代的公社所有制和国家所有制"，"第三种形式是封建的或等级的所有制"。[2]这里讲的"部落所有制"，从经济结构上看，相当于氏族公社的土地公有制；从社会结构上看，相当于氏族公社开始解体、奴隶制正在出现的农村公社。马克思、恩格斯当时还没有把氏族公社和农村公社分开，他们讲的"部落所有制"虽然相当于西欧由原始社会向奴隶社会转变时期的所有制，但由于他们当时尚未形成科学的原始社会思想，自己没有自觉地意识到这一点，因而将它作为人类社会发展的第一个独立阶段。这里讲的"古典古代的公社所有制和国家所有制"，大体上相当于古希腊和古罗马的奴隶制。这里讲的"封建的或等级的所有制"，指的是西欧的封建制度。这三种所有制形式，作为所有制发展的不同阶段，在历史上是按时间先后顺序演进

---

[1]《马克思恩格斯文集》第8卷，人民出版社2009年版，第52页。
[2]《马克思恩格斯选集》第1卷，人民出版社2012年版，第148~149页。

的，而不是在空间上并列的。马克思、恩格斯认为这三种所有制形式是资本主义社会以前的所有制形式，如果再加上资本主义所有制形式和将来代替它的共产主义所有制形式，正好是五种所有制形式。以这五种所有制形式为基础，形成五种社会形态，即部落所有制社会、奴隶社会、封建社会、资本主义社会、共产主义社会。

三种社会形态划分法是马克思在《1857~1858年经济学手稿》中明确提出的。他说："人的依赖关系（起初完全是自然发生的），是最初的社会形式，在这种形式下，人的生产能力只是在狭小的范围内和孤立的地点上发展着。以物的依赖性为基础的人的独立性，是第二大形式，在这种形式下，才形成普遍的社会物质交换、全面的关系、多方面的需要以及全面的能力的体系。建立在个人全面发展和他们共同的、社会的生产能力成为从属于他们的社会财富这一基础上的自由个性，是第三个阶段。第二个阶段为第三个阶段创造条件。"马克思把人的依赖性社会分为两种类型：一种是原始的所有制形式及其共同体，另一种是这种原始的所有制形式及其共同体解体以后产生的各种派生的所有制形式及其共同体。前者包括亚细亚的所有制形式及亚细亚公社、古代的所有制形式及古代公社、日耳曼的所有制形式及日耳曼公社三种形式，后者主要指奴隶制和农奴制的所有制形式及其共同体以及城市中的同业行业工会等。在物的依赖性社会中，不是人支配物，而是物支配人，物与物的关系成为在人之外与人相对立并且支配人的异己力量。物的依赖性社会的实质就在于，用物与物之间的关系掩盖人与人之间的社会关系，即资本家与雇佣工人之间的剥削与被剥削关系。个人全面发展的社会是"自由人联合体"，"在那里，每个人的自由发展是一切人的自由发展的条件"。[1]在这种真实的共同体中，每个人的发展成了一切人发展的条件，个人获得了真正的自由，能够全面发展自己的天赋和才能。

三种社会形态划分法和五种社会形态划分法所划分开来的社会形态都属于经济的社会形态。所谓经济的社会形态，是指以生产关系或经济形式为标准划分的社会形态。在通常情况下，社会形态概念与经济的社会形态概念，含义是相同的，社会形态概念可以看作是经济的社会形态概念的简

---

[1]《马克思恩格斯选集》第1卷，人民出版社2012年版，第422页。

称。两种划分方法在说明人类历史由公有制社会到私有制社会再到更高发展程度的公有制社会的演变过程方面是一致的。三种社会形态划分法的人的依赖性关系中的原始共同体是公有制社会，原始共同体解体以后产生的奴隶社会和封建社会是私有制社会，物的依赖性社会或商品经济社会也是私有制社会；个人自由全面发展的社会是更高发展程度上的公有制社会。五种社会形态划分法中的原始社会是公有制社会，奴隶社会、封建社会、资本主义社会是私有制社会，共产主义社会（社会主义社会是它的第一阶段）是更高发展程度上的公有制社会。

(三) 社会运动的根本动力

马克思主义认为，矛盾是事物发展的根本动力。人类社会发展的根本动力是社会基本矛盾运动规律。生产力和生产关系、经济基础和上层建筑之间的矛盾构成了社会的基本矛盾，它们之间的相互作用以及动态结合构成了社会发展的基本动力和一般规律。

1. 生产力和生产关系的矛盾运动及其规律

生产力是指社会成员共同改造自然、改造社会获取生产资料和生活资料的能力。生产关系是指劳动者在生产过程中所结成的相互关系，包括生产资料的所有关系、生产过程的组织与分工关系、产品的分配关系三个方面。

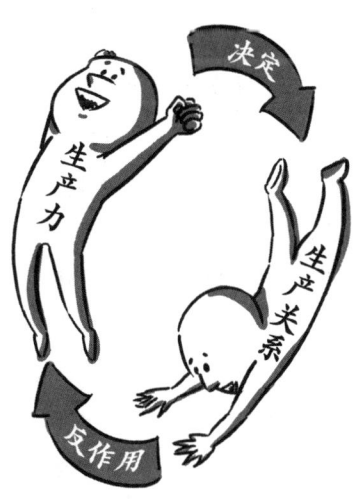

生产力决定生产关系，生产力的状况（包括生产力的性质、水平和发展要求）决定生产关系的状况。有什么样的生产力，就会有什么样的生产关系，生产力发展的一定状况要求形成与之相适应的生产关系。社会生产方式的运动总是从生产力的变化和发展开始。随着生产力的发展，原来由它所建立并同它相适应的生产关系，就变得越来越不能适应生产力的发展，以致不能继续保持其稳定不变的状态。在这种情况下，生产关系就不得不进行部分的变革以暂时维持它的存在；而当这种生产关系已经完全不能适应生产力发展的要求时，就必须进行全面的变革，

以新的适合生产力发展的生产关系来代替原来的、业已丧失其存在必然性的生产关系。

生产关系能动地反作用于生产力。表现在：当生产关系同生产力的发展要求相适应时，它有力地推动生产力的发展；当生产关系已不适应生产力的发展要求时，它就严重地阻碍生产力的发展。新的生产关系之所以能够促进生产力的发展，在于它为生产力诸要素的结合提供了较好的形式，能够比较充分地调动生产力的积极因素，使其发挥作用。反之，旧的生产关系之所以阻碍生产力的发展，就在于它不能把生产力的诸要素较好地结合起来，无力充分调动生产力的积极因素，反而使它们受到压抑和摧残。

生产力和生产关系的相互作用及其矛盾运动构成了生产力和生产关系之间内在的、本质的、必然的联系。历史唯物主义把它表述为生产关系适合生产力状况的规律。这一规律的主要内容就是：生产力决定一定生产关系能否产生，决定它产生后发展的方向和形式；生产关系反作用于生产力，对于生产力的发展起着促进或阻碍作用。"决定"和"反作用"的矛盾运动和有机结合，形成了生产关系适合生产力状况的规律性运动。

生产关系适合生产力状况的规律，是社会发展的普遍规律，在社会发展的各个阶段、各个时期都毫无例外地起着作用。它提供了一把探究社会发展根源的钥匙，是马克思主义政党制定战略、策略、方针、政策的客观依据。

2. 经济基础和上层建筑的矛盾运动及其规律

经济基础是指由社会一定发展阶段的生产力所决定的生产关系的总和。而上层建筑是指建立在一定经济基础之上的意识形态以及相应的制度、组织和设施。

经济基础决定上层建筑。具体表现在：第一，经济基础的需要决定上层建筑的产生。上层建筑是适应经济基础而建立起来的；经济基础是根源，上层建筑是派生物，是经济基础的政治和思想表现形态。第二，经济基础的性质决定上层建筑的性质。有什么样的经济基础，就有什么样的上层建筑；不同性质的经济基础一定会产生不同性质的上层建筑。由于占统治地位的生产关系决定经济基础的性质，因而它必然对上层建筑起主导作用，并决定上层建筑的性质。第三，经济基础的变化发展决定上层建筑的变化发展及其方向；经济基础变化了，上层建筑也要随之改变。上层建筑的各个部分，由于具有不同程度的相对独立性，其改变有早有晚、有快有慢，虽不是同时的立即的改变，但变化是必然的。

上层建筑对经济基础具有反作用。这种反作用集中表现在为它的经济基础服务。上层建筑反作用的性质，取决于它所服务的经济基础的性质，归根到底取决于它是否有利于生产力的发展。当它为适合生产力发展的经济基础服务时，它就成为推动社会发展的进步力量；当它为束缚生产力发展的经济基础服务时，它就成为阻碍社会发展的反动力量。社会主义国家的无产阶级政党是上层建筑中的核心政治力量，其先进性的发挥，就集中表现在它能代表先进生产力的发展要求，为社会主义经济基础服务。上层建筑的反作用是巨大的，但不是无限的。它可以影响社会性质和历史进程，但不能决定历史发展的总趋势。

上层建筑与经济基础的矛盾表现在：新建立起来的上层建筑总有某些不完善的地方，不能完全适应经济基础的要求；上层建筑一旦形成，就成为一种相对独立的力量，它有脱离经济基础的倾向；经济基础总会变化，这种变化不会立即在上层建筑中得到反映，这就造成上层建筑落后于经济基础的情况；当生产力的发展要求变革已经陈旧的经济基础时，仍然维护这种经济基础的上层建筑就成为经济基础和生产力发展的严重阻碍，它们之间的矛盾就趋于尖锐化。

经济基础和上层建筑相互作用构成的二者矛盾运动规律，就是上层建筑一定要适合经济基础状况的规律。这一规律的主要内容是：经济基础决定上层建筑的产生、性质和发展变化的方向；上层建筑的反作用取决于和服务于经济基础的性质和要求。这一规律表明，上层建筑的性质和变化发展，上层建筑是否需要改革以及改革的形式和方向，都取决于经济基础的状况。

在社会基本矛盾中，生产力和生产关系的矛盾是根本的矛盾，整个社会基本矛盾的运动总是从生产力开始。整个社会基本矛盾运动以生产力为起点，生产力通过分工决定生产关系，生产关系（经济基础）通过意识形态决定政治上层建筑，通过社会心理决定观念上层建筑；上层建筑通过社会心理或意识形态反作用于经济基础，生产关系通过分工反作用于生产力。这就是社会基本矛盾运动的内在机制。

由此可见，马克思主义从唯物史观的角度探讨了人类历史上社会形态的发展演变、揭示了人类社会发展的规律，从而科学回答了人类历史之谜，指明了人类社会发展的方向。

第二节　社会主义从俄国到中国

社会主义经历了由空想到科学、由理论到实践、由一国实践到多国实践的三次大的飞跃，并在中国特色社会主义的伟大实践中焕发出强大生机和活力。在马克思、恩格斯的努力下，社会主义实现了由空想到科学的转变。而十月革命推动了社会主义由理论到实践的转变。在列宁的领导下，俄国将马克思主义基本原理同俄国实际相结合，形成了列宁主义，以此为旗帜，俄国社会主义革命取得了胜利，建立了世界上第一个社会主义国家，打破了资本主义一统天下的局面，给世界上广大被压迫民族带来了新的曙光。十月革命的胜利指明了中国革命的方向，给正在艰难探索救国救民道路的中国人民提供了新的解答方案。

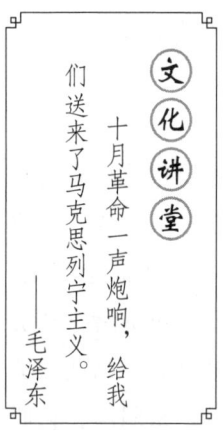

文化讲堂

十月革命一声炮响，给我们送来了马克思列宁主义。
——毛泽东

一、列宁主义的胜利

19世纪末20世纪初，世界主要资本主义国家已从自由竞争阶段发展到私人垄断阶段——帝国主义阶段。各种社会矛盾不断激化，世界工人运动出现了新情况。以列宁为代表的俄国共产党人，坚持马克思主义基本原理和无产阶级运动相结合，深入研究和总结无产阶级革命斗争经验，对新的世界形势和时代特征做了科学概括，为世界无产阶级制定正确的政策策略提供了理论指导，诞生了列宁主义。布尔什维克党（后改名为共产党）以马克思列宁主义为旗帜，带领俄国人民取得了举世瞩目的成就。

列宁主义认为，帝国主义是资本主义的最高阶段，是无产阶级社会革命的前夜。由于帝国主义国家之间经济和政治发展不平衡，这就为社会主义首先在一个国家，并且可能在经济文化相对落后的国家发生社会主义革命提供了可能。"资本主义的发展在各个国家是极不平衡的,而且在商品生产下也只能是这样。由此得到一个结论:社会主义不能在所有国家内同时获得胜利,它将首先在一个或者几个国家内获得胜利,而其余的国家在一段时间内将仍然是资产阶级的或资产阶级以前的国家。"[1]

列宁论述了领袖、政党、阶级、群众之间的关系,认为群众是划分为阶级的,阶级是由政党领导的;"政党通常是由最有威信、最有影响、最有经验、被选出担任最重要职务而称为领袖的人们所组成的比较稳定的集团来主持的"。[2]无产阶级是最先进、最有远见、最有前途的阶级,肩负着推翻资本主义、建设社会主义、最终实现共产主义的伟大使命,无产阶级有自己的领导核心是革命取得胜利的保证,也是其在政治上成熟的表现。无产阶级专政只能由吸收了阶级的革命力量的先锋队来实现。

在这种理论的指导下,十月革命取得了胜利,开始了向社会主义的过渡。为适应国内革命战争的形势,保卫新生的革命政权,列宁带领苏俄人民实行"战时共产主义"(实行战时总动员;实行粮食等农产品的征购制度;实行全部工商业的国有化,禁止私人贸易;实行义务劳动制和食堂免费就餐),帮助苏维埃政权度过了战争危机,但国民经济破坏严重、粮食及燃料匮乏,农民利益得不到保障,俄国出现了严重的经济、政治危机。于是,列宁适时调整了政策,实行"新经济政策"以实现向社会主义的过渡。

中国国家博物馆馆藏油画《列宁宣布苏维埃政权成立》,描绘了列宁向广大革命工人和士兵宣布"一切权力归苏维埃"的历史场景。

---

[1]《列宁全集》第28卷,人民出版社1990年版,第88页。
[2]《列宁选集》第4卷,人民出版社2012年版,第151页。

该政策实质是利用市场和商品货币关系发展经济解决国内严重的经济困难和政治危机从而建立社会主义经济基础（公有制）。在农业上，以粮食税代替余粮收集制；工业上，部分恢复私营经济，关系国家经济命脉的企业仍归国家所有；允许自由贸易，恢复商品流通和商品交换；废除实物配给制，实行按劳分配制。

新经济政策的实施表明，列宁和布尔什维克党放弃了由战时共产主义政策直接过渡到社会主义的设想和实践，开始从国情出发，利用市场和商品货币关系来扩大生产，改善和巩固工农联盟，逐步过渡到社会主义，受到了广大工人和农民的欢迎，工农业生产逐步恢复到战前的水平，苏维埃政权得到进一步巩固。新经济政策的实施是列宁对小农占优势的俄国如何建设社会主义的问题进一步探索的结果，是他对马克思主义理论的重大发展。

继列宁之后，关于如何建设社会主义、建成什么样的社会主义等问题，斯大林在领导苏联建立社会主义和建设社会主义的实践过程中进行了积极有益的探索，形成了"斯大林模式"。斯大林的这些思想主要体现在《论列宁主义基础》《苏联社会主义经济问题》等著作中。

斯大林认为社会主义有六个基本特征。第一，社会主义生产关系的经济基础是生产资料公有制，将其分为两种基本形式即全民所有制（即国家所有制）和集体所有制。第二，计划经济是社会主义经济的又一明显特征，"这种计划各领导机关必须执行，这种计划能决定我国经济在全国范围内将来发展的方向"。[1]斯大林认为，计划经济同资本主义经济有着重大区别，是社会主义公有制所需要的。第三，社会主义个人消费品的分配原则是按劳分配的原则，这就必须取消平均主义，打破旧的工资等级制。第四，社会主义国家的唯一领导力量是共产党，它是无产阶级专政的表现形式，是无产阶级专政体系中的领导力量。第五，社会主义国家的职能形式是无产阶级专政，可以选择用非暴力手段去进行经济组织工作和文化教育工作，用暴力手段镇压国内被推翻了的阶级，保卫国家以防外来侵犯。第六，意识形态领域占据主导地位而且进行社会主义建设的指导思想必须是马克思列宁主义。

---

[1]《斯大林全集》第10卷，人民出版社1954年版，第280页。

斯大林认为，为建立社会主义的经济基础，要将优先发展重工业作为工业化的中心任务，特别是机器制造业这一整个工业的"神经中枢"。他认为，重工业是"工业化的中心，工业化的基础"[1]，把工业化和农业集体化当作苏联建立社会主义的必备条件，提出"建立社会主义的经济基础，就是把农业和社会主义工业结合为一个整体经济，使农业服从社会主义工业的领导，在农产品和工业品交换的基础上调整城乡关系，堵死和消灭阶级首先是资本籍以产生的一切孔道，最后造成直接消灭阶级的生产条件和分配条件"。[2]在整个工业化时期，苏联用于重工业的投资、用于积累的比重均占整个国民经济投资的30%左右，把工农业产品价格"剪刀差"作为积累工业资金的重要手段，"这种超额税是为了推进工业的发展，消除我国的落后状态"[3]，使农民的一半收入交给国家。从1930年起，苏联国民经济年度计划逐渐演变成为指令性计划，"这种计划各领导机关必须执行，这种计划能决定我国经济在全国范围内将来发展的方向"，[4]苏联形成了以部门管理、垂直单一领导的，以指令性计划占有生产资料、决定生产、分配产品、计划流通、排斥和限制市场经济、所有权与经营权高度统一的经济管理体制，国家成为工业管理的主体与中心。通过这种工业化战略，苏联只用了两个五年计划的时间，就基本建立起社会主义的大工业体系。苏联全力推进公有化进程，建立社会主义公有制与工业化政策齐头并进，在城市采取各种措施消灭私营工商业中的资本主义成分，在农村以强制手段消灭了富农阶级，把农民个体经济纳入社会主义建设的总体系，从而实现了农业全盘集体化。1934年，苏联社会主义成分的比重在国民收入中占99.1%，在农业总产值中占98.5%，在工业总产值中占99.8%，在零售商品流转额中占100%。到了1936年，苏联基本上实现了社会主义，建成了社会主义社会的经济基础，斯大林宣布，苏联消灭了所有的剥削阶级。

斯大林建立了从最高领袖到地方基层政权的严密控制、垂直领导的庞

---

[1]《斯大林全集》第8卷，人民出版社1954年版，第112页。
[2]《斯大林选集》上卷，人民出版社1979年版，第511页。
[3]《斯大林选集》下卷，人民出版社1979年版，第149页。
[4]《斯大林文选》上卷，人民出版社1962年版，第129页。

大干部等级制。在这种体制下，从政党组织、国家机关、经济实体到一切社会团体全部执行党的最高指示，党的机关的绝对权力代替了党员群众的主动积极性，阻碍了社会主义民主的发展和社会主义法制的健全；一长制代替了党内民主和集体领导原则；委任制代替了选举制，造成了干部只向上负责而不向下负责的不良倾向；执行机关及其机构拥有全部权力，国家安全机关享有特殊的地位和权力，形成了官僚特权阶层，产生了高度中央集权以至个人专权，党政不分、以党代政、机构重叠、权责不明，最后发展为个人崇拜的弊端。由于对苏联国情的错误判断，对科学社会主义原则的生搬硬套，苏联形成了僵化的社会主义模式，各类弊端累积在苏联的社会主义建设中，为苏联政权的覆灭埋下了隐患。

二、俄国革命对中国革命的影响

十月革命后，苏俄作为第一个社会主义国家，处于帝国主义的经济封锁和外交孤立的困境之中，国际帝国主义武装干涉战争此起彼伏，内战连绵，新生的苏维埃政权随时都有被帝国主义联合颠覆的危险，因此其急于寻求能与其"结盟"的国家。另一方面，东方殖民地半殖民地国家从俄国革命胜利中看到了新的希望，他们迫切渴求学习借鉴俄国革命的成功经验。

正如毛泽东在《论人民民主专政》中所言，中国人找到马克思主义，是经过俄国人介绍的。俄国人举行了十月革命，创立了世界上第一个社会主义国家。过去蕴藏在地下为外国人所看不见的伟大的俄国无产阶级和劳动人民的革命精力，在列宁、斯大林领导之下，像火山一样突然爆发出来了，中国人和全人类对俄国人都另眼相看了。这时，也只是在这时，中国人从思想到生活，才出现了一个崭新的时期。中国人找到了马克思列宁主义这个放之四海而皆准的普遍真理，中国的面目就起了变化了。"在十月革命以前，中国人不但不知道列宁、斯大林，也不知道马克思、恩格斯。十月革命一声炮响，给我们送来了马克思列宁主义。十月革命帮助了全世界也帮助了中国的先进分子，用无产阶级的宇宙观作为观察国家命运的工具，重新考虑自己的问题。走俄国人的路——这就是结论。一九一九年，中国发生了五四运动。一九二一年，中国共产党成立。孙中山在绝望里，遇到了十月革命和中国共产党。"可见，十月革命对中国革命的影响是深刻而深远的。它促进了马克思主义在中国的传播，使中国人民找到了科学的理论武器，使先进的中国人开始系统学习和研究马克思主义，创立中国的马克思主义政党，直接推动中国走上了马克思主义的革命道路，从而实现了由旧式的民主革命向新式的民主革命的转变，并初步明确了以社会主义作为中国革命发展的方向。

十月革命前，人们对马克思和马克思主义的了解是一种碎片化的状态，对马克思主义的传播也是一种零星式介绍。当时的资产阶级改良派和革命派都曾参与到对马克思主义的介绍中来，甚至于孙中山也对社会主义思想心有向之。不过并没有人真正知道马克思主义的共产主义。十月革命后，苏俄政府基于世界革命的目的，开始有意识地、系统地向落后东方国家传播马克思主义。十月革命逐渐赢得了中国民众的广泛好感，并且诱导着中国的先进人物尤其是知识分子去了解、学习和研究马克思主义。于是，在中国出现了第一批的共产主义知识分子。正是这些知识分子肩负起了学习、研究、传播、宣传和实践马克思主义的重任，为马克思主义政党的建立准备了条件。

"中国共产党就是依照苏联共产党的榜样建立和发展起来的一个党。自从有了中国共产党，中国革命的面目就焕然一新了。"[1]1919年共产国际在莫斯科成立，其宗旨就是要指导其他国家尤其是亚非拉殖民地半殖民地国家开展社会主义运动。也正是在这种目的的指引下，苏俄政府在建立伊始便通过多种方式向中国输出革命，直接推动了中国马克思主义组织的建立。包惠僧对此曾经回忆道："中国共产党是在第三国际领导下，马林、尼克斯基来到中国，按照第三国际的方针，即列宁的方针、政策建立起来的。马林的督促、指导和支援，对于中国共产党的诞生具有特殊的意义。"[2]中国共产党的成立是中国历史上开天辟地的大事，也是继十月革命后世界共产主义运动史上的大事。从此以后，中国共产党人以马克思列宁主义为指导，走上了谋求民族独立、国家富强和人民幸福的马克思主义道路。

马克思列宁主义来到中国，为救亡图存的中国人提供了新的道路选择、

---

[1]《毛泽东选集》第4卷，人民出版社1991年版，第1357页。
[2] 中共中央党史研究室：《联共（布）、共产国际与中国国民革命（1920~1925）》，北京图书馆出版社1997年版，第262页。

李大钊,中国最早的马克思主义者,中国共产党的缔造者之一。

指明了新的方向。在十月革命的影响下,中国的新文化运动、五四运动以及国民大革命运动相继开展,中国革命被赋予了新民主主义的含义和性质,中国革命走上了一条新民主主义道路,这条道路有别于苏俄"城市中心论"的革命道路,而是"农村包围城市,武装夺取政权"的道路,是我们党把马克思主义基本原理同中国革命具体实践相结合,创立中国化的马克思主义的伟大开篇。新中国成立后,党和人民选择了社会主义道路,实现了新民主主义向社会主义的过渡。改革开放新时期,党和人民在现代化建设的生动实践中又成功开辟出了中国特色社会主义道路。因此,十月革命一声炮响,给救亡图存的中国人带来了强大的心理震撼,直接推动了中国对马克思主义的道路选择,并深深地影响了中国近代发展的进程。

第三节 从苏东剧变到中国之问

俄国的十月革命创立了第一个马克思主义政党领导的政权,为全世界的无产者对抗资产阶级的剥削和压迫提供了现实的样本。然而,由于斯大林模式的日益僵化,苏联政府内部的集权、腐化,党员干部、苏联青年对马克思主义信仰的动摇及外部敌对势力"和平演化"的攻击,使得苏共一夜之间便失去了政权。同时,南斯拉夫、捷克斯洛伐克等社会主义国家先后解体。西方资本主义国家政客趁机对社会主义国家采取"和平演变"、舆论造势等阴谋手段,攻击共产主义学说,认为社会主义模式已经步入终结阶段。一时间,诘难与挑战马克思主义的言论甚嚣尘上,马克思主义过时论、马克思主义失败论、历史终结论等思潮迭起。但中国却能够抵御住苏东剧变的冲击和西方对华制裁,并没有因此乱了阵脚,而是继续坚持改革开放,中国现代化建设事业也在此基础上进入了一个新的发展阶段。于是，"中国奇迹背后有什么必然逻辑？"成为了世界之问、时代之问。

一、苏东剧变

苏东剧变，是 1989 年下半年开始的东欧剧变和 1991 年苏联解体两个历史事件的总称，是苏联和东欧的共产党纷纷丧失政权所引发的政治地震和大规模剧变。

1990 年，东欧国家国内形势继续发生重大变化。多数国家政治上普遍实行多党制和议会制，经济上不同程度地向私有化和市场经济过渡。原有的体制被打破，新的体制尚未建成，各种新旧矛盾错综复杂。波兰、匈牙利、捷克斯洛伐克等东欧国家的共产党相继失去政权。苏联内部，1990 年 3 月 11 日，立陶宛率先宣布独立，其他共和国也纷纷加以仿效。1991 年 8 月，"八一九"事件的爆发，加速了苏联的解体。12 月 26 日，苏联最高苏维埃正式宣布苏联停止存在，苏联作为一个社会主义大国的历史画上了句号。

苏东剧变有其深刻的原因。（1）历史原因。东欧各国共产党执政后，都照搬苏联模式，并在很大程度上受制于苏联，苏联迫使东欧国家在内外政策上同它保持一致，东欧各国实际上没有独立自主权。（2）内部原因。在经济上，大多数国家发展缓慢，改革成效不大，同西欧国家的差距越拉越大，经济困难导致经济危机，诱发政治危机和民族矛盾。在政治上，由于严重破坏了民主和法制，东欧各国的党和政府脱离了群众。（3）苏联因素。戈尔巴乔夫的改革给东欧国家"松绑"，他的建设"人道的、民主的社会主义"纲领和对外政策的"新思维"，推动了东欧各党的改组、分裂和蜕变。（4）西方因素。西方国家以贷款、贸易、科技和意识形态渗透等各种手段诱压东欧国家，促使它们向西方靠拢，向资本主义"和平演变"。

苏联解体背后有复杂的多方面原因。戈尔巴乔夫推行的改革——"新思维"与"人道的、民主的社会主义"，主张在政治上实行多党制、三权分立和议会民主，取缔了规定党的领导地位的宪法条文；在经济上，采用所谓"休克疗法"，实行非国有化和私有化；在思想上，实行意识形态的多元化，取消了马克思主义的指导地位，放任资产阶级思想观点滋长蔓延。这实际上背离了马克思列宁主义的理论，放弃了社会主义方向，使苏

联社会失去了强有力的领导力量,苏联社会从此陷入空前的困难和混乱,经济严重倒退,政治乱象环生,人民生活水平持续下降。许多本国有识之士发出了这样的呼声:休克疗法是俄罗斯历史上最大的骗局!

二、 中国之问

面对苏东剧变、苏联解体、社会主义巨大挫折的新形势,面对长期"左"的错误所带来的困惑,面对风云变幻的世界局势,如何走自己的路,如何建设中国特色社会主义就成为中国共产党所面临的时代之问。这不仅是中国之问,同样也是"世界之问"。

无论世界局势如何变幻,中国共产党始终以马克思主义为指导,在中国革命、建设、改革的历史进程中,实现了将马克思主义基本原理同中国实际相结合的两次历史性飞跃,形成了马克思主义中国化两大理论成果,即毛泽东思想,以及包括邓小平理论、"三个代表"重要思想、科学发展观、习近平新时代中国特色社会主义思想在内的中国特色社会主义理论体系。二者一脉相承,成为党领导中国人民战胜一个又一个困难、取得一个又一个胜利的行动指南。

毛泽东思想对中国特色社会主义建设的初步探索起步正确、方向明确,为我党在十一届三中全会后成功开辟中国特色社会主义新道路、创立中国特色社会主义理论体系提供了最直接的、不可缺少的思想和理论来源。中国特色社会主义是对中国之问在当代最具科学性、最具影响力的最新解答。它的世界性价值在于:宣告西方某些势力所谓"社会主义崩溃论"的破产,意味着科学社会主义基本原则依然具有不可颠覆的真理价值,预示了人类社会发展的总趋势和基本走向。

(一) 毛泽东思想

毛泽东思想是在革命和建设的长期实践中,以毛泽东为主要代表的中国共产党

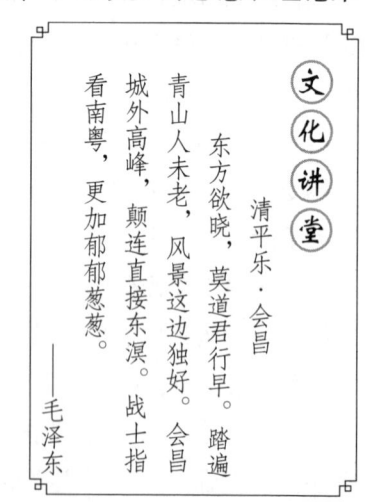

文化讲堂

清平乐·会昌

东方欲晓,莫道君行早。踏遍青山人未老,风景这边独好。会昌城外高峰,颠连直接东溟。战士指看南粤,更加郁郁葱葱。

——毛泽东

人，根据马克思列宁主义基本原理，形成的适合中国情况的科学指导思想，是被实践证明了的关于中国革命和建设的正确的理论原则和经验总结，是中国共产党集体智慧的结晶。毛泽东思想以独创性理论丰富和发展了马克思列宁主义。主要包括：新民主主义革命、社会主义革命和社会主义建设、革命军队建设和军事战略、思想政治工作和文化工作、党的建设、国际战略和外交工作等各个方面的内容，是一个完整的科学思想体系。

十月革命给中国送来了马克思列宁主义，帮助中国的先进分子开始用无产阶级的世界观作为观察国家命运的工具，中国革命从此有了科学的指导思想；中国在革命取得胜利后，又经历了第二次世界大战后两大阵营的对立和斗争，西方国家不仅对我国实行持续的封锁禁运，还极力推行和平演变战略。毛泽东思想正是在这样的时代条件下形成和发展起来的。第一次国内革命战争时期，毛泽东在《中国社会各阶级的分析》《湖南农民运动考察报告》中，分析了中国社会各阶级在革命中的地位和作用，提出了新民主主义革命的基本思想。土地革命时期，以毛泽东为主要代表的中国共产党人，坚持马克思列宁主义必须与中国革命具体实际相结合的基本原则，在探索中国革命新道路的具体实践中，在同党内一度盛行的把马克思主义教条化、把共产国际决议和苏联经验神圣化的错误倾向的斗争中，逐步开辟了农村包围城市、武装夺取政权的革命道路，毛泽东思想初步形成。遵义会议以后，毛泽东系统地总结了党领导中国革命特别是全民族抗日战争以来的历史经验，深入分析中国革命具体实际，从哲学方面总结党的历史经验，科学阐述了新民主主义革命的对象、动力、领导力量、性质和前途等基本问题，提出了新民主主义革命的总路线，并制定了相应的经济、政治、文化纲领，指明了新民主主义革命的具体目标、找到了新民主主义革命胜利的正确方法，毛泽东思想趋于成熟。1945年党的七大将毛泽东思想写入党章，将其确立为党必须长期坚持的指导思想。解放战争时期和新中国成立以后，以毛泽东为主要代表的中国共产党人先后提出人民民主专政理论、社会主义改造理论、关于严格区分和正确处理两类矛盾的学说，特别是正确处理人民内部矛盾的理论。毛泽东明确提出了把马克思列宁主义的基本原理同中国革命和建设的具体实际进行"第二次结合，找出在中国怎样建设社会主义的道路"的任务，

并为开辟适合中国国情的社会主义建设道路进行了艰辛探索。这一时期形成的关于社会主义革命和社会主义建设的重要思想,集中体现于毛泽东《在中国共产党第七届中央委员会第二次全体会议上的报告》《论人民民主专政》《论十大关系》《关于正确处理人民内部矛盾的问题》等著作中,是毛泽东思想的丰富和发展。

新民主主义革命理论从中国的历史状况和现实状况出发,深刻研究中国革命的特点和规律,发展了马克思列宁主义关于无产阶级在民主革命中的领导权思想。以社会主义革命和社会主义建设理论为指导,我国依据新民主主义革命胜利所创造的向社会主义过渡的经济政治条件,采取社会主义工业化和社会主义改造并举的方针,实行逐步改造生产资料私有制的具体政策,从理论和实践上解决了在中国这样一个占世界人口近1/4、经济文化落后的大国建立社会主义制度这一重大问题。革命军队建设和军事战略的理论系统解决了如何把以农民为主要成分的革命军队建设成为一支无产阶级性质的、具有严格纪律的、同人民群众保持亲密联系的新型人民军队的问题。毛泽东精辟地论证了革命斗争中政策和策略问题的极端重要性,指出政策和策略是党的生命,必须根据政治形势、阶级关系和实际情况及其变化制定党的政策,把原则性和灵活性结合起来。他在总结实践经

验的基础上,提出了许多重要的政策和策略思想。党的建设理论成功地解决了如何在无产阶级战斗力很强而人数很少、农民和其他小资产阶级占人口大多数的国家,建设一个具有广泛群众性的、马克思主义的无产阶级政党的问题。

1981年党的十一届六中全会通过的《中国共产党中央委员会关于建国以来党的若干历史问题的决议》指出:贯穿于毛泽东思想各个组成部分的立场、观点和方法,是毛泽东思想的活的灵魂,它们有三个基本方面,

即实事求是、群众路线、独立自主。

实事求是，就是一切从实际出发，理论联系实际，坚持在实践中检验真理和发展真理。群众路线，就是一切为了群众，一切依靠群众，从群众中来，到群众中去，把党的正确主张变为群众的自觉行动。群众路线，就是以毛泽东为主要代表的中国共产党人坚持把马克思列宁主义关于人民群众是历史创造者的原理，系统地运用在党的全部活动中，形成的党的根本工作路线。无论过去、现在和将来，群众路线都是我们党的生命线和根本工作路线，是我们党永葆青春活力和战斗力的重要传家宝，本质上体现的是马克思主义关于人民群众是历史的创造者这一基本原理。独立自主，就是坚持独立思考、走自己的路，就是坚定不移地维护民族独立、捍卫国家主权，把立足点放在依靠自己力量的基础上，同时积极争取外援，开展国际经济文化交流，学习外国一切对我们有益的先进事物。独立自主是中华民族的优良传统，是中国共产党、中华人民共和国立党立国的重要原则，是我们党从中国实际出发、依靠党和人民力量进行革命、建设、改革的必然结论。

在毛泽东思想的指导下，我们党团结带领中国人民进行了长期浴血奋战，打败了日本帝国主义，推翻了国民党反动统治，完成了新民主主义革命，建立了中华人民共和国，彻底结束了旧中国半殖民地半封建社会的历史，彻底结束了旧中国一盘散沙的局面，彻底废除了列强强加给中国的不平等条约和帝国主义在中国的一切特权，实现了中国从几千年封建专制向人民民主的伟大飞跃，近代以来久经磨难的中华民族从此站起来了。随后，我们党团结带领中国人民完成社会主义革命，消灭一切剥削制度，确立社会主义基本制度，推进社会主义建设，完成了中华民族有史以来最为广泛而深刻的社会变革，为当代中国一切发展进步奠定了根本政治前提和制度基础，为中国发展富强、中国人民生活富裕奠定了坚实基础，实现了中华民族由不断衰落到根本扭转命运、持续走向繁荣富强的伟大飞跃。

毛泽东思想是马克思主义中国化的第一个重大理论成果，是中国革命和建设的科学指南，是中国共产党和中国人民宝贵的精神财富。在马克思主义中国化的历史进程中，毛泽东思想为中国特色社会主义理论体系的形成奠定了理论基础。尤其是毛泽东思想关于社会主义建设的理论，为开创

和发展中国特色社会主义作了重要的理论准备。毛泽东思想所确立的马克思主义中国化的奋斗方向、基本原则和基本方法，指导着我们党不断推进马克思主义中国化，不断开辟马克思主义中国化新境界。

（二）邓小平理论

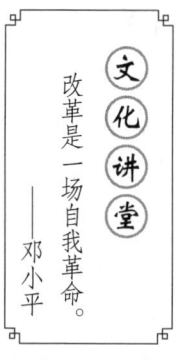

文化讲堂

改革是一场自我革命。
——邓小平

1978年党的十一届三中全会召开，实现了新中国成立以来党的历史上具有深远意义的伟大转折，开启了改革开放和社会主义现代化建设历史新时期。以邓小平为主要代表的中国共产党人，重新确立了实事求是的思想路线，在总结国内外社会主义建设的历史经验特别是改革开放以来新鲜经验的基础上，鲜明地回答了什么是社会主义、怎样建设社会主义这个首要的基本的理论问题，逐步形成了建设中国特色社会主义的路线、方针、政策，阐明了在中国建设社会主义、巩固和发展社会主义的基本问题，创立了邓小平理论，开辟了建设中国特色社会主义的正确道路，推进了马克思主义的中国化。在邓小平理论的指导下，20世纪的中国又一次发生了翻天覆地的变化，开启了中华民族"富起来"的新征程。

邓小平理论的形成，是以和平与发展成为时代主题为时代背景；以社会主义建设的经验教训为历史根据；以改革开放和现代化建设的实践为其现实依据，是以邓小平为主要代表的中国共产党人立足中国又面向世界，总结历史又正视现实、放眼未来，把马克思主义基本原理同中国的国情和时代特征结合起来，在研究新情况、解决新问题的过程中形成发展起来的。

什么是社会主义、怎样建设社会主义，是邓小平理论首要的基本的理论问题。搞清楚这一课题，关键是要在坚持社会主义基本制度的基础上进一步认清社会主义的本质。邓小平总结多年来的历史教训：离开生产力抽象地谈论社会主义，把许多束缚生产力发展的并不具有社会主义本质属性的东西当作"社会主义原则"加以固守，把许多在社会主义条件下有利于生产力发展的东西当作"资本主义复辟"加以反对；经过深邃的思考，科学地、精辟地、创造性地揭示了社会主义本质。1992年初，邓小平在"南方谈话"中对社会主义本质作了总结性理论概括："社会主义的本质，是解放生产力，发展生产力，消灭剥削，消除两极分化，最终达到共同富裕。"[1]邓小平关于社会主义本质的概括，遵循了科学社会主义的基本原则，反映了人民的利益和时代的要求，廓清了不合乎时代进步和社会发展规律的模糊观念，摆脱了长期以来拘泥于具体模式而忽略社会主义本质的错误倾向，深化了对科学社会主义的认识。既包括了社会主义社会的生产力问题，又包括了以社会主义生产关系为基础的社会关系问题，是一个有机的整体。它突出地强调了"解放生产力，发展生产力"，纠正了过去忽视生产力发展的错误观念，反映了中国社会主义整个历史阶段尤其是初级阶段特别需要注重生产力发展的迫切要求，明确了社会主义基本制度建立后还要通过改革进一步解放生产力，体现了在世界新科技革命推动生产力迅速发展的条件下，社会主义为应对资本主义严峻挑战所必须采取的战略决策。它突出地强调"消灭剥削，消除两极分化，最终达到共同富裕"，阐明了社会主义社会的发展目标以及实现这个目标必须以解放和发展生产力为基础，指出了我们发展生产力与剥削阶级统治的社会发展生产力的目的根本不同。

围绕着"什么是社会主义、怎样建设社会主义"这个基本的理论问题，邓小平理论比较系统地初步回答了建设中国特色社会主义的一系列基本问题，包括社会主义初级阶段理论，党的基本路线，社会主义根本任务的理论，"三步走"战略，改革开放理论，社会主义市场经济理论，"两手抓，两手都要硬"，"一国两制"，中国问题的关键在党等，形成了一个比较完备的科学体系。

---

[1]《邓小平文选》第3卷，人民出版社1993年版，第372~374页。

解放思想、实事求是的思想路线，有力地推动和保证了改革开放的进行，体现了辩证唯物主义和历史唯物主义的世界观方法论，体现了革命胆略和科学精神的统一，是邓小平理论的活的灵魂，是邓小平理论的精髓。"社会主义本身是共产主义的初级阶段，而我们中国又处在社会主义的初级阶段，就是不发达的阶段。一切都要从这个实际出发，根据这个实际来制订规划。"[1]社会主义初级阶段是我国最大的国情。党的十三大明确指出，社会主义初级阶段，就是指我国在生产力落后、商品经济不发达条件下建设社会主义必然要经历的特定阶段，即从我国进入社会主义到基本实现社会主义现代化的整个历史阶段。邓小平关于社会主义初级阶段的论断，使我们对社会主义建设的长期性、复杂性、艰巨性有了更加清醒的认识。

邓小平理论提出了党在社会主义初级阶段的基本路线：领导和团结全国各族人民，以经济建设为中心，坚持四项基本原则，坚持改革开放，自力更生，艰苦创业，为把我国建设成为富强、民主、文明的社会主义现代化国家而奋斗。高度概括了党在社会主义初级阶段的奋斗目标、基本途径和根本保证、领导力量和依靠力量以及实现这一目标的基本方针，既紧紧抓住了中国现阶段的主要矛盾，又体现了运用社会主义社会基本矛盾运动的规律，全面推动历史进步，实现民富国强、民族振兴的要求。党的基本路线是党和国家的生命线、人民的幸福线。

邓小平强调：贫穷不是社会主义，社会主义要消灭贫穷；[2]我们要建设的中国特色社会主义，是不断发展社会生产力的社会主义；我们确定的基本路线，是以经济建设为中心，实现社会主义现代化的发展路线。而社会生产力的巨大发展，劳动生产率的大幅提高，最主要是靠科学的力量、技术的力量，因此，"科学技术是第一生产力"。

如何从中国的具体国情出发，加快我国的现代化建设？邓小平理论认为，在我国落后的生产力基础上实现社会主义现代化是一项十分艰巨的事业，必须有步骤分阶段实现：第一步，从1981年到1990年实现国民生产总值比1980年翻一番，解决人民的温饱问题；第二步，从1991年到20世

---

[1]《邓小平文选》第3卷，人民出版社1993年版，第252页。
[2]《邓小平文选》第3卷，人民出版社1993年版，第63~64页。

纪末，使国民生产总值再翻一番，达到小康水平；第三步，到21世纪中叶，国民生产总值再翻两番，达到中等发达国家水平，基本实现现代化。然后在这个基础上继续前进。"三步走"的发展战略，把我国社会主义现代化建设的目标具体化为切实可行的步骤，为基本实现现代化明确了发展方向，

展现了美好的前景，成为全国人民为共同理想而努力奋斗的行动纲领。

改革是社会主义社会发展的直接动力。新时期最鲜明的特点是改革开放。改革不是一个阶级推翻另一个阶级那种原来意义上的革命，也不是原有经济体制的细枝末节的修补，而是对体制的根本性变革。它的实质和目标，是要从根本上改变束缚我国生产力发展的经济体制，建立充满生机和活力的社会主义新经济体制，同时相应地改革政治体制和其他方面的体制，以实现中国的社会主义现代化。判断改革和各方面工作的是非得失，归根到底，要以是否有利于发展社会主义社会的生产力，是否有利于增强社会主义国家的综合国力，是否有利于提高人民的生活水平为标准。对外开放，既包括对发达国家的开放，也包括对发展中国家的开放，是对世界所有国家的开放。它不仅是经济领域的开放，还包括科技、教育、文化等领域的开放。要高度珍惜并坚决维护中国人民经过长期奋斗得来的独立自主权利。"任何外国不要指望中国做他们的附庸，不要指望中国会吞下损害我国利益的苦果。"[1]

邓小平对社会主义与市场经济关系进行了深入的探索。"计划经济不等于社会主义，资本主义也有计划；市场经济不等于资本主义，社会主义也有市场。"[2]这一重要论断，从根本上解除了把计划经济和市场经济看作属于社会基本制度范畴的思想束缚。党的十四大根据改革开放实践发展

---

[1]《邓小平文选》第3卷，人民出版社1993年版，第3页。
[2]《邓小平文选》第3卷，人民出版社1993年版，第373页。

的要求和邓小平关于社会主义也可以搞市场经济的思想,特别是1992年初"南方谈话"的精神,确定了建立社会主义市场经济体制的改革目标。社会主义市场经济理论的要点有:一是计划经济和市场经济不是划分社会制度的标志,计划经济不等于社会主义,市场经济也不等于资本主义;二是计划和市场都是经济手段,对经济活动的调节各有优势和长处,社会主义实行市场经济要把两者结合起来;三是市场经济作为一种资源配置的方式本身不具有制度属性,可以和不同的社会制度结合,从而表现出不同的性质。坚持社会主义制度与市场经济的结合,是社会主义市场经济的特色所在。

邓小平理论还包括祖国统一、党的建设、外交国防等方面的内容,是对马克思列宁主义、毛泽东思想的继承和发展;是中国特色社会主义理论体系的开篇之作;是改革开放和社会主义现代化建设的科学指南。经过改革开放和现代化建设实践的检验,邓小平理论已经被证明是指导中国人民建设中国特色社会主义、保证中国通过改革开放实现国家繁荣富强和人民共同富裕的系统的科学理论。邓小平理论是中国共产党和中国人民宝贵的精神财富,是改革开放和社会主义现代化建设的科学指南,是党和国家必须长期坚持的指导思想。

(三)"三个代表"重要思想

20世纪80年代末90年代初,面对严峻复杂的国内外形势,以江泽民同志为主要代表的中国共产党人,在建设中国特色社会主义的实践中,加深了对什么是社会主义、怎样建设社会主义和建设什么样的党、怎样建设党的认识,积累了治党治国新的宝贵经验,形成了"三个代表"重要思想。"三个代表"重要思想是加强和改进党的建设、推进我国社会主义自我完善和发展的强大理论武器,丰富和发展了中国特色社会主义理论体系,成功把中国特色社会主义推向了21世纪。

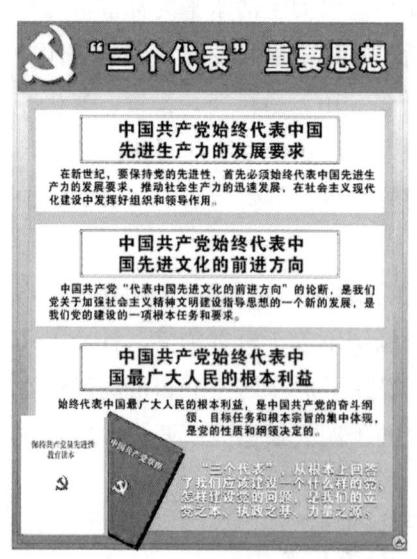

"三个代表"重要思想是在对"冷战"结束后国际局势科学判断的基础上形成的;是在科学判断党的历史方位和总结历史经验的基础上提出来的;是在建设中国特色社会主义伟大实践基础上形成的。世界多极化和经济全球化的趋势在曲折中发展,和平与发展仍是时代的主题。在千年更迭、世纪交替之际,我们党所处的国际国内环境已经发生并还在经历着前所未有的巨大变化,这是"三个代表"重要思想产生的最重要的时代背景。我们党历经革命、建设和改革,已经从领导人民为夺取全国政权而奋斗的党,成为领导人民掌握全国政权并长期执政的党;已经从受到外部封锁和实行计划经济条件下领导国家建设的党,成为对外开放和发展社会主义市场经济条件下领导国家建设的党。党所处的地位和环境、党所肩负的历史任务、党的自身状况,都发生了新的重大变化。这一时期,正值我们党的队伍进入整体性交接的关键时刻,一大批年轻干部走上了各级领导岗位。总结我们党的历史,可以得出一个重要的结论:我们党之所以赢得人民的拥护,是因为我们党作为中国工人阶级的先锋队和中国人民的先锋队,在革命、建设、改革的各个历史时期,总是代表中国先进生产力的发展要求,代表着中国先进文化的前进方向,代表着中国最广大人民的根本利益,并通过制定正确的路线方针政策,为实现国家和人民的根本利益而不懈奋斗。在历史发展过程中,党也有过失误,但党依照"三个代表"要求自己、衡量自己,不断获得新的生机和活力。从正反两方面可以说明,"三个代表"重要思想的提出,正是立足于党的历史、总结党的历史经验得出的重要结论。党如何正确处理社会主义现代化建设中的若干重大关系,如何完善社会主义市场经济体制,如何推进政治体制改革,如何解决国内的人与资源、环境的矛盾,保持国民经济的可持续发展,这些都是摆在中国共产党面前的必须研究解决的紧迫而重大的问题。所以,"三个代表"重要思想,是我们党在理论和实践上不断探索和开拓的结果。

"中国共产党必须始终代表中国先进生产力的发展要求,代表中国先进文化的前进方向,代表中国最广大人民的根本利益。"[1]这是对"三个代表"重要思想的集中概括。始终代表中国先进生产力的发展要求,大力

---

〔1〕 江泽民:"在庆祝中国共产党成立八十周年大会上的讲话",载《前线》2001 年第 1 期。

促进先进生产力的发展,是我们党站在时代前列,保持先进性的根本体现和根本要求。我们党建立时就是以中国先进生产力的代表走上历史舞台的;我们党领导人民进行革命、建设和改革,都是为了促进生产力特别是先进生产力的解放和发展。实现社会主义现代化,最根本的就是要通过改革,不断促进先进生产力的发展,在我国形成发达的生产力。科技进步和创新是发展生产力的决定因素。大力推动科技进步和创新,不断用先进科技改造和提高国民经济,努力实现我国生产力发展的跨越。这是我们党代表中国先进生产力发展要求必须履行的重要职责。

大力发展社会主义先进文化,必须牢牢把握先进文化的前进方向,建设社会主义精神文明,不断满足人民群众日益增长的精神文化需求,不断丰富人民的精神世界,增强人民的精神力量;就要建设社会主义精神文明,发展面向现代化、面向世界、面向未来的、民族的、科学的、大众的社会主义文化;就要弘扬民族精神,以加强社会主义思想道德建设为重要内容和中心环节。同时,必须作好思想政治工作。思想政治工作是经济工作和其他一切工作的生命线,是我们党和社会主义国家的重要政治优势。越是发展经济,越是改革开放,越要重视思想政治工作。

人民是我们国家的主人,是决定我国前途和命运的根本力量,是历史的真正创造者。建设中国特色社会主义,是我国各族人民实现自己利益、创造美好生活的共同事业,是亿万人民群众广泛参与的创造性事业。我们全部工作的出发点和落脚点,就是不断实现好、维护好、发展好最广大人民的根本利益。我们党始终坚持人民的利益高于一切。党除了最广大人民的利益,没有自己特殊的利益。我们党进行的一切奋斗,归根到底都是为了最广大人民的根本利益。党的一切工作,必须以最广大人民的根本利益为最高标准。任何时候都必须坚持尊重社会发展规律与尊重人民历史主体地位的一致性,坚持为崇高理想奋斗与为最广大人民谋利益的一致性,坚持完成党的各项工作与实现人民利益的一致性。

"三个代表"重要思想主要内容包括:发展是党执政兴国的第一要务、建立社会主义市场经济体制、全面建设小康社会、建设社会主义政治文明、推进党的建设新的伟大工程、社会主义初级阶段的基本纲领;中国特色社会主义改革开放的理论;建立巩固的国防、加强军队的革命化现代化正规化建设的思想；坚持和发展爱国统一战线理论；中国特色社会主义外交和国际战略；推进祖国完全统一等方面，是一个完整的科学体系。这一重要思想，是中国特色社会主义理论体系的接续发展；是加强和改进党的

建设、推进中国特色社会主义事业的强大理论武器。"三个代表"重要思想反映了当代世界和中国的发展变化对党和国家工作的新要求，是加强和改进党的建设、推进我国社会主义自我完善和发展的强大理论武器，是党和国家必须长期坚持的指导思想。

(四) 科学发展观

进入新世纪新阶段，以胡锦涛同志为主要代表的中国共产党人，抓住重要战略机遇期，在全面建设小康社会进程中，不断推进实践创新、理论创新、制度创新，根据新的发展要求，深刻认识和回答了新形势下实现什么样的发展、怎样发展等重大问题，形成了以人为本、全面协调可持续发展的科学发展观。科学发展观是马克思主义关于发展的世界观和方法论的集中体现，是马克思主义中国化的重大成果，在新的历史起点上坚持和发展了中国特色社会主义。

科学发展观是我们党坚持以邓小平理论和"三个代表"重要思想为指导，在深刻把握我国基本国情和新的阶段性特征的基础上形成和发展的；是在深入总结改革开放以来特别是党的十六大以来实践经验的基础上形成和发展的；在深刻分析国际形势、顺应世界发展趋势、借鉴国外发展经验的基础上形成和发展的。经过长期努力，我国经济社会发展取得了举世瞩目的成就，但仍处于并将长期处于社会主义初级阶段的基本国情没有变。进入新世纪新阶段，我国进入发展关键期、改革攻坚期和矛盾凸显期，经济社会发展呈现一系列新的阶段性特征。这些阶段性特征是社会主义初级阶段基本国情在新世纪新阶段的具体表现，反映了我国经济社会发展面临的新形势、新矛盾和新问题。解决好这些突出矛盾和问题，保持我国经济

社会发展良好势头,是对我们的重大考验。社会主义初级阶段基本国情和新的阶段性特征,是科学发展观形成的现实依据。

十六大以来,中国共产党领导中国人民,紧紧抓住和用好我国发展的重要战略机遇期,以加入世界贸易组织为契机,深化改革开放,加快发展步伐;成功应对国际金融危机的严重冲击,在全球率先实现经济企稳回升;战胜突如其来的非典疫情,成功举办北京奥运会、残奥会和上海世博会,夺取抗击汶川特大地震等严重自然灾害和灾后恢复重建重大胜利,妥善处置一系列重大突发事件,奋力把中国特色社会主义推进到新的发展阶段。党带领人民战胜各种风险挑战、坚持和发展中国特色社会主义的成功探索,是科学发展观形成的实践基础。

进入新世纪,世界处在大发展、大变革、大调整之中。和平与发展仍然是时代主题,世界多极化不可逆转,经济全球化深入发展,科技革命加速推进,各国相互依存逐步加深,大国关系深刻变动,国际力量对比朝着有利于维护世界和平的方向发展。同时,国际环境中不稳定不确定因素增多,我国发展的外部条件复杂多变。经过改革开放以来的发展,当代中国同世界的关系已经发生历史性变化,我国发展对世界发展的作用和影响不断提高,国际社会普遍看好我国的发展前景,看重我国的作用和影响,同我国合作的意愿普遍增强,国际环境发展变化对我国发展的作用和影响也不断增大。当今世界发展大势、国外发展的经验教训,是科学发展观形成的时代背景。

科学发展观,第一要义是发展,核心是以人为本,基本要求是全面协调可持续,根本方法是统筹兼顾。这是对科学发展观的集中概括。

科学发展观
是坚持以人为本、全面、协调、可持续的发展观。第一要义是发展,核心是以人为本,基本要求是全面协调可持续,根本方法是统筹兼顾。

推动经济社会发展是科学发展观的第一要义。"发展是解决中国一切问题的总钥匙,发展对于全面建设小康社会、加快推进社会主义现代化,对于开创中国特色社会主义事业新局面、实现中华民族伟大复兴,具有决定性意义。"[1]在当代中国,坚持发展是硬道理的本质要求就是坚持科学发展。这必须加快转变经济发展方式、善于抓住和用好机遇。

以人为本是科学发展观的核心立场。集中体现了马克思主义历史唯物论的基本原理,体现了中国共产党全心全意为人民服务的根本宗旨和推动经济社会发展的根本目的。以人为本就是以最广大人民的根本利益为本。以人为本的

"人",是指人民群众,就是以工人、农民、知识分子等劳动者为主体,包括社会各阶层人民在内的中国最广大人民;"本",就是根本,就是出发点和落脚点。坚持以人为本,就要坚持发展为了人民,始终把最广大人民的根本利益放在第一位;就要坚持发展依靠人民,从人民群众的伟大创造中汲取智慧和力量;就要坚持发展成果由人民共享,着力提高人民物质文化生活水平。其最终是为了实现人的全面发展。要坚持在经济社会发展的基础上促进人的全面发展。要把促进经济社会发展与促进人的全面发展统一起来,把促进人的全面发展作为经济社会发展的最终目的,既着眼于人民现实的物质文化生活需要,又着眼于促进人民素质的提高。

全面协调可持续是科学发展观的基本要求。"全面"是指发展要有全面性、整体性,不仅经济发展,而且各个方面都要发展;"协调"是指发展要有协调性、均衡性,各个方面、各个环节的发展要相互适应、相互促进;"可持续"是指发展要有持久性、连续性,不仅当前要发展,而且要保证长远发展。坚持全面发展,就是要按照中国特色社会主义事业总体布局,正确认识和把握经济建设、政治建设、文化建设、社会建设、生态文明建设是相互联系、相互促进的有机统一体。坚持协调发展,就是保证中国特色社会主义各个领域协调推进。坚持可持续发展,必须走生产发展、

---

[1] 胡锦涛:"在全国劳模和先进工作者表彰大会上的讲话",载中央政府门户网站http://www.gov.cn,最后访问日期:2019年4月27日。

生活富裕、生态良好的文明发展道路、必须建设生态文明。

统筹兼顾是科学发展观的根本方法,深刻体现了唯物辩证法在发展问题上的科学运用,深刻揭示了实现科学发展、促进社会和谐的基本途径,是正确处理经济社会发展中重大关系的方针原则。坚持统筹兼顾,必须正确认识和妥善处理中国特色社会主义事业中的重大关系;必须认真考虑和对待各方面的发展需要,正确反映和兼顾各阶层各群体的利益要求;要牢牢掌握统筹兼顾的科学思想方法,努力提高战略思维、创新思维、辩证思维能力,不断增强统筹兼顾的本领,更好地推动科学发展。要坚持以宽广的胸怀把握全局,以辩证的思维分析全局,以系统的方法谋划全局,把中国特色社会主义伟大事业和党的建设新的伟大工程作为一个整体,统筹改革发展稳定、内政外交国防、治党治国治军各方面工作。既立足当前,又着眼长远,做到兼顾各方、综合平衡。

科学发展观强调,推动经济持续健康发展,必须坚持以科学发展为主题,以加快转变经济发展方式为主线。社会主义民主政治的本质和核心是人民当家作主。发展社会主义民主政治,必须坚定不移地走中国特色社会主义政治发展道路,坚持党的领导、人民当家作主、依法治国的有机统一。要树立高度的文化自觉和文化自信,兴起社会主义文化建设新高潮,提高国家文化软实力,加快建设与我国深厚文化底蕴和丰富文化资源相匹配、与中国特色社会主义事业总体布局相适应、与建设富强民主文明和谐的社会主义现代化国家的目标相承接的社会主义文化强国。要坚定不移走中国特色社会主义文化发展道路,坚持为人民服务、为社会主义服务的方向,坚持百花齐放、百家争鸣的方针,坚持贴近实际、贴近生活、贴近群众的原则,推动社会主义精神文明和物质文明全面发展,建设面向现代化、面向世界、面向未来的,民族的科学的大众的社会主义文化。

"社会和谐是中国特色社会主义的本质属性。"我们要构建的社会主义和谐社会是经济建设、政治建设、文化建设、社会建设、生态文明建设协调发展的社会,是人与人、人与社会、人与自然整体和谐的社会。建设生态文明,是关系人民福祉、关乎民族未来的长远大计。建设生态文明,实质上就是要建设以资源环境承载力为基础、以自然规律为准则、以可持续发展为目标的资源节约型、环境友好型社会。

科学发展观强调,党的建设是党领导的伟大事业不断取得胜利的重要法宝。执政能力建设是党执政后的一项根本建设。保持和发展党的先进性是马克思主义政党自身建设的根本任务和永恒课题。因此,必须全面提高党的建设的科学化水平。

科学发展观还在推进全面深化改革,推动国防和军队建设科学发展,坚持"一国两制"、推进祖国统一,推动建设持久和平、共同繁荣的和谐世界方面提出了一系列新思想、新论断,这些重要思想是科学发展观的重要组成部分,是科学发展观在内政外交、国防领域的运用和展开,它们共同丰富和发展了中国特色社会主义理论体系,是我们党坚持把马克思主义基本原理同当代中国实际和时代特征相结合,在新中国成立以来特别是改革开放以来不懈探索基础上,继续拓展中国特色社会主义实践、探索中国特色社会主义规律的必然结论,既贯穿了马克思主义立场、观点、方法,又把马克思主义中国化推进到新境界。科学发展观是对经济社会发展一般规律认识的深化,是马克思主义关于发展的世界观和方法论的集中体现,是中国特色社会主义理论体系的重要组成部分,是发展中国特色社会主义必须长期坚持的指导思想,是指导全面建成小康社会、发展中国特色社会主义的正确理论。

第四节 回答中国新时代之问

习近平新时代中国特色社会主义思想以前所未有的政治胆略和理论勇气,回答了一系列新的时代之问,不仅引领中国特色社会主义走进新时代,而且引领中国走向了新的征程。

党的十八大以来,以习近平同志为核心的党中央以巨大的政治勇气和强烈的责任担当,提出一系列新理念、新思想、新战略,从理论和实践结合的角度系统回答了新时代坚持和发展什么样的中国特色社会主义、怎样坚持和发展中国特色社会主义这个重大时代课题,创立了习近平新时代中国特色社会主义思想。在习近平新时代中国特色社会主义思想指导下,中国共产党领导全国各族人民,统揽伟大斗争、伟大工程、伟大事业、伟大

梦想，推动中国特色社会主义进入了新时代，推动中华民族迎来了从站起来、富起来到强起来的伟大飞跃。习近平新时代中国特色社会主义思想，是对马克思列宁主义、毛泽东思想、邓小平理论、"三个代表"重要思想、科学发展观的继承和发展，是马克思主义中国化的最新成果，是党和人民实践经验和集体智慧的结晶，是中国特色社会主义理论体系的重要组成部分，是全党全国人民为实现中华民族伟大复兴而奋斗的行动指南。

一、新时代

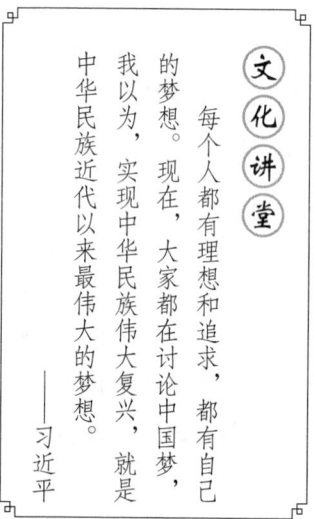

文化讲堂

每个人都有理想和追求，都有自己的梦想。现在，大家都在讨论中国梦，我以为，实现中华民族伟大复兴，就是中华民族近代以来最伟大的梦想。

——习近平

经过长期努力，中国特色社会主义进入了新时代，这是我国发展新的历史方位。作出这个重大政治判断，是改革开放以来特别是党的十八大以来我国社会所取得的历史性成就和发生的历史性变革的必然结果，是我国社会主要矛盾运动的必然结果，也是党团结带领人民开创光明未来的必然要求。这个新时代，是中国特色社会主义新时代，而不是别的什么新时代。深刻把握中国特色社会主义新时代的内涵和特征，有利于进一步统一思想、凝聚力量，在新的起点上把中国特色社会主义事业向前推进。

（一）新时代内涵、意义

第一，这个新时代是承前启后、继往开来，在新的历史条件下继续夺取中国特色社会主义伟大胜利的时代。从历史脉络来看，中国特色社会主义是党和人民长期奋斗所创造积累的根本成就和前赴后继的事业，特别是改革开放以来，党领导人民走中国特色社会主义道路，极大激发了中国人民的创造力，使社会主义在中国展现出强大生命力。

第二，这个新时代是决胜全面建成小康社会，进而全面建设社会主义现代化强国的时代。从实践主题来看，到2020年全面建成小康社会，是党向人民、向历史作出的庄严承诺。到新中国诞生100年建成社会主义现代化强国，则标志着中国在100年内走完发达国家几百年走过的现代化路程，这是中国特色社会主义新时代的必然要求和历史任务。

第三，这个新时代是全国各族人民团结奋斗、不断创造美好生活、逐步实现全体人民共同富裕的时代。从人民性来看，以人民为中心的发展思想，是党全心全意为人民服务的根本宗旨在新时代的具体体现。新时代不仅要国家富强，而且要人民幸福，在解决人民"从无到有"的需求之后，注重解决"从有到优"的需求，朝着创造美好生活、共同富裕的目标前进。

第四，这个新时代是全体中华儿女勠力同心、奋力实现中华民族伟大复兴中国梦的时代。从民族性来看，经过党的十八大以来的历史性变革，今天我们比历史上任何时期都更加接近、更有信心和能力实现中华民族伟大复兴的目标。在新时代，凝聚起全体中华儿女共筑中国梦的力量，中华民族必将以更加昂扬的姿态屹立于世界民族之林。

第五，这个新时代是我国日益走近世界舞台中央、不断为人类作出更大贡献的时代。从世界性来看，中国梦与世界各国人民祈和平、求发展的梦是相通的，实现中国梦也离不开世界和平发展的国际环境，世界的发展也需要中国。作为世界上最大的发展中国家和第二大经济体，作为安理会常任理事国，新时代的中国既有责任、也有能力为人类繁荣与进步作出新的更大贡献。

中国特色社会主义进入新时代，在中华人民共和国发展史上、中华民族发展史上具有重大意义，在世界社会主义发展史上、人类社会发展史上也具有重大意义。

第一，从中华民族复兴的历史进程看，中国特色社会主义进入新时代，意味着近代以来久经磨难的中华民族迎来了从站起来、富起来到强起来的伟大飞跃，迎来了实现中华民族伟大复兴的光明前景。新中国的成立使中国人民站起来，改革开放使中国人民逐步富起来，新时代中华民族要实现强起来的宏伟目标。

第二，从科学社会主义发展进程看，中国特色社会主义进入新时代，意味着科学社会主义在21世纪的中国焕发出强大生机活力，在世界上高高举起了中国特色社会主义伟大旗帜。20世纪末，苏东剧变使世界社会主义运动遭受曲折。中国坚持改革开放和现代化建设，取得了历史性的成就，在沧海横流中显示了中国特色社会主义的勃勃生机。

第三，从人类文明进程看，中国特色社会主义进入新时代，意味着中国特色社会主义道路、理论、制度、文化不断发展，拓展了发展中国家走向现代化的途径，给世界上那些既希望加快发展又希望保持自身独立性的国家和民族提供了全新选择，为解决人类问题贡献了中国智慧和中国方案。当世界上一些国家陷入困难甚至危机时，中国政治稳定、经济发展而独树一帜。中国发展所释放出的强大影响力和示范力，吸引了很多国家注意和借鉴。

三个维度"三个意味着"

在十九大报告中，习近平总书记在深刻阐明党的十八大以来取得的历史性变革和历史性成就的基础上，提出了关于我国发展历史方位的新判断，即"中国特色社会主义进入了新时代"，并对"中国特色社会主义进入新时代"的深层意蕴进行了深度揭示，从三个维度提出了"三个意味着"：从中华民族发展史的维度，提出了第一个"意味着"——"近代以来久经磨难的中华民族迎来了从站起来、富起来到强起来的伟大飞跃"；从世界社会主义发展史的维度提出了第二个"意味着"——"科学社会主义在21世纪的中国焕发出强大生机活力"；从人类社会发展史的维度提出了第三个"意味着"——"中国特色社会主义道路、理论、制度、文化不断发展,拓展了发展中国家走向现代化的途径"。强调为解决人类问题贡献中国智慧、提供中国方案,这就进一步升华了中国特色社会主义进入新时代的价值意蕴。在此基础上,习近平总书记在党的十九大报告中用五个排比句对"新时代"的内涵和特征进行了清晰的描述,即这个新时代"是承前启后、继往开来、在新的历史条件下继续夺取中国特色社会主义伟大胜利的时代,是决胜全面建成小康社会、进而全面建设社会主义现代化强国的时代,是全国各族人民团结奋斗、不断创造美好生活、逐步实现全体人民共同富裕的时代,是全体中华儿女勠力同心、奋力实现中华民族伟大复兴中国梦的时代,是我国日益走近世界舞台中央、不断为人类作出更大贡献的时代"。对中国发展新的历史方位的判断和新时代特征的揭示,为我们在新时代制定方针、描绘蓝图提供了基本依据。

(二) 回答时代之问

党的十八大以来,以习近平同志为核心的党中央,以辩证唯物主义和历史唯物主义为指导,紧密结合新的时代条件和实践要求,以全新的视野进行艰辛理论探索,创立了习近平新时代中国特色社会主义思想。这一新思想以前所未有的政治大气和自信底气,回答了一系列时代之问,不仅指导中国特色社会主义走进新时代,而且引领中国走向全面建设社会主义现代化国家的新征程。

习近平新时代中国特色社会主义思想回答新时代之问,体现在新时代提出新课题,新课题催生新思想。十九大报告强调,习近平新时代中国特色社会主义思想,从理论和实践相结合的高度,比较系统地回答了"新时代坚持和发展什么样的中国特色社会主义、怎样坚持和发展中国特色社会主义"这一时代性课题。关于"新时代坚持和发展什么样的中国特色社会主义",党的十八大以来习近平总书记多次强调,中国特色社会主义是既坚持科学社会主义基本原则,又具有鲜明实践特色、理论特色、民主特色、时代特色的社会主义;是植根于中国大地、反映中国人民意愿、适应中国和时代发展进步要求的社会主义;是中国特色社会主义道路自信、理论自信、制度自信、文化自信"四位一体"的社会主义;是统揽伟大斗争、伟大工程、伟大事业、伟大梦想的社会主义。关于"新时代怎样坚持和发展中国特色社会主义",习近平总书记在强调新时代坚持和发展中国特色社会主义的总目标、总任务、总体布局、战略布局和发展方向、发展方式、发展动力、战略步骤、外部条件、政治保证等一系列基本问题的基础上,提出了新时代中国特色社会主义思想的"八个明确"和十四条"新时代坚持和发展中国特色社会主义的基本方略"。由此,"一个主题+一系列基本问题+'八个明确'+'十四条基本方略'",构成了习近平新时代中国特色社会主义思想的主体内容要素,形成了系统完备、内在统一的逻辑体系。这就把"什么是中国特色社会主义、怎样建设中国特色社会主义"规律的认识提升到了一个新的更高的水平,体现了中国共产党人对共产党执政规律、社会主义建设规律和人类社会发展规律的科学认知和能动驾驭。

习近平新时代中国特色社会主义思想回答新时代之问,体现在全球化时代中国坚持和平发展道路和推动构建人类命运共同体的理念中。在十九大报告中,习近平总书记强调,"中国将高举和平、发展、合作、共赢的旗帜",承诺"中国无论发展到什么程度,永远不称霸,永远不搞扩张""中国将继续发挥负责任大国作用,积极参与全球治理体系改革和建设,不断贡献中国智慧和力量",强调要"始终做世界和平的建设者、全球发展的贡献者、国际秩序的维护者"等。这就进一步刷新了人类对国际关系的认知,不啻为中国对全球化世界作出的文化新贡献,体现了中国将对世界作出较大贡献的信心和决心。倡导"人类命运共同体"契合了全球化时代的重大关切,有利于寻求各国利益交汇点和人类认知的最大公约数。它不仅昭示着中国作为一个以"人类命运共同体"为价值诉求的新型"文明型"国家的崛起,而且昭示着中国人对于一个公平、公正、合理的新全球化世界发自内心的呼唤。同时,人类命运共同体思想不仅仅是一种理念,而且伴随着"一带一路""亚投行""讲好中国故事、传播好中国声音"等一系列外交布局。人类命运共同体思想的提出和深度阐释,对于澄清和纠正西方对中国和平发展道路的误读,打消他国对我国迅速发展的疑虑,为中华民族伟大复兴创造一个和平、有利的国际环境,具有积极的正能量效应。对于推动全球治理体系变革、引领全球治理体系升级,也将具有长久的、根本性的价值指导意义。

二、习近平新时代中国特色社会主义思想的形成背景

习近平新时代中国特色社会主义思想是马克思主义中国化的最新成果，是中国特色社会主义理论体系的重要组成部分，是全党全国人民为实现中华民族伟大复兴而奋斗的行动指南。这一思想的提出具有深刻的社会历史条件，世界大发展大变革大调整是时代背景，党和人民的实践经验与集体智慧的结晶是实践基础，我国发展新的历史方位是国情依据，党的初心和使命是根本动力。

（一）世界面临百年未遇之大变局

任何一个重大理论都是时代的产物。马克思列宁主义产生于自由竞争资本主义和垄断资本主义在西欧占据统治地位的时代。战争与革命，和平与发展成为时代主题则分别是马克思主义中国化的两大理论成果——毛泽东思想和中国特色社会主义理论体系形成的时代背景。

和平发展大势不可逆转。第一，和平与发展是世界人民的共同愿望。20世纪上半叶两次世界大战给人类带来了巨大的灾难。"二战"结束后两极格局下冷战的对峙，也给和平与发展带来了巨大的破坏。历史的教训人们记忆犹新，世界人民都希望和平与发展。第二，新兴市场国家和发展中国家群体性崛起成为维护世界和平和促进共同发展的重要力量。"二战"结束后，世界经济发展经过了多个波次，最初是欧洲一些国家以及日本等国的战后重建，继而是韩国、新加坡等国的悄然崛起。冷战后，经济全球化浪潮催生了一大批新兴市场国家的发展。新兴市场国家和发展中国家群体性崛起已成为世界历史发展的潮流。

人类面临许多共同挑战。第一，和平与发展仍然是当代主要矛盾的集中体现。一方面，世界和平的矛盾仍然是世界在政治上的主要矛盾。苏联的解

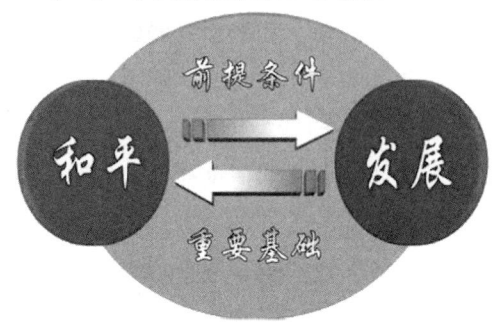

和平与发展的相互关系

体宣告了冷战的结束，但是当前冷战思维依然存在，霸权主义和强权政治并未退出世界舞台，甚至有上升趋势，这些仍然是威胁世界和平与稳定的主要根源。因此，和平问题仍然是当代世界政治最突出的问题和集中体现。另一方面，世界各国要求共同发展与世界经济增长不稳定性不确定性因素增多之间的矛盾成为世界在经济发展上的主要矛盾。在旧殖民主义时代，一些原生型资本主义国家把自己的发展建立在对落后国家的侵略、掠夺的殖民统治基础之上，造成了世界发展严重不平衡，南北差距严重扩大。在旧殖民体系被打破之后，无论发达国家还是发展中国家都把经济发展作为重要目标，但是不稳定性不确定性因素增多。比如，世界经济增长动能不足，贫富分化日益严重等。发展问题仍然是当代世界经济最核心的问题和集中体现。第二，世界面临突出的非传统安全。安全是指主体没有危险的客观状态，包括个体安全、集体安全、社会总体安全（如国家安全）和人类安全等形态。传统安全主要指国家政治和军事安全。随着人类社会的发展变化，出现了经济、文化、科技、社会、生态环境等领域的非传统安全问题，而且具有领域不断扩大和程度愈加严重的趋势。比如，由于恐怖行为的神秘性、渗透性、跨国性等特点，国际恐怖主义呈现蔓延的趋势；由于互联网已经进入人们生活的各个角落，网络安全问题成为信息时代人类共同的挑战；由于重大传染性疾病的突发性和难以预测性，使其成了困扰人类健康的重大问题；由于全球气候变暖等原因，导致人类赖以生存的自然环境正在恶化甚至威胁着人类的生存和发展等。正因为这些原因，我国对非传统安全的威胁给予了特别的关注。

世界正处于大发展大变革大调整时期，面临百年未遇之大变局。和平发展大势不可逆转地决定了世界的大发展。发展是人类的永恒追求，发展的最大障碍是战争，和平是发展的前提条件。和平与发展相互促进，持久地维护世界和平需要大发展；解决人类面临的许多共同挑战，推动构建以合作共赢为核心的新型国际关系必须大发展；适应方兴未艾的新科技革命，迎接大踏步到来的信息社会必然大发展，和平、发展、合作、共赢成为当今时代潮流。

（二）习近平新时代中国特色社会主义思想的实践基础

中国共产党是一个善于总结经验的政党，自成立以来在领导中国革命、建设和改革的过程中，遵循的一条基本原则就是不断总结实践经验，坚持的一个基本规律就是不断把实践经验上升为理论，再用理论创新指导实践创新，从而把党建设成为一支善于创新的政党。中国特色社会主义建设在探索中发展，党和人民的实践经验与集体智慧在不断积累和丰富，为理论创新提供了不竭源泉。改革开放以来尤其是十八大以来党和人民的实践经验与集体智慧的结晶是习近平新时代中国特色社会主义思想提出的实践基础。

改革开放以来尤其是党的十八大以来党和人民实践经验的总结：改革开放以来，中国共产党深刻总结改革开放前社会主义建设初步探索中的经验教训和改革开放进程中的实践经验，深刻揭示了什么是社会主义和怎样建设社会主义、建设什么样的党和怎样建设党、实现什么样的发展和怎样发展等不同时期的基本理论问题。十八大以来，国内外形势变化和我国各项事业发展都给我们提出了一个重大时代课题，这就是必须从理论和实践结合的角度系统回答新时代坚持和发展什么样的中国特色社会主义、怎样坚持和发展中国特色社会主义。这是从改革开放以来尤其是十八大以来党和人民实践经验中总结的新的基本理论问题，习近平新时代中国特色社会主义思想正是围绕这一基本理论问题提出来的。

改革开放以来尤其是党的十八大以来党和人民集体智慧的结晶：人民群众是社会历史的主体，是历史的创造者。十八大以来，以习近平同志为核心的党中央把人民对美好生活的向往作为奋斗目标，把为了群众作为价值追求，把依靠群众作为工作指针，把保持与人民群众的血肉联系作为根本要求，深入开展群众路线实践教育活动，不断总结人民群众的实践经验，鲜明提出新形势下党治国理政的一系列重要方略，取得了改革开放和社会主义现代化建设新的历史性成就。因此，习近平新时代中国特色社会主义思想是改革开放以来尤其是十八大以来党和人民集体智慧的结晶。

(三) 习近平新时代中国特色社会主义思想的国情依据

党的十九大报告指出："经过长期努力，中国特色社会主义进入了新时代，这是我国发展新的历史方位。"这个新的历史方位是指我国处于社会主义初级阶段和我国是世界上最大发展中国家的国际地位没有变的情况下，发展达到了新时期，呈现出新的阶段性特征，决定了新的主要矛盾、新的历史使命，需要用新的理论指导解决新的主要矛盾，完成新的历史使命，这是对新时代我国国情的新认识。

新的历史方位决定了新的主要矛盾。党的十九大报告指出："中国特色社会主义进入新时代，我国社会主要矛盾已经转化为人民日益增长的美好生活需要和不平衡不充分的发展之间的矛盾。"新的主要矛盾反映了我国发展的实际状况，揭示了制约我国发展的症结所在，指明了解决当代中国发展问题的根本着力点。1981年，十一届六中全会通过的《关于建国以来党的若干历史问题的决议》对社会主义初级阶段主要矛盾作出判断："在社会主义改造基本完成以后，我国所要解决的主要矛盾，是人民日益增长的物质文化需要同落后的社会生产之间的矛盾。"其中"需要"是不断提高的，"社会生产"是不断发展的。新时代的主要矛盾表明"需要"提高到了新高度，"社会生产"出现了新特征，导致社会主要矛盾发生了相应的转变。因此，新的主要矛盾是社会主义初级阶段主要矛盾在我国发展新的历史方位的特殊表现，它们在本质上是一致的，是不矛盾的，而且都是存在于需求与供给之间的矛盾。准确揭示社会主要矛盾的转变是对中国特色社会主义建设规律认识的深化。解决新的主要矛盾，必须针对新"需要"，采取新举措；针对"不平衡不充分的发展"，实施新办法。新的主要矛盾贯穿于新时代的整个过程和社会生活的各个方面，解决新的主要矛盾是推进新时代发展的根本之道。

新的历史方位决定了新的历史使命。党的十九大报告指出："今天，我们比历史上任何时期都更接近、更有信心和能力实现中华民族伟大复兴的目标。"这是新时代中国共产党的历史使命。为了实现这一伟大目标，完成这一历史使命，十九大报告对社会主义初级阶段未来的发展作出新的规划，我们要全面建成小康社会、实现第一个百年奋斗目标，然后再乘势而上开启全面建设社会主义国家新征程，向第二个百年奋斗目标进军。并把全面建设社会主义现代化国家的任务分为两个阶段。第一个阶段，从2020年到2035年，在全面建成小康社会的基础上，再奋斗15年，基本实现社会主义现代化。第二个阶段，从2035年到21世纪中叶，在基本实现现代化的基础上，再奋斗15年，把我国建成富强民主文明和谐美丽的社会主义现代化强国。这既是对实现中华民族伟大复兴历史使命的再强调，又赋予了新时代下这一历史使命的新高度和新内涵。这意味着近代以来久经磨难的中华民族迎来了从站起来、富起来到强起来的伟大飞跃，迎来了实现中华民族伟大复兴的光明前景。把我国建成社会主义现代化强国是中华民族伟大复兴的根本标志。

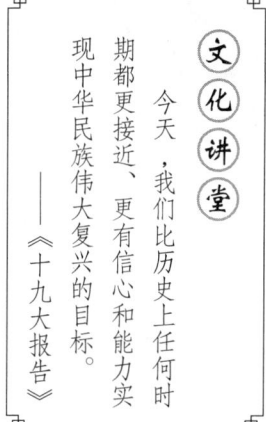

文化讲堂

今天，我们比历史上任何时期都更接近、更有信心和能力实现中华民族伟大复兴的目标。

——《十九大报告》

新的主要矛盾和历史使命，是对新时代国情的深刻把握。解决新的主要矛盾、完成新的历史使命，具有艰巨性、复杂性和曲折性，这就要用创新的理论指导解决这些问题。因此，我国发展新的历史方位是习近平新时代中国特色社会主义思想提出的国情依据。

三、习近平新时代中国特色社会主义思想的主要内容

习近平新时代中国特色社会主义思想内容十分丰富，涵盖改革发展稳定、内政外交国防、治党治国治军等各个领域、各个方面，构成了一个系统完整、逻辑严密、相互贯通的思想理论体系。"八个明确"是指导思想层面的表述，重点讲的是怎么看，回答的是新时代坚持和发展什么样的中国特色社会主义的问题；"十四个坚持"是行动纲领层面的表述，重点讲的是怎么办，回答的是新时代怎样坚持和发展中国特色社会主义的问题。"八个明确"和"十四个坚持"体现了习近平新时代中国特色社会主义思想理论与实践的统一。

（一）八个明确

习近平新时代中国特色社会主义思想内涵十分丰富，涵盖了经济、政治、法治、科技、文化、教育、民生、民族、宗教、社会、生态文明、国家安全、国防和军队、"一国两制"和祖国统一、统一战线、外交、党的建设等各方面。其中最重要、最核心的内容就是党的十九大报告概括的"八个明确"。

第一，明确坚持和发展中国特色社会主义，总任务是实现社会主义现代化和中华民族伟大复兴，在全面建成小康社会的基础上，分两步走，在本世纪中叶建成富强民主文明和谐美丽的社会主义现代化强国。第二，明确新时代我国社会主要矛盾是人民日益增长的美好生活需要和不平衡不充分的发展之间的矛盾，必须坚持以人民为中心的发展思想，不断促进人的全面发展、全体人民共同富裕。第三，明确中国特色社会主义事业总体布局是"五位一体"、战略布局是"四个全面"，强调坚定道路自信、理论自信、制度自信、文化自信。第四，明确全面深化改革总目标是完善和发展中国特色社会主义制度、推进国家治理体系和治理能力现代化。第五，明确全面推进依法治国总目标是建设中国特色社会主义法治体系、建设社会主义法治国家。第六，明确党在新时代的强军目标是建设一支听党指挥、能打胜仗、作风优良的人民军队，把人民军队建设成为世界一流军队。第七，明确中国特色大国外交要推动构建新型国际关系，推动构建人类命运共同体。第八，明确中国特色社会主义最本质的特征是中国共产党领导，中国特色社会主义制度的最大优势是中国共产党领导，党是最高政治领导力量，提出新时代党的建设总要求，突出政治建设在党的建设中的重要地位。

这"八个明确"，高度凝练、提纲挈领地点明了习近平新时代中国特色社会主义思想的主要内容，构成了系统完备、逻辑严密、内在统一的科学体系。

(二) 十四个坚持

习近平新时代中国特色社会主义思想不但明确了新时代坚持和发展什么样的中国特色社会主义，也回答了新时代怎样坚持和发展中国特色社会主义，党的十九大概括为"十四个坚持"，即新时代中国特色社会主义基本方略。新时代中国特色社会主义基本方略，是习近平新时代中国特色社会主义思想的重要组成部分，也是落实习近平新时代中国特色社会主义思想的实践要求。

坚持党对一切工作的领导。党政军民学，东西南北中，党是领导一切的。必须增强政治意识、大局意识、核心意识、看齐意识，自觉维护党中央权威和集中统一领导，自觉在思想上、政治上、行动上同党中央保持高度一致，完善坚持党的领导的体制机制，坚持稳中求进工作总基调，统筹推进"五位一体"总体布局，协调推进"四个全面"战略布局，提高党把方向、谋大局、定政策、促改革的能力和定力，确保党始终总揽全局、协调各方。

坚持以人民为中心。人民是历史的创造者，是决定党和国家前途命运的根本力量。必须坚持人民主体地位，坚持立党为公、执政为民，践行全心全意为人民服务的根本宗旨，把党的群众路线贯彻到治国理政全部活动之中，把人民对美好生活的向往作为奋斗目标，依靠人民创造历史伟业。

坚持全面深化改革。只有社会主义才能救中国，只有改革开放才能发展中国、发展社会主义、发展马克思主义。必须坚持和完善中国特色社会主义制度，不断推进国家治理体系和治理能力现代化，坚决破除一切不合

时宜的思想观念和体制机制弊端，突破利益固化的藩篱，吸收人类文明有益成果，构建系统完备、科学规范、运行有效的制度体系，充分发挥我国社会主义制度的优越性。

坚持新发展理念。发展是解决我国一切问题的基础和关键，发展必须是科学发展，必须坚定不移贯彻创新、协调、绿色、开放、共享的发展理念。必须坚持和完善我国社会主义基本经济制度和分配制度，毫不动摇巩固和发展公有制经济，毫不动摇鼓励、支持、引导非公有制经济发展，使市场在资源配置中起决定性作用，更好地发挥政府作用，推动新型工业化、信息化、城镇化、农业现代化同步发展，主动参与和推动经济全球化进程，发展更高层次的开放型经济，不断壮大我国经济实力和综合国力。

坚持人民当家作主。坚持党的领导、人民当家作主、依法治国有机统一是社会主义政治发展的必然要求。必须坚持中国特色社会主义政治发展道路，坚持和完善人民代表大会制度、中国共产党领导的多党合作和政治协商制度、民族区域自治制度、基层群众自治制度，巩固和发展最广泛的爱国统一战线，发展社会主义协商民主，健全民主制度，丰富民主形式，拓宽民主渠道，保证人民当家作主落实到国家政治生活和社会生活之中。

坚持全面依法治国。全面依法治国是中国特色社会主义的本质要求和重要保障。必须把党的领导贯彻落实到依法治国全过程和各方面，坚定不移走中国特色社会主义法治道路，完善以宪法为核心的中国特色社会主义法律体系，建设中国特色社会主义法治体系，建设社会主义法治国家，发展中国特色社会主义法治理论，坚持依法治国、依法执政、依法行政共同推进，坚持法治国家、法治政府、法治社会一体建设，坚持依法治国和以德治国相结合，依法治国和依规治党有机统一，深化司法体制改革，提高全民族法治素养和道德素质。

坚持社会主义核心价值体系。文化自信是一个国家、一个民族发展中更基本、更深沉、更持久的力量。必须坚持马克思主义，牢固树立共产主义远大理想和中国特色社会主义共同理想，培育和践行社会主义核心价值观，不断增强意识形态领域主导权和话语权，推动中华优秀传统文化创造

性转化、创新性发展,继承革命文化,发展社会主义先进文化,不忘本来、吸收外来、面向未来,更好构筑中国精神、中国价值、中国力量,为人民提供精神指引。

坚持在发展中保障和改善民生。增进民生福祉是发展的根本目的。必须多谋民生之利、多解民生之忧,在发展中补齐民生短板、促进社会公平正义,在幼有所育、学有所教、劳有所得、病有所医、老有所养、住有所居、弱有所扶上不断取得新进展,深入开展脱贫攻坚,保证全体人民在共建共享发展中有更多获得感,不断促进人的全面发展、全体人民共同富裕。建设平安中国,加强和创新社会治理,维护社会和谐稳定,确保国家长治久安、人民安居乐业。

坚持人与自然和谐共生。建设生态文明是中华民族永续发展的千年大计。必须树立和践行"绿水青山就是金山银山"的理念,坚持节约资源和保护环境的基本国策,像对待生命一样对待生态环境,统筹山水林田湖草系统治理,实行最严格的生态环境保护制度,形成绿色发展方式和生活方式,坚定走生产发展、生活富裕、生态良好的文明发展道路,建设美丽中国,为人民创造良好生产生活环境,为全球生态安全作出贡献。

坚持总体国家安全观。统筹发展和安全,增强忧患意识,做到居安思危,是我们党治国理政的一个重大原则。必须坚持国家利益至上,以人民安全为宗旨,以政治安全为根本,统筹外部安全和内部安全、国土安全和国民安全、传统安全和非传统安全、自身安全和共同安全,完善国家安全制度体系,加强国家安全能力建设,坚决维护国家主权、安全、发展利益。

坚持党对人民军队的绝对领导。建设一支听党指挥、能打胜仗、作风优良的人民军队,是实现"两个一百年"奋斗目标、实现中华民族伟大复兴的战略支撑。必须全面贯彻党领导人民军队的一系列根本原则和制度,确立新时代党的强军思想在国防和军队建设中的指导地位,坚持政治建军、改革强军、科技兴军、依法治军,更加注重聚焦实战,更加注重创新驱动,更加注重体系建设,更加注重集约高效,更加注重军民融合,实现党在新时代的强军目标。

坚持"一国两制"和推进祖国统一。保持香港、澳门长期繁荣稳定,

实现祖国完全统一,是实现中华民族伟大复兴的必然要求。必须把维护中央对香港、澳门特别行政区全面管治权和保障特别行政区高度自治权有机结合起来,确保"一国两制"方针不会变、不动摇,确保"一国两制"实践不变形、不走样。必须坚持"一个中国"原则,坚持"九二共识",推动两岸关系和平发展,深化两岸经济合作和文化往来,推动两岸同胞共同反对一切分裂国家的活动,共同为实现中华民族伟大复兴而奋斗。

坚持推动构建人类命运共同体。中国人民的梦想同各国人民的梦想息息相通,实现中国梦离不开和平的国际环境和稳定的国际秩序。必须统筹国内国际两个大局,始终不渝走和平发展道路、奉行互利共赢的开放战略,坚持正确义利观,树立共同、综合、合作、可持续的新安全观,谋求开放创新、包容互惠的发展前景,促进和而不同、兼收并蓄的文明交流,构筑尊崇自然、绿色发展的生态体系,始终做世界和平的建设者、全球发展的贡献者、国际秩序的维护者。

坚持全面从严治党。勇于自我革命,从严管党治党,是我们党最鲜明的品格。必须以党章为根本遵循,把党的政治建设摆在首位,思想建党和制度治党同向发力,统筹推进党的各项建设,抓住"关键少数",坚持"三严三实",坚持民主集中制,严肃党内政治生活,严明党的纪律,强化党内监督,发展积极健康的党内政治文化,全面净化党内政治生态,坚决纠正各种不正之风,以零容忍态度惩治腐败,不断增强党自我净化、自我完善、自我革新、自我提高的能力,始终保持党同人民群众的血肉联系。

"八个明确"与"十四个坚持",互为表里、相辅相成、辩证统一,"八个明确"是"十四个坚持"的理论源头和旗帜方向,"十四个坚持"是"八个明确"的实践要求,二者统一于习近平新时代中国特色社会主义思想。只有深刻学习领会"八个明确"的核心要义,统一思

想、凝聚共识，切实按照"十四个坚持"的基本方略，大胆实践、开拓创新，才能不断夺取新时代中国特色社会主义伟大胜利。

四、习近平新时代中国特色社会主义思想的历史地位

十九大报告指出，新时代中国特色社会主义思想，是对马克思列宁主义、毛泽东思想、邓小平理论、"三个代表"重要思想、科学发展观的继承和发展，是马克思主义中国化的最新成果，是党和人民实践经验和集体智慧的结晶，是中国特色社会主义理论体系的重要组成部分，是全党全国人民为实现中华民族伟大复兴而奋斗的行动指南，必须长期坚持并不断发展。

（一）马克思主义中国化最新成果

习近平新时代中国特色社会主义思想与马克思列宁主义、毛泽东思想、邓小平理论、"三个代表"重要思想、科学发展观既一脉相承又与时俱进，是中国特色社会主义理论体系的重要组成部分，是马克思主义中国化的新飞跃，是当代中国马克思主义、21世纪马克思主义。

习近平新时代中国特色社会主义思想开辟了马克思主义新境界。习近平新时代中国特色社会主义思想鲜明贯穿着马克思主义的立场、观点、方法，始终把马克思主义作为理论起点、逻辑起点、价值起点，处处闪耀着马克思主义真理光辉，没有丢掉"老祖宗"。同时，它又以我们正在做的事情为中心，直面前进道路上的各种困难和矛盾、风险和挑战，着力探索破解难题、推进事业发展的新理念新思想新战略，讲了许多老祖宗没有讲过的新话，具有强烈的时代气息和现实针对性。以一系列具有原创性的新思想新观点新论断，在理论上实现了重大突破、重大创新、重大发展，写出了马克思主义新版本，对马克思主义在21世纪的发展作出了重大原创性贡献，以全新视野深化了对共产党执政规律、社会主义建设规律和人类社会发

展规律的认识,充分彰显了科学理论的强大生命力和中国共产党人的理论创造力,是当代最现实最鲜活的马克思主义。

习近平新时代中国特色社会主义思想开辟了中国特色社会主义新境界。中国特色社会主义是改革开放以来党的全部理论和实践的主题。以习近平同志为核心的党中央坚持和发展中国特色社会主义,一以贯之,续写中国特色社会主义这篇大文章,以一系列具有原创性的新思想新观点新论断,形成了系统完备、逻辑严密、内在统一的科学体系,把中国特色社会主义和实现社会主义现代化、实现中华民族伟大复兴有机贯通起来,聚焦"从哪里来、到哪里去"的历史追问,系统阐述了民族复兴的深刻内涵、历史方位、实现路径和战略步骤,为实现中华民族伟大复兴的中国梦提供了强大精神力量,标注了正确前进方向,充分体现了中国特色社会主义理论自信,也向世界展示了社会主义的光明图景。

习近平新时代中国特色社会主义思想对人类文明进步具有重要意义。当今世界正处于百年未有的大变局,世界经济增长需要新动力,发展需要更加普惠平衡,贫富差距鸿沟有待弥合,地区热点问题此起彼伏,面对摆在全人类面前的共同挑战,"世界怎么了,应该怎么办",习近平新时代中国特色社会主义思想洞察时代风云,把握世界发展大势,积极探索关系人类前途命运的重大问题。中国开辟的新型现代化之路、提供的新型经济全球化方案、倡导的"一带一路"建设、提出的世界经济复苏方案,中国提出的"人类命运共同体"理念、共商共建共享原则等思想;中国的做法和经验为发展中国家提供了路径启示,拓展了发展中国家走向现代化的途径,给世界上那些既希望加快发展又希望保持自身独立性的国家和民族提供了全新选择。为应对全球性挑战、解决全球性问题贡献了中国智慧和中国方案,为人类文明思想宝库增添了绚丽夺目的瑰宝。

实践没有止境,理论创新也没有止境。习近平新时代中国特色社会主义思想是开放的理论体系,是我们推进马克思主义中国化的新的起点,必将随着党和国家事业的发展而不断发展。

(二)新时代的旗帜

旗帜问题至关重要,事关党的正确方向,决定着党的凝聚力、引领力、战斗力,关乎国家前途命运和人民根本利益。新时代新任务新实践需

要新思想来指引。习近平新时代中国特色社会主义思想扎根于 960 多万平方公里的广袤土地，立足于新中国成立以来特别是改革开放 40 年的伟大实践，聚合了 13 亿多中国人民的智慧和创造，具有无比深厚的现实基础和十分鲜明的实践特色，是新时代党和人民共同奋斗的精神旗帜。

这一思想坚持以社会主义现代化建设进程中的实际问题、以我们正在做的事情为中心，着眼统揽伟大斗争、伟大工程、伟大事业、伟大梦想，大智慧谋划大格局，大手笔续写大文章，是实践探索、经验总结、理论升华凝结而成的思想结晶。这一思想既立足于现实的中国，又植根于历史的中国，以中华文明为源头活水，从 5000 年文明中承继人文精神、道德价值的精华养分，从历朝历代的治乱兴衰中总结安邦治国、经世济民的历史智慧，从我们党革命建设改革的奋斗历程中探寻民族复兴、民富国强的客观规律，是中华文化创造性转化和创新性发展的思想成果，具有无比深厚的历史底蕴。这一思想紧紧围绕强国梦想，贯通党的使命、国家的前途、人民的福祉、民族的命运，贯通中国的过去、现在和未来，体现了科学社会主义理论逻辑与中国社会发展历史逻辑的辩证统一，成为当今时代最富中国味、最具中国魂的科学理论。这一思想必将以强大的解释力、创造力、凝聚力，激励全党全国各族人民朝着共同的目标团结奋进，不断创造新辉煌。

党的十九大通过的党章修正案，把习近平新时代中国特色社会主义思想确立为党的指导思想，第十三届全国人民代表大会第一次会议把这一思想载入宪法。

(三) 实现中华民族伟大复兴的行动指南

习近平新时代中国特色社会主义思想是党和国家必须长期坚持的指导思想，是全党全国各族人民团结奋斗的共同思想基础，是决胜全面建成小康社会、建设社会主义现代化强国、实现中华民族伟大复兴中国梦的行动纲领。

习近平新时代中国特色社会主义思想，是党的意志、国家意志和人民意志的集中体现，为新时代坚持和发展中国特色社会主义提供了根本指引。中国特色社会主义是建设社会主义现代化强国、实现中华民族的伟大复兴的必由之路。习近平新时代中国特色社会主义思想围绕新时代坚持和

发展什么样的中国特色社会主义、怎样坚持和发展中国特色社会主义这个重大时代课题进行谋篇布局，在不断推进"四个伟大"的实践过程中，提出了一系列具有开创性意义的新理念新思想新战略，从根本上引领党和国家事业取得历史性成就、发生历史性变革，开启和引领了中国特色社会主义的新时代、新发展，也必将有力指引决胜全面建成小康社会、全面建设社会主义现代化强国的新征程。

习近平新时代中国特色社会主义思想为新时代治国理政提供了基本遵循。没有国家治理现代化，就没有中华民族的伟大复兴。这一思想围绕什么是国家治理现代化，如何实现国家治理现代化，顺应时代潮流，把握时代发展大势，坚持一切从实际出发，坚持人民主体地位，坚持把人民对美好生活的向往作为奋斗目标，直面前进道路上的各种困难和矛盾、风险和挑战，准确把握我国发展的阶段性特征和我国社会主要矛盾的新变化，勇于破除一切不合时宜的思想观念和体制机制弊端，提出一系列重要观点，做出一系列重大部署，为不断完善中国特色社会主义制度，推进国家治理体系和治理能力的现代化提供了基本遵循。

习近平新时代中国特色社会主义思想为全面从严治党、把党建设成为中国特色社会主义事业的坚强领导核心提供了强大思想武器。治国必先治党，治党务必从严。实现民族复兴，关键在党。这一思想着眼确保党始终成为中国特色社会主义坚强领导核心，提出全面加强党的领导，强调党是最高政治领导力量，党政军民学，东西南北中，党是领导一切的，坚持党中央权威和集中统一领导，增强政治意识、大局意识、核心意识、看齐意识，确保党始终总揽全局、协调各方，深刻揭示了党和国家的根本所在、命脉所在，揭示了全国各族人民的幸福所系、利益所系。这一思想着眼保持党的先进性和纯洁性，克服"四大考验""四种危险"，提出全面从严治党，明确新时代党的建设总要求，强调以政治建设为统领，坚持思想建党和制度治党同向发力，全面推进党的政治建设、思想建设、组织建设、作风建设、纪律建设，以零容忍态度惩治腐败，构建起体现马克思主义政党本质、符合时代发展和长期执政要求、系统完备的党建理论体系。这一思想深刻把握伟大工程在"四个伟大"中的决定性作用，充分体现了"打铁必须自身硬"的坚强意志，体现了推进社会革命和自我革命相统一的高度自觉，对在管党治党实践中引领党的革命性锻造，实现全党思想上统一、政治上团结、行动上一致，极大增强党的凝聚力、战斗力和领导力、号召力，完成好新时代党的历史使命具有重大意义。

思考题

1. 为什么说马克思主义是科学？
2. 马克思主义中国化的过程中出现了哪几次伟大的历史飞跃？
3. 习近平新时代中国特色社会主义思想的主题是什么？
4. 四个全面的主要内容是什么？
5. 如何理解新时代的内涵？

政治改造分册

第三章

尊崇宪法是我们的义务

第三章 尊崇宪法是我们的义务

2018年3月17日，12名陆海空三军仪仗兵，分两列从会场后方正步行进至主席台前伫立，三名礼兵迈着正步护送《中华人民共和国宪法》至宣誓台。国家主席习近平举起右手，在第十三届全国人民代表大会第一次会议的第五次全体会议上进行了庄严的《宪法》宣誓，这是我国实行《宪法》宣誓制度以来第一次在全国人民代表大会上举行《宪法》宣誓活动，也是中华人民共和国历史上第一次。

宪法是一个国家的根本大法，是现代国家的立国基础和根本依据，现代国家的所有法律法规都是依据宪法制定的，现在社会生活的各个方面，都是依据宪法和法律运行的。现代国家的基本政治经济文化社会制度、国家政权的本质属性和政权组织方式、国家的主权归属和公民的权利义务等现代国家最基本的规定，都来自于宪法。尊崇宪法，遵守法律，是每个公民的基本义务。一个社会离开了宪法和法律，就会陷入无序和混乱当中。而任何社会组织或者公民无视法律，就会陷入犯罪的深渊。

> **法律讲堂**
>
> 我宣誓：忠于中华人民共和国宪法，维护宪法权威，履行法定职责，忠于祖国、忠于人民，恪尽职守、廉洁奉公，接受人民监督，为建设富强民主文明和谐美丽的社会主义现代化强国努力奋斗！
>
> ——《宪法》宣誓誓词

第一节 宪法是民意的集中体现

一、什么是宪法

宪法（constitution）是国家的根本大法，是治国安邦的总章程，适用于国家全体公民，是特定社会政治经济和思想文化条件综合作用的产物，集中反映各种政治力量的实际对比关系，确认革命胜利成果和现实的民主政治，规定国家的根本任务和根本制度，即社会制度、国家制度的原则和国家政权的组织形式以及公民的基本权利义务等内容。国家内部政治力量的对比关系的变化对宪法的发展变化起着直接作用，国际关系也对宪法发

展趋势有所影响。

为什么宪法是根本大法？宪法通常被称为"人权保障书"，保障人权是宪法的终极目的。同时宪法通常还被称为"限权法"，宪法保障人权的终极目的是通过限制权力而实现的。

宪法是国家的根本大法和总的章程。这是由于它规定的是国家生活和社会生活中最根本、最重要的问题，而生活中的其他法律是针对社会生活中某一具体方面所作的具体规定。比如，刑法规定的是社会生活中什么样的违法行为构成犯罪，以及对犯罪行为如何惩罚的专门法律。因此，宪法的内容决定了它在一个国家当中具有最高的法律地位、法律权威和法律效力。

宪法的最高法律效力体现在：一是一切规范性文件，如法律制定的依据。通俗地说，宪法是母法，其他法律是子法。子法是对母法的具体阐述。二是其他一切规范性文件即子法都不能和宪法原则和精神相抵触、相违背。如果抵触或违背要么被撤销，要么宣布无效。三是宪法是一切国家机关、武装力量、政党、社会团体以及公民的最高行为准则。

只有确保宪法和法律的实施，才能维护社会主义法治的统一和尊严。作为一名公民，我们有维护宪法和法律尊严、保证宪法和法律实施的职责，我们必须增强法制观念，自觉地遵守宪法和法律，承担自己的社会责任。

二、尊崇宪法的必要性

我国《宪法》第五十三条规定："中华人民共和国公民必须遵守宪法和法律，保守国家秘密，爱护公共财产，遵守劳动纪律，遵守公共秩序，尊重社会公德。"因此，尊崇宪法是每个公民的法定义务。

中共十八届四中全会审议通过的《中共中央关于全面推进依法治国若干重大问题的决定》提出，将每年12月4日定为国家宪法日，并在全社会普遍开展宪法教育，弘扬宪法精神。为了增强全社会的宪法意识，加强宪法实施，全面推进依法治国，根据决议提出的建议，十二届全国人民代表大会常务委员会第十一次会议决定将12月4日设立为国家宪法日，建立宪法宣誓制度，以此方式来纪念、庆祝、宣传宪法，深化社会各界对宪法内容和含义的直观认识。

宪法与国家前途、人民命运息息相关。维护宪法权威，就是维护党和人民共同意志的权威。捍卫宪法尊严，就是捍卫党和人民共同意志的尊严。保证宪法实施，就是保证人民根本利益的实现。

公民学习宪法的意义在于：一是，学习宪法可以使我们清晰地知道：我们是什么国家，我们的国家基本制度有哪些，为何说人民代表大会制度是我国的根本

政治制度，我们为什么要遵守和维护宪法权威，从而坚定爱国主义情怀。二是，学习宪法有助于公民了解自身的基本权利和义务，从而使公民树立权利和义务相一致的观点，明白既没有脱离权利的义务，也没有脱离义务的权利，更好地运用宪法维护自身的合法利益。三是，学习宪法还有助于每个公民积极投身到推进国家的民主政治建设和法治建设的进程中去，为实现依宪治国的目标，端正自己的宪法观和权利观，牢固树立起中国特色社会主义民主与法治理念。

宪法和依据宪法制定的各项法律法规，界定了人们的权利义务，规定了人们行为的各项规范和底线。遵守法律，就有自由的生活；违反法律，就必然受到制裁。宪法和法律面前所有公民一律平等，任何人违法犯罪，都必须承担相应的后果，这就是现代法治社会的基本精神。

第二节　中国宪法的历史

中国宪法的历史发展大体上经历了三个阶段：旧中国宪法的历史发展，新中国宪法的产生和发展，现行宪法的修正。

一、清末的宪法立法尝试

预备立宪的真相。1906年9月1日,清政府颁布《宣示预备立宪谕》,宣布放弃祖宗之制,"仿行宪政","预备立宪"由此而来。

1908年8月,清政府出台《钦定宪法大纲》,《钦定宪法大纲》是中国历史上第一部宪法性文件。这个大纲一共23条,其中正文14条、附录9条,正文为"君上大权",附录为"臣民权利义务"。

《钦定宪法大纲》正文明确规定了君主的具体权力:颁布法律,发布议案,召集与解散议会,设官制禄和黜陟百司,赏爵和恩赐,统帅陆海军和编定军制,宣战、媾和及订约,派遣和接受使节,宣告戒严,总揽司法,发布命令,决定皇室经费,财政紧急处分等。同时明确规定,皇帝在行使上述权力时不受任何约束等。它实际上是将两千多年封建专制时代皇帝拥有的至高无上的但从未用文字表述的权力,以法律条文的形式明文确定下来。

而在附录中虽然规定臣民的权利有言论、著作、出版、集会、结社、诉讼等自由,但又规定它们可被皇帝随时剥夺,臣民的义务则是纳税、当兵、遵守国家法律等,实际上是只有义务,没有权利。

可见《钦定宪法大纲》的最大特点是皇帝专权、人民无权,其结构本身就足以说明它的实质仍然是要维护封建君主专制制度。所以一经公布,就遭到谴责。1911年5月,清政府所谓的"责任内阁"成立。其13名成员中汉族官员占4名,蒙古官员1名,其余均为满族贵族,因而被称为"皇族内阁"。明人一眼即可看出,它不仅起不到限制皇帝的作用,反倒是强化皇权的工具。至此,清政府借"预备立宪"欺骗国人,达到贵族集权、镇压民主革命的目的完全暴露,立宪派的幻想随之破灭,民主革命更加高涨。

晚清"预备立宪"这项政治活动有着保守性和欺骗性,这场宪政改革涉及的内容极其庞杂,触动了社会的方方面面,"预备立宪"的措施加剧了中央与地方之间、满汉之间、阶级之间的矛盾,引起了社会的极大混乱,加速了它的覆灭。"预备立宪"的直接后果:加速了清朝的灭亡,催生了新的政治制度。

清末的"预备立宪"虽然最终没有成功,但是它的意义仍然重大,它是中国两千年封建专制制度第一次向"宪制"的和平过渡。它的重要意义主要有:

首先,它是中国两千年封建专制向宪制的一次和平过渡。中国历史上爆发了无数次的农民起义、农民暴动,建立了一个又一个封建王朝,从来都是一个专制代替另一个专制,一个帝王代替另一个帝王,从来就没有现代意义上的宪制。虽然清末的"预备立宪"准备在中国实行的是"君主宪制",但也是一种宪制制度,虽然表面上它似乎还没有"共和宪制"那样完全,还有一个君主,但实际上它是不同国家实际历史条件的产物。

其次,它在中国第一次宣布实行"宪制"。宪制与专制完全不同,宪制主要有君主宪制和共和宪制,在封建专制社会里,皇帝的言与行就是国家的法律,皇帝的权力是至高的,也是没有限制的。而在一个宪制制度下,皇帝的权力首先受到国家宪法的限制。虽然清末的"预备立宪"实行的是君主宪法,皇帝仍然具有极大的权力,但是皇帝的权力已经受到限制,皇权的至高无上已经受到冲击,这在当时的中国已经是一个进步了。有人认为,共和宪制比君主宪制更完美,实际上对一个国家,实行哪一种宪制要根据当时社会的实际情况出发。当时的英国、日本的"君主宪制"的成功就充分说明了这一点。

最后,"预备立宪"也是宪制制度在中国的最初试验。西方的宪制制度较早,虽然清政府推行"洋务运动"引进了西方的一些先进技术,但是并没有引进西方的先进制度,日本明治维新的成功,恰恰在于它不仅引进了西方的先进技术,也引进了西方的先进制度。中国的"预备立宪"本来也是一场准备学习日本"明治维新"的改革运动。但是清王朝的腐败,已经无力推行君主立宪这样的政治体制改革,最终"预备立宪"归于失败。

二、 中华民国的宪法

(一)《中华民国临时约法》的内容

辛亥革命后,中华民国临时政府于南京成立。宋教仁起草制定了《中华民国临时约法》(简称《临时约法》)。《临时约法》具有"宪法"性质,是中国第一部资产阶级性质的宪法。1912年3月11日取代《中华民国临时政府组织大纲》开始施行，于 1914 年 5 月 1 日因袁世凯授意制定的《中华民国约法》的公布而被取代，1916 年 6 月 29 日为大总统黎元洪所恢复。

《临时约法》分总纲、人民、参议院、临时大总统副总统、国务员、法院、附则七章，共五十六条。它主要"约"了以下三个方面的内容：

一是《临时约法》规定了资产阶级民主共和国的国家制度。规定"中华民国由中华人民组织之"，"主权属于国民全体"，"领土为二十二行省、内外蒙古、西藏、青海"，"以参议院、临时大总统、国务员、法院行使其统治权"。

二是《临时约法》体现了民主主义精神。规定"中华民国人民一律平等，无种族、阶级、宗教之区别"。人民享有人身、财产、居住、迁徙、言论、著作、刊行、集会、结社、通信、信教等项自由，及选举、被选举、考试、请愿、诉讼等权利。同时规定，人民有纳税、服兵等义务。

三是在政府的组织形式上实行"三权分立"的原则。规定全国的立法权属于参议院，参议院有权议决一切法律、预算、决算、税法、币制及度量衡准则、募集公债，选举产生临时大总统、副总统，弹劾大总统和国务员，对临时大总统行使的重要权力，具有同意权和最后决定权。

临时大总统代表临时政府总揽政务，公布法律，统率全国海陆军，制定官制官规，任免文武官员等，但行使职权时，须有国务员副署。受参议院弹劾时，由最高法院组成特别法庭审判；法官有独立审判的权利，它否定了集大权于一身的封建君主专制制度。此外，还规定了"人民有保有财产及营业之自由"。体现了发展资本主义经济的要求。

《临时约法》的颁布具有重要意义和价值。虽然未能提出反帝的革命任务，也没有提出一个完整的从经济基础到上层建筑的反封建纲领。但《临时约法》确立了资产阶级民主共和的国家制度。它以根本法的形式宣判了封建君主专制制度

《中华民国临时约法》是中国历史上第一部资产阶级宪法性文件。

的终结，确认了中华民国的合法性，规定了国家的资产阶级共和国的性质，肯定了辛亥革命的积极成果，更广泛地宣传了资产阶级共和国的思想。其思想启蒙的意义在于促进了人民的觉醒，鼓舞人民起来为维护自己的权利而斗争。《临时约法》是辛亥革命的重要成果，具有历史性的进步。

(二) 国民党统治时期的宪法

国民党统治时期的宪法、宪治，主要是通过 1931 年 6 月 1 日《中华民国训政时期约法》（以下简称"约法"）和 1947 年《中华民国宪法》实施展开的。

1928 年，中国国民党初步统一中国后，于 10 月 3 日由中国国民党中央常务委员会通过了《训政纲领》。1931 年 5 月 12 日召开的国民大会通过了《中华民国训政时期约法》。在这部"约法"中，三民主义作为国家基本思想和行政权、立法权、司法权、考试权、监察权五权分立的国家组织方法被确定。这部"约法"于同年 6 月 1 日开始施行。"约法"为国民党训政时期的临时宪法，原定在 1936 年结束训政时废止，但因日本侵华、国家受难，故制宪国民大会一拖再拖，宪政迟迟未始。1936 年 5 月 5 日国民政府公布了《中华民国宪法草案》（又称"五五宪草"），这是《中华民国宪法》的雏形，它本应在预定同年召开的制宪国民大会上通过，但大会因日本入侵东北及隔年爆发的全面抗日而未能如期召开。

1945 年抗日战争胜利后，国民政府依据《国民政府建国大纲》（简称《建国大纲》）着手推进宪政的实施。《建国大纲》是孙中山于 1924 年 4 月 12 日手书，全文仅二十五条。这是中华民国成立后，孙中山针对国家建设所提出的规划方案。大纲中以三民主义作为人民应有之"权"，以五权宪法作为政府施政的"能"。《建国大纲》将建设国家的程序分为三个阶段：军政时期、训政时期与宪政时期。

《建国大纲》的目标有三大项：第一是在民生，强调政府与人民协力解决衣食住行问题，使民生幸福；第二是在民权，主张政府应当训练人民行使四权，使民权普遍；第三是在民族，强调对内应扶助弱小民族，对外则要抵抗强权，使民族平等。

1945 年 10 月 10 日，中国国民党与中国共产党在重庆协商并签立"双十协定"，确定以军队国家化、政治民主化、党派平等、地方自治之途径

达到和平民主建国,尽速召开政治协商会议,商讨制宪事宜。1946年1月10日至31日,国民党8人、共产党7人、民主同盟9人、青年党5人、无党派人士9人,共38位代表在重庆召开政治协商会议,通过政府改组案、和平建国纲领案、军事问题案、国民大会案、协定"五五宪草"的修改原则12项,并决定组织宪草审议委员会。政协决议案之宪法草案部分依据中国共产党的建议和要求,较大幅度地修改了"五五宪草"。依照政协决议,国民大会成为无形机构,立法院直接由民选产生,监察院职权扩大,且地方制度称为联邦体制,省得制定省宪。因政协宪草远离孙中山五权宪法理论,因而触犯了国民党党章,引起国民党内部较大反对,随后的国民党六届二中全会则提议恢复"五五宪草",并因此事酿成了国共之间的严重政治摩擦。

政协会议闭幕后,依决议成立宪草审议委员会,经中共代表周恩来和国民党代表王世杰推荐,民社党的张君劢主持起草了这份《中华民国宪法草案》,保留了三民主义的基本思想并贯彻政协宪草决议案内容,落实民有民治民享之民主共和国,以及内阁制之民主宪政等精神。1946年12月25日经"制宪国民大会"议决通过,于1947年1月1日由南京国民党政府颁布《中华民国宪法》,同年12月25日施行。内容除前言外,全文共一百七十五条条文,计分十四章。基本特点是:以自由平等为标榜,坚持维护国民党的一党专制;以"平均地权""节制资本"为名,保障封建土地剥削制度和官僚资本的经济垄断;以"民有民治民享"的"民主共和国"之名,行国民党一党专制和蒋介石个人独裁之实。

《中华民国宪法》的主要内容。《中华民国宪法》按照白哲士(Burgess)之宪法体例分类为典型的美系宪法,即宪法主体部分主要由三大部分构成,自由宪章(Constitution of Liberty)即人民权利;政府组织宪章(Constitution of Government)即政府权力制衡机制;以及主权宪章(Constitution of Sovereignty)即规定修宪手续以明确主权在民。另外,《中华民国宪法》另有地方制度和基本国策章节,以明确国家体制与国家施政原则。

《中华民国宪法》的总纲规定了国体、国土、民族等国家要素。其明定国家基于三民主义为民有民治民享之民主共和国,国家的主权属于国民全体。其对于国民也予以明确定义,即具有中华民国国籍者。对于国土,其规定依其固有之疆域，非经国民大会之决议，不得变更之。对于国内各民族地位，其则规定中国各民族一律平等。总纲将象征自由、平等、博爱理念的青天白日满地红旗帜定为国旗以明共和国体。

值得注意的是，宪法第一条所列之"三民主义"，在紧接的下句得以诠释，即"民有民治民享"，而非孙中山的三民主义。

三、 新中国的宪法

（一）《共同纲领》凝聚民心

1949年秋，中国人民经过了100多年的英勇奋斗，终于在中国共产党的领导下，取得了反对帝国主义、封建主义和官僚资本主义的人民革命的胜利。国民党的军事力量已经土崩瓦解，阶级力量对比发生了根本性变化，革命即将获得全国性胜利。革命胜利后将要建立一个什么样的国家，如何把革命胜利的成果用法律形式固定下来，并且规定新中国成立后的大政方针，作为全国人民共同遵循的准则，以便团结全国各族人民把革命和建设事业继续推向前进，这就迫切需要制定一部具有根本法性质的文件。但在当时，大陆还未全部解放，战争尚在进行；反革命势力还很猖獗，各项社会改革尚未开展；社会秩序还不够安定；遭受长期战争破坏的国民经济尚未恢复；人民群众的组织程度和觉悟程度尚未达到应有的水平，因此，还不能立即召开全国人民代表大会并且制定一部完善的正式宪法。在这种情况下，中国共产党邀请各民主党派、人民团体、人民解放军、各地区、各民族以及国外华侨等各方面的代表635人，组成中国人民政治协商会议，代表全国各族人民的意志，在普选的全国人民代表大会召开以前，代行全国人民代表大会的职权。1949年9月21日中国人民政治协商会议第一次会议通过了《中国人民政治协商会议共同纲领》（以下简称《共同纲领》）[1]。

---

[1] 关于《共同纲领》引文，参考中共中央文献研究室编：《中华人民共和国开国文选》，中央文献出版社1999年版。

《共同纲领》除序言外，分为总纲、政权机关、军事制度、经济政策、文化教育政策、民族政策、外交政策共七章六十条。它肯定了人民革命的胜利成果，宣告了封建主义和官僚资本主义在中国的统治的结束和人民民主共和国的建立，规定了新中国的国体和政体。它确认"中国人民民主专政是中国工人阶级、农民阶级、小资产阶级、民族资产阶级及其他爱国民主分子的人民民主统一战线的政权，而以工农联盟为基础，以工人阶级为领导"。它规定人民代表大会制为我国的政权组织形式；宣布取消帝国主义在华的一切特权；没收官僚资本，进行土地改革；并且规定了新中国的各项基本政策和公民的基本权利和义务；确定中华人民共和国人民依法有选举权和被选举权，享有思想、言论、集会、结社、通讯、人身、居住、迁徙、宗教信仰及示威游行的自由权，享有婚姻自由权，妇女享有在政治的、经济的、文化教育的、社会的生活各方面，均有与男子平等的权利。

《共同纲领》由于它所规定的是国家制度和社会制度的基本原则及各项基本政策，并且它是由代行全国人民代表大会职权的中国人民政治协商会议制定的，因此，尽管它还不是一部正式的宪法，但不管从内容上还是从法律效力上看都具有国家宪法的特征，起了临时宪法的作用。

虽然它不是我国第一部社会主义性质的宪法，但它是在中国共产党领导下制定的第一部宪法性的法律文件。它对于确立中国共产党的领导地位，确定我国的社会主义制度，建立新中国等方面，都起到了重要的作用。它是新中国成立初期团结全国人民共同前进的政治基础和战斗纲领，对巩固人民政权，加强革命法制，维护人民民主权利，恢复和发展国民经济方面起着指导作用。尤其它是人民参与、反映人民意志的决定国家和人民命运的根本法律，并从国家大法上确立了人民当家作主的各项权利，因此在凝聚人心，鼓舞翻身得解放的民众热爱自己的祖国并积极加入到建设社会主义新中国中，发挥了前所未有的作用。同时《共同纲领》的许多基本原则在1954年《宪法》中得到了进一步确认发展，因而在我国宪政史上具有重要的历史意义。

（二）社会主义的宪法及其修订

中华人民共和国成立后，曾于1954年9月20日、1975年1月17日、

1978年3月5日和1982年12月4日通过四部《宪法》，现行宪法为1982年《宪法》，并历经1988年、1993年、1999年、2004年、2018年五次修订。

1. 1954年《宪法》

1954年《宪法》从《共同纲领》演化而来，以国家根本大法的形式，总结了中国新民主主义革命的历史经验，特别是新中国成立以来革命与建设的经验，充分反映了中国历史的状况和过渡时期的特点。它的制定与实施，为发展社会主义民主和社会主义法制奠定了

初步基础，它也是新中国历史上第一部社会主义类型的宪法。1982年通过的现行宪法，是1954年《宪法》的延续和发展。

1954年1月9日，毛泽东亲自组织了一个宪法起草小组到杭州起草宪法草稿。宪法起草小组收集各种宪法文本，借鉴了孙中山时期颁布的宪法，1918年的苏俄宪法，1924年的苏联宪法，1936年的苏联宪法，还有罗马尼亚、匈牙利、波兰等国家的宪法；另外还参考了美国、法国等西方国家的宪法文本。1954年《宪法草案》公布的近三个月里，经过了全民的讨论，全国各界共有1.5亿人参加《宪法草案》的讨论，提出许多修改和补充意见。最后于1954年9月20日经第一届全国人大第一次全体会议全票通过《中华人民共和国宪法》，这部宪法总计四章一百零六条。

1954年《宪法》的主要内容和特点：

一是新中国第一部社会主义类型的宪法，是中国历史上的一个里程碑。

二是体现了人民民主原则、社会主义原则。规定了国家的根本性质和根本政治制度，强调"中华人民共和国"是工人阶级领导的、以工农联盟为基础的人民民主国家；确认了我国社会主义过渡时期的经济制度和国营

经济的领导地位；确认了过渡到社会主义的方法和步骤；确认了公民在法律面前一律平等，赋予公民广泛的权利和自由。

三是代表了广大人民的意志。在第三章公民基本权利和义务（第85-103条）中，规定了公民平等权。公民享有选举权和被选举权，享有言论、出版、集会、结社、游行、示威的自由，国家供给必需的物质上的便利，以保证公民享受这些自由；公民享有宗教信仰自由，在年老、疾病或者丧失劳动能力的时候，有获得物质帮助的权利。国家举办社会保险、社会救济和群众卫生事业，并且逐步扩大这些设施，以保证劳动者享受这种权利；公民享有劳动权、休息权；公民享有受教育权和进行科学研究、文学艺术创作和其他文化活动的自由和权利；公民人身自由、住宅受法律保护；公民享有居住和迁徙的自由；公民对于任何违法失职的国家机关工作人员，有向各级国家机关提出书面控告或者口头控告的权利。由于国家机关工作人员侵犯公民权利而受到损失的人，有取得赔偿的权利；第101条规定中华人民共和国的公共财产神圣不可侵犯，爱护和保卫公共财产是每一个公民的义务。当然除这一义务外还规定公民负有保卫祖国，依法服兵役和纳税的义务。1954年《宪法》比较完整地规定了公民的基本权利和义务，极大地调动了全国人民建设社会主义的积极性。

2. 1975年《宪法》

1975年《宪法》是新中国第二部宪法，也是一部有严重缺点、错误的宪法。它于1975年1月17日由第四届全国人民代表大会第一次会议通过，被称为"七五宪法"。1975年《宪法》除序言外，有总纲、国家机构、公民的基本权利和义务，以及国旗、国徽、首都共四章三十条。它的结构过于简单，不可能概括国家生活各方面的内容，从而也影响到它的完备性。

1975年《宪法》保留了1954年《宪法》的一些基本原则，如坚持生产资料的社会主义公有制，坚持无产阶级专政等。1975年《宪法》是我国特定历史条件下的产物。它反映了文化大革命中"左"的路线对社会主义法治的严重干扰。它把"文革"中许多错误理论和做法加以法律化、制度化，并为"四人帮"篡夺国家权力提供了法律根据。1975年《宪法》不仅条文过少，内容简单，而且规范疏漏，文字上也有许多不确切、不协调之处。它在历史上只存在了3年多，由于"四人帮"蔑视法制，因而它在实践中也并没有受到重视和得到认真贯彻，没有起到多少作用。

3. 1978年《宪法》

1978年3月5日，第五届全国人民代表大会第一次会议通过了经重新修改制定的《中华人民共和国宪法》。这是中华人民共和国的第三部宪法。

第三部宪法的内容除序言外，分总纲，国家机构，公民的基本权利和义务，国旗、国徽、首都，共四章六十条。

第一，这部《宪法》在结构上与前两部《宪法》相同。主要内容继承了1954年《宪法》的一些基本原则，增加了实现四个现代化的任务。强调要发扬社会主义民主、大力发展科学和教育事业。

第二，序言部分回顾了中国革命的历史进程，规定了"在本世纪内把我国建设成为农业、工业、国防和科学技术现代化的伟大的社会主义强国"。第一章总纲部分，规定了国家制度和社会制度的基本原则，特别规定了发扬社会主义民主、保障人民参加国家管理和管理各项经济、文化事业的原则和具体措施。第二章国家机构，规定得比1975年《宪法》完备和具体，恢复了检察机关，取消了其职权交由公安机关行使的规定；恢复了审判公开和辩护制度。第三章公民的基本权利和义务，作了大量补充，由1975年《宪法》的四条增加到十六条。

第三，由于当时历史条件的限制，这部《宪法》未能彻底清理文化大革命期间"左"的思想影响，以致还存在一些不正确的政治理论观念和不适应客观实际情况的条文规定。例如，序言中仍然保留了"坚持无产阶级专政下的继续革命"的错误提法，对文化大革命仍然采取肯定态度；在国家机构中，仍然保留地方各级革命委员会的名称；在公民的基本权利和义务中，仍然规定公民"有运用'大鸣、大放、大辩论、大字报'的权利"等。

1978《宪法》在一定程度上纠正了1975年《宪法》的极"左"倾向，继承了1954年《宪法》的一些基本原则。但由于拨乱反正工作尚未结束，对极"左"的认识不深入。

4. 1982 年《宪法》

1982 年《宪法》是我国现行宪法，也是新中国成立以来中国共产党领导制定的第四部宪法。1978 年《宪法》颁布以后，尤其是党的十一届三中全会以后，我国在政治经济各方面都发生了重大的变化，1978 年《宪法》已经不能适应新时期的要求。1982 年，第五届全国人民代表大会第五次会议通过了新的《中华人民共和国宪法》，即 1982 年《宪法》。它在结构上承袭了前三部《宪法》的形式，它明确规定了中华人民共和国的政治制度、经济制度、公民的基本权利和义务、国家机构的设置和职责范围、今后国家的根本任务等。但把《公民的基本权利和义务》由原来的第三章提前到第二章，这一变化充分反映了国家对保障公民基本权利和要求公民履行基本义务的进一步重视。

1982 年《宪法》总结了中国社会主义发展的经验，并吸收了国际经验，为我国的现代化建设提供了良好的社会环境，较好地体现了人民意志、国家意志、党的意志的统一，是一部有中国特色、适应中国社会主义现代化建设需要的根本大法。

四、我国现行宪法的修改

修宪，是修改宪法的简称，是对宪法的修正，是指有权机关按照法定程序对宪法文本的某些条款、词语或结构予以变动、补充或删除的活动。在对修宪权的行使予以实体方面限制的同时，之所以还要继续对其施加程序性控制，这是因为与一般的程序性规范一样，正当的修宪程序不仅具有保障限制修宪权的实体性规范能够实现的工具性价值，还有其自身内在独立的价值，它既有利于防止人民主权空洞化和异化，促进人民主权的实现，也有利于防止宪法修改的泛化现象，树立宪法的权威性，还有利于防范民主的负面影响，提升民族理性。

我国现行宪法对修宪程序作了比较全面的规定。《宪法》第 64 条规定："宪法的修改，由全国人民代表大会常务委员会或五分之一以上的全国人民代表大会代表提议，并由全国人民代表大会以全体代表的三分之二以上的多数通过。"

宪法只有不断适应新形势，吸纳新经验，确认新成果，制定新规范，才能拥有持久生命力。1982年《宪法》实施后，我国分别于1988年、1993年、1999年、2004年和2018年进行了五次修改。修改宪法是国家政治生活中的一件大事，是事关全局的重大立法活动。修改宪法的原则是：一是坚持党的领导，坚持中国特色社会主义法治道路，坚持正确的政治方向；二是严格依法按程序进行；三是充分发扬民主，广泛凝聚共识，确保反映人民意志，得到人民拥护；四是坚持对宪法做部分修改、不做大改的原则，做到既顺应党和人民事业发展要求，又遵循宪法法律的发展规律，确保宪法的延续性、稳定性和权威性。

1988年、1993年、1999年、2004年、2018年五次宪法修改内容如下：

（1）1988年4月12日，第七届全国人民代表大会第一次会议通过的宪法修正内容是：

第一，国家允许私营经济在法律规定的范围内存在和发展。第二，对土地不得出租的规定作了修改，规定土地的使用权可以依照法律的规定转让。

（2）1993年3月29日，第八届全国人民代表大会第一次会议通过第二次《宪法修正案》，主要内容是：

第一，将"我国正处于社会主义初级阶段""建设有中国特色社会主义的理论"和"坚持改革开放"及"中国共产党领导的多党合作和政治协商制度"等提法写进宪法序言。第二，用"社会主义市场经济"取代"计划经济"；用"国有经济""国有企业"取代"国营经济""国营企业"。第三，放弃"农村人民公社"的提法，确立"家庭联产承包为主的责任制"的法律地位。第四，将县级人大每届任期由三年改为五年。

（3）1999年3月15日，第九届全国人民代表大会第二次会议通过的《宪法修正案》，这个《宪法修正案》共六条（第十二条至第十七条），主要内容是：

第一，确立了邓小平理论的指导思想地位。第二，增加规定"中华人民共和国实行依法治国，建设社会主义法治国家"。第三，增加规定社会主义初级阶段的基本经济制度和分配制度。第四，规定"农村集体经济组织实行家庭承包经营为基础、统分结合的双层经营体制"。第五，增加规定"在法律规定范围内的个体经济、私营经济等非公有制经济，是社会主义市场经济的重要组成部分"。第六,将镇压"反革命的活动",修改为镇压"危害国家安全的犯罪活动"。

(4) 2004年3月14日,第十届全国人民代表大会第二次会议通过中华人民共和国全国人民代表大会公告,这个《宪法修正案》共十四条,主要内容是:

第一,确立"三个代表"重要思想在国家政治和社会生活中的指导地位。第二,增加"推动物质文明、政治文明和精神文明协调发展"的内容。第三,在统一战线的表述中增加"社会主义事业的建设者"。第四,进一步明确国家对发展非公有制经济的方针。第五,完善私有财产保护制度。第六,完善土地征用制度。第七,增加建立健全社会保障制度的规定。第八,增加尊重和保障人权的规定。第九,在全国人民代表大会组成的规定中增加"特别行政区"。第十,完善紧急状态制度。第十一,在国家主席职权的规定中增加"进行国事活动"。第十二,将乡镇人民代表大会的任期由三年改为五年。第十三,增加关于国歌的规定。

(5) 2018年《宪法修正案》出台。

2018年3月11日,第十三届全国人民代表大会第一次会议通过《宪法修正案》共二十一条,包括十二个方面:第一,确立科学发展观、习近平新时代中国特色社会主义思想在国家政治和社会生活中的指导地位。第二,调整充实中国特色社会主义事业总体布局和第二个百年奋斗目标的内容。第三,完善依法治国和宪法实施举措。第四,充实完善我国革命和建设发展历程的内容。第五,充实完善爱国统一战线和民族关系的内容。第六,充实和平外交

把党的十九大确定的新的奋斗目标写进宪法,有利于激励全党全国各族人民在新时代为开创党和国家事业发展新局面而努力奋斗。

政策方面的内容。第七,充实坚持和加强中国共产党全面领导的内容。第八,增加倡导社会主义核心价值观的内容。第九,修改国家主席任职方面的有关规定。第十,增加设区的市制定地方性法规的规定。第十一,增

加有关监察委员会的各项规定。第十二，修改全国人大专门委员会的有关规定。

宪法修正案是一个整体，它全面体现了自上一次修宪以来，党和人民在中国特色社会主义建设和改革实践中取得的重大理论创新、实践创新、制度创新的成果，体现了中国共产党依宪执政、依宪治国的理念，其核心要义和精神实质主要体现在以下方面：

一是确立习近平新时代中国特色社会主义思想在国家政治和社会生活中的指导地位。习近平新时代中国特色社会主义思想是马克思主义中国化的最新成果，是党和人民实践经验和集体智慧的结晶，是中国特色社会主义理论体系的重要组成部分，是全党全国人民为实现中华民族伟大复兴而奋斗的行动指南，是党的十八大以来党和国家事业取得历史性成就、发生历史性变革的根本理论指引。把习近平新时代中国特色社会主义思想载入宪法，使其同马克思列宁主义、毛泽东思想、邓小平理论、"三个代表"重要思想、科学发展观一起，确立其在国家政治和社会生活中的指导地位，反映了全国各族人民的共同意愿，体现了党的主张和人民意志的统一，明确了全党全国人民为实现中华民族伟大复兴而奋斗的共同思想基础。

二是调整充实中国特色社会主义事业总体布局和第二个百年奋斗目标的内容，确保宪法确立的国家根本任务、发展道路、奋斗目标得到全面贯彻。推动物质文明、政治文明、精神文明、社会文明、生态文明协调发展，体现了党和国家对社会主义建设规律认识的深化和发展，是对中国特色社会主义事业总体布局的丰富和完善。把我国建设成为富强民主文明和谐美丽的社会主义现代化强国，实现中华民族伟大复兴，是党的十九大确立的奋斗目标。把这个宏伟目标载入《宪法》序言，有利于引领全党全国人民把握规律、科学布局，在新时代不断开创党和国家事业发展新局面，齐心协力为实现中华民族伟大复兴的中国梦而不懈奋斗。

三是完善依法治国和宪法实施举措。将《宪法》序言"健全社会主义法制"修改为"健全社会主义法治"，在宪法层面体现了依法治国理念的新内涵。法治以民主为前提，以严格依法办事为核心，以确保权力正当运行为重点，重在确保社会形成由规则治理的管理方式、活动方式和法治秩序。

在第二十七条增加规定:"国家工作人员就职时应当依照法律规定公开进行宪法宣誓。"党的十八届四中全会决定提出建立宪法宣誓制度,第十二届全国人大常委会2015年7月通过关于实行宪法宣誓制度的决定,2018年《宪法修正案》以立法方式确立了我国宪法宣誓制度。宪法宣誓制度实行以来,各地区、各部门、各方面认真贯彻落实法律规定,依法开展宪法宣誓活动已经成为尊重宪法、尊重人民主体地位的重要实践。

《宪法修正案》还将《宪法》第七十条关于专门委员会的规定中的"法律委员会"修改为"宪法和法律委员会",推动宪法实施和监督工作进入新阶段。

四是增加中国共产党领导是中国特色社会主义最本质的特征的规定。我国宪法序言已确定了中国共产党的领导地位,以历史叙事证明中国共产党的领导是历史的选择、人民的选择。现在把党的领导写进总纲规定国家根本制度的条款,把党的领导和社会主义制度内在统一起来,把党的执政规律和中国特色社会主义建设规律内在统一起来。中国共产党领导是中国特色社会主义最本质的特征。我们说的依法治国,就是广大人民群众在党的领导下,依照宪法和法律的规定,通过各种途径和形式管理国家事务,管理经济和文化事业,管理社会事务,保证国家各项工作都依法进行,逐步实现社会主义民主的制度化、法律化,使这种制度不因领导人的改变而改变,不因领导人的看法和注意力的改变而改变。我们讲依宪治国、依宪执政,不是要否定和放弃党的领导,而是强调党领导人民制定宪法和法律,党自身必须在宪法和法律范围内活动。我国宪法以根本法的形式反映了党带领人民进行革命、建设、改革取得的成果,反映了在历史和人民选择中形成的党的领导地位。

五是修改第七十九条关于国家主席任职期限方面的规定。这是在全面总结党和国家长期历史经验的基础上,从全局和战略高度完善党和国家领导体制的重大举措,体现了中国特色社会主义的政治优势和制度优势。党章对党的中央委员会总书记、党的中央军事委员会主席,宪法对中华人民共和国中央军事委员会主席,都没有作出"连续任职不得超过两届"的规定。在修改宪法征求意见的过程中,各地区各方面普遍认为,宪法对国家主席的相关规定也采取上述做法,是非常必要的、重要的。

六是增加有关监察委员会的各项规定。本次《宪法》修改二十一条修正案，有十一条和国家监察体制改革相关。深化国家监察体制改革是一项事关全局的重大政治体制、监督体制改革，是强化党和国家自我监督的重大决策部署。《宪法修正案》在《宪法》第三章"国家机构"的第六节后增加一节，专门就监察委员会作出规定，以宪法的形式明确国家监察委员会和地方各级监察委员会的性质、地位、名称、人员组成、任期任届、监督方式、领导体制、工作机制等，为监察委员会行使职权提供了宪法依据。这些规定，体现了中国特色社会主义政治发展道路和法治发展道路的一致性，为监察委员会履职尽责提供了依据和遵循，是国家治理体系的重大完善，也是国家治理能力现代化的重大进步。

总体来看，2018年宪法修改内容是中国特色社会主义道路、理论、制度、文化的发展成果。通过宪法修改，我国《宪法》在中国特色社会主义伟大实践中紧跟时代步伐，不断与时俱进。我们要通过不懈努力，弘扬社会主义法治精神，培育社会主义法治文化，使各级领导干部和国家机关工作人员树立忠于宪法、遵守宪法、维护宪法的自觉意识，教育引导广大群众自觉守法、遇事找法、解决问题靠法，在全社会形成尊法、学法、守法、用法的良好氛围。

第三节　宪法是公民权利的根本保障

一、宪法明确规定公民权利义务

宪法是公民权利的保障书。纵观新中国宪法发展的历史，无一不将公民的基本权利和义务作为宪法立法的主要和重要内容。2004年，我国《宪法》还将"国家尊重和保障人权"作为一项基本原则写进宪法，体现了我国对人权保障的更加重视。我国《宪法》第三十三条规定："凡具有中华人民共和国

国籍的人都是中华人民共和国公民。中华人民共和国公民在法律面前一律平等。国家尊重和保障人权。任何公民享有宪法和法律规定的权利，同时必须履行宪法和法律规定的义务。"只有基本权利和基本义务相互结合，才能更好地为每个公民的权利提供宪法保障。

（一）公民的基本权利

法律权利是指：国家通过法律规定，对法律关系主体可以自主决定为或不为某种行为的许可和保障手段。法律权利，是一个和法律义务相对应的概念，是指法律关系主体依法享有的某种权能或利益，它表现为权利享有者可以自己作出一定的行为，也可以要求他人作出或不作出一定的行为。

公民的基本权利，是宪法赋予公民最基础、最重要、最本质的权利和自由，是国家宪法对公民所承诺和维护的权利，是一种社会所认可的赋予公民个体可做或可不做的自由。中国宪法赋予公民的人身、政治、经济和文化各方面的权利和自由。这是中国人民在中国共产党领导下，经过长期革命斗争取得的胜利成果。人民民主专政的政权和社会主义制度保证中国公民享有广泛的和真实的基本权利。

1949年9月制定的具有临时宪法性质的《中国人民政治协商会议共同纲领》，就规定了中国人民享有的权利和自由。1954年《宪法》，以及后来历次修改的《宪法》，均设专章规定了中国公民的基本权利和义务。主要有以下几方面的内容：

第一，平等权。我国《宪法》规定："中华人民共和国公民在法律面前一律平等。"这是我国公民的一项基本权利，也是社会主义法治的一个基本原则。其基本精神是：凡我国公民都平等地享有宪法和法律规定的各项权利，也都平等地履行宪法和法律规定的各项义务；任何公民的合法行为，都平等地受到法律保护，违法犯罪行为也都平等地受到法律的制裁；任何公民都不得有超越宪法和法律的特权。简而言之，法律面前人人平等。

第二，人身权利。包括：①人身自由。任何公民，非经人民检察院批准或者决定或者人民法院决定，并由公安机关执行，不受逮捕。禁止非法拘禁和以其他方法非法剥夺或者限制公民的人身自由。禁止非法搜查公民的身体。公民的住宅不受侵犯。禁止非法搜查或者非法侵入公民的住宅。②人格尊严。公民的人格尊严不受侵犯。禁止用任何方法对公民进行侮辱、诽谤和诬告陷害。③通信自由和通信秘密。公民通信自由和通信秘密受法律的保护。除因国家安全或者追查刑事犯罪的需要，由公安机关或者检察机关依照法律规定的程序对通信进行检查外，任何组织或者个人不得以任何理由侵犯公民的通信自由和通信秘密。

第三，政治权利。包括：①选举权和被选举权。年满18周岁的公民，不分民族、种族、性别、职业、家庭出身、宗教信仰、教育程度、财产状况、居住期限，都有选举权和被选举权；但是依照法律被剥夺政治权利的人除外。②公民有言论、出版、集会、结社、游行、示威的自由。③民主管理权利。民主管理权利是指公民根据宪法和法律规定，管理国家事务、经济和文化事业以及社会事务的权利。我国《宪法》第二条规定："人民依照法律规定，通过各种途径和形式，管理国家事务，管理经济和文化事业，管理社会事务。"④批评和建议、申诉、控告或者检举以及取得赔偿的权利。公民对于任何国家机关和国家工作人员，有提出批评和建议的权利；对于任何国家机关和国家工作人员的违法失职行为，有向有关国家机关提出申诉、控告或者检举的权利，但是不得捏造或者歪曲事实进行诬告陷害。对于公民的申诉、控告或者检举，有关国家机关必须查清事实，负责处理。任何人不得压制和打击报复。由于国家机关和国家工作人员侵犯公民权利而受到损失的人，有依照法律规定取得赔偿的权利。

第四，宗教信仰自由。公民有宗教信仰的自由。任何国家机关、社会团体和个人不得强制公民信仰宗教或者不信仰宗教，不得歧视信仰宗教的公民和不信仰宗教的公民。国家保护正常的宗教活动。任何人不得利用宗教进行破坏社会秩序、损害公民身体健康、妨碍国家教育制度的活动。宗教团体和宗教事务不受外国势力的支配。

第五，财产权利。财产权是指公民、法人或其他组织通过劳动或其他合法方式取得财产和占有、使用、受益、处分财产的权利。我国《宪法》

第十三条规定:"公民的合法的私有财产不受侵犯。""国家依照法律规定保护公民的私有财产权和继承权。"对于公民的财产权,物权法等相关法律规定了具体的保护措施与救济途径,包括私有财产权利和继承权利。

第六,社会经济权利。①劳动的权利。公民有劳动的权利。国家通过各种途径,创造劳动就业条件,加强劳动保护,改善劳动条件,并在发展生产的基础上,提高劳动报酬和福利待遇。在中国,劳动是一切有劳动能力的公民的光荣职责。国营企业和城乡集体经济组织的劳动者都应当以国家主人翁的态度对待自己的劳动。国家提倡社会主义劳动竞赛,奖励劳动模范和先进工作者。国家提倡公民从事义务劳动。国家对就业前的公民进行必要的劳动就业训练。②劳动者休息权。国家发展劳动者休息和休养的设施,规定职工的工作时间和休假制度,以保证劳动者享受这种权利。③生活保障、物质帮助权。国家依照法律规定实行企业事业组织的职工和国家机关工作人员的退休制度。退休人员的生活受到国家和社会的保障。公民在年老、疾病或者丧失劳动能力的情况下,有从国家和社会获得物质帮助的权利。国家发展公民享受这些权利所需要的社会保险、社会救济和医疗卫生事业。国家和社会保障残废军人的生活,抚恤烈士家属,优待军人家属,国家和社会帮助安排盲、聋、哑和其他有残疾的公民的劳动、生活和教育。

公民有受教育的权利和义务

第七,受教育的权利。①受教育的权利和义务。国家发展社会主义的教育事业,提高全国人民的科学文化水平。国家举办各种学校、普及初等义务教育,发展中等教育、职业教育和高等教育,并且发展学前教育。国家发展各种教育设施,扫除文盲,对工人、农民、国家工作人员和其他劳动者进行政治、文化、科学、技术、业务的教育,鼓励自学成才。国家培养青年、少年、儿童在品德、智力、体质等方面全面发展。②进行科学研究、文学艺术创作和其他文化活动的自由。国家对于从事教育、科学、技术、文学、艺术和其他文化事业的公民的有益于人民的创造性工作，给以鼓励和帮助。

第八，其他权利。①中国国内各民族一律平等。国家保障各少数民族的合法的权利和利益，维护和发展各民族的平等、团结、互助关系。禁止对任何民族的歧视和压迫，禁止破坏各民族团结和制造民族分裂的行为。②妇女在政治、经济、文化、社会和家庭生活等各方面享有同男子平等的权利。③国家保护妇女的权利和利益，实行男女同工同酬，培养和选拔妇女干部。④婚姻、家庭、母亲和儿童受国家的保护。⑤国家保护华侨的正当的权利和利益，保护归侨和侨眷的合法的权利和利益。

(二) 公民的基本义务

法律义务，是指义务主体应当作出或不作出一定行为的约束。表现为要求负有义务的人必须作出一定行为或被禁止作出一定行为，以维护国家利益或保证权利人（有权人）的权利得以实现。

公民的基本义务是国家对公民最重要、最基本的法律要求，是公民必须履行的最低限度的、也是最主要的责任。我国公民的基本义务主要有以下九个方面：

第一，遵守宪法和法律，保守国家秘密，爱护公共财产，遵守劳动纪律，遵守公共秩序，尊重社会公德的义务。

第二，维护国家统一和全国各民族团结的义务。

第三，维护祖国的安全、荣誉和利益的义务。

第四，依照法律服兵役和参加民兵组织的义务。

第五，依照法律纳税的义务。

第六，参加劳动的义务。

第七，受教育的义务。

第八，实行计划生育的义务。

第九，父母有抚养教育未成年子女的义务，成年子女有赡养扶助父母的义务。

二、公民基本权利和基本义务的关系

宪法是公民权利的确认书和保证书。

第一,各国宪法无论长短都包含国家机构和公民基本权利两大部分内容。

第二,国家机构设置的基本出发点和组织原则在于保障公民基本权利。

第三,国家权力存在和运行的目的在于保障公民基本权利。

第四,宪法对于公民基本权利的规定显然在于保障的意义。

享有法律权利的社会主体称为权利人,承担法律义务的社会主体称为义务人。在中国,公民的权利和义务是平等的、一致的、相统一的,并且相互依存。既没有单方面、绝对的权利,也没有单方面、绝对的义务。在社会生活中,每个人既是享受各种法律权利的主体又是承担各种法律义务的主体。我国《宪法》规定,公民享有广泛的权利,同时承担相应的义务;公民的权利和义务是平等的,任何人不得享有法律或法外特权;公民的权利和义务是统一的,不允许任何人只享受法律权利,不履行法律义务;任何公民都是享有法律权利和履行法律义务的统一体,并把自己依法履行义务,作为他人依法享受权利的实现条件。宪法规定的基本权利与基本义务之间的关系也是如此。

三、 我国宪法对公民基本权利保障的具体体现

第一,宪法为公权力的行使划定了界限。公权力是人民赋予的,必须用来为人民谋利益。在限制公权力方面,宪法发挥着重要作用,规定了国家机关的组织和运行规则,并为公权力设置了多种有效的监督机制。此外,宪法还通过列举公民基本权利的方式对公权力进行限制,公民权利的边界就是公权力止步的地方。

第二,宪法规定了公权力机关对人权的积极保障义务。尊重和保障人权,既是公权力机关的首要目标,也是其拥有和行使公权力的合法性基础。因此,宪法不但禁止公权力机关侵犯公民的权利,而且规定其应当履行对公民权利的积极保障义务。有权必有责,宪法授予公权力机关的权力既不能被滥用,也不能以不作为的方式怠于行使。也就是说,宪法不但要让公民权利免遭侵害,还要为公民行使权利提供必要的条件。比如,《宪法》第四十二条规定:"中华人民共和国公民有劳动的权利和义务。国家

通过各种途径，创造劳动就业条件，加强劳动保护，改善劳动条件，并在发展生产的基础上，提高劳动报酬和福利待遇。"

第三，宪法划定了公民基本权利行使的边界。与权力相应，公民的基本权利也不能任意行使。我国《宪法》第五十一条规定："中华人民共和国公民在行使自由和权利的时候，不得损害国家的、社会的、集体的利益和其他公民的合法的自由和权利。"通过该条规定，宪法为公民基本权利的行使进行了必要的限制。比如，宪法赋予了公民的言论自由权，但是公民的言论一旦损害了国家的利益或者其他公民的人格尊严，就要承担相应的法律责任。

第四，宪法为公民基本权利保障提供支持。宪法是国家的根本法，具有最高的法律效力。《宪法》第五条规定："中华人民共和国实行依法治国，建设社会主义法治国家。国家维护社会主义法制的统一和尊严。一切法律、行政法规和地方性法规都不得同宪法相抵触。一切国家机关和武装力量、各政党和各社会团体、各企业事业组织都必须遵守宪法和法律。一切违反宪法和法律的行为，必须予以追究。任何组织或者个人都不得有超越宪法和法律的特权"。因此，宪法对公民基本权利的确认和保障，直接关系到其他法律对公民具体权利的确认和保障。要尊重和维护宪法权威，确保宪法在法治体系中的至上地位。

宪法是国家的根本大法，规定了公民的基本权利和义务，具有最高法律效力，一切法律、法规都不得同宪法相抵触。因此我们说宪法是公民权利的确认书、保证书。全国各族人民、一切国家机关和武装力量、各政党和各社会团体、各企业事业组织，都必须以宪法为根本的活动准则，并且负有维护宪法尊严、保证宪法实施的职责。

在我国，国家的、集体的利益同公民个人利益在根本上是一致的，这种权利与义务的一致性是由中国人民民主专政的国家性质和社会主义经济制度决定的，同一切剥削阶级国家公民权利和义务是脱节的、分离的。中国公民利益和义务的一致性，正是人民当家作主的表现。

第四节 法律是人们一切活动的底线

一、法律和宪法

法律有广狭两层含义，一是指包括宪法、法律、行政法规、地方性法规等在内的一切规范性法律文件，二是指全国人大及其常委会制定的基本法律以及基本法律以外的法律。上述提到的"法律"是指普通法，就是指宪法以外的法律。

法律和宪法既有联系又有区别。

联系是，宪法俗称母法，法律俗称子法，宪法是制定法律的依据，即子法由母法派生，且不能背叛母法。

宪法和法律的区别：

法律地位和法律效力不同。宪法具有最高的法律地位和法律效力。宪法是制定法律的依据，法律内容不能与宪法相抵触、相违背。违背和抵触的法律则需要废除或修改。

在内容上不同。宪法规定着一个国家有关社会制度和国家制度的最根本、最重大的问题。这是就宪法与普通法律相比较，普通法律的内容只涉及国家生活或社会生活某一特定方面的问题，相对于整体而言只是局部性的社会现象和法律关系。当然，宪法作为国家根本法，只是确定社会制度和国家制度的基本原则。就其内容而言，既不可能包罗万象地对所有问题都加以罗列，也不可能对每一事项都作出具体而详尽的规定。据此而论，宪法确实不是法律汇编和法律大全，而仅仅是根本法。因为如果任何问题都由宪法作出详尽无遗的规定，那么普通法律便失去了存在的必要，也就谈不上什么法律体系了。

在制定和修改的程序上，宪法较普通法律更为严格。我国《宪法》第六十四条规定："宪法的修改，由全国人民代表大会常务委员会或者 1/5 以上的全国人民代表大会代表提议，并由全国人民代表大会以全体代表的 2/3 以上的多数通过。"又规定："法律和其他议案由全国人民代表大会以全体代表的过半数通过。"

二、遵守法律就是在守护我们自己

守法，是指一切国家机关及其工作人员、政党、社会团体、企事业单位和全体公民，自觉遵守法律的规定，将法律的要求转化为自己的行为，从而使法律得以实现的活动。

守法是法治的社会基础，守法是组成并维系人类社会的基本保障，社会成员自觉守法是全体人民统一意志、统一行动的重要方式，我国社会主义法律是全体人民共同意志的体现，反过来又指引和协调着全体人民在社会生活中的行为。只有全体人民自觉守法，社会主义法所体现的共同意志才能转化为全体人民的统一行动。我们每一个守法主体，只有遵守法律，才能保护好我们自己，保护好我们自身的合法权益。

（一）法律具有五个方面的作用

第一，法律具有指引作用，引导人们选择合法的行为、约束非法的行为，主要是通过授权性规范、禁止性规范和义务性规范实现的。

第二，法律具有评价行为的作用。自然人、法人和其他社会组织实施的行为，可以根据法律作出合法与非法、正当与不当的评价。法律的评价作用能够向社会昭示法律崇尚什么、贬斥什么、鼓励什么、禁止什么，从而影响法律主体的行为。

第三，法律具有预测作用。法律通过对某种行为作出肯定或否定的判断，使人们能够预见自己行为的性质和后果，从而自觉地实施合法的行为，预防和减少违法犯罪行为。

第四，法律对人的行为具有教育作用。法律的教育作用主要有三种实现方式：一是通过法制宣传教育，引导人们尊法、学法、守法、用法，树立对法律的信仰；二是通过制裁各种违法犯罪行为，使违法犯罪者和一般社会成员受到警示；三是通过表彰法治建设先进人物，弘扬法治精神，以营造法治环境。

第五，法律的强制作用。法律是以国家强制力为后盾实施的。法律的强制作用主要表现为公民等法律主体必须实施某种行为或者不实施某种行为，以及公民等法律主体实施违法行为后应当受到的惩罚。法律的强制作用有利于促进公民等法律主体依法行使权利，依法履行义务，树立法律权威，促进社会公平正义，维护良好社会秩序。

人民群众自觉守法是减少和解决人民内部矛盾的积极措施。守法也是制约权力滥用、防止权力异化的有效手段。

总之，我们为什么要遵守法律？一言以蔽之，法律体现了对人的尊严的维护。法律是公正和无私的，法律的出发点就是对公民、法人和其他组织的权利实现全面有效的保护，因此，它需要也值得我们遵守，而且我们必须也只能遵守。

（二）遵守道德就是遵守法律

法律和道德是维护社会秩序，约束人们行为的主要行为规范。党的十九大报告在新时代中国特色社会主义思想和基本方略中，进一步明确"坚持全面依法治国""坚持依法治国和以德治国相结合"。依法治国和以德治国作为建设有中国特色社会主义强国，实现中华民族伟大复兴必须坚持的基本治国方略，我们必须遵循，并认识和处理好二者间的关系。

道德与法律究竟是一种什么关系？

第一，道德与法律有密切的联系。

道德与法律是相互联系的。它们都属于上层建筑，都是为一定的经济基础服务的。它们是两种重要的社会调控手段，两者相辅相成、相互促益。其关系具体表现在：

道德是法律的评价标准和推动力量，是法律的有益补充。没有道德基础的法律，是一种"恶法"，是无法获得人们的尊重和自觉遵守的。执法

者职业道德的提高，守法者的法律意识、道德观念的加强，都对法的实施起着积极的作用。

法律是传播道德的有效手段。法律的实施，本身就是一个惩恶扬善的过程，不但有助于人们法律意识的形成，还有助于人们道德的培养，法的实施对社会道德的形成和普及起了重大作用。

道德和法律在某些情况下会相互转化。一些道德，随社会的发展，逐渐凸现出来，被认为对社会是非常重要的并有经常被违反的危险，立法者就有可能将之纳入法律的范畴。反之，某些过去曾被视为不道德的因而需用法律加以禁止的行为，则有可能退出法律领域而转为道德调整。

第二，道德与法律是有区别的。

一是调整的对象不同。法调整的是人们的外部行为，即意志的外在表现，因为法的首要任务是要建立一种外在秩序。道德则不同，它同时要求人们的外部行为和内在动机都符合道德准则。它给人们提出并要求解决的不仅是举止行动，还包括动机和世界观问题，而且更注重后者。

二是表现形式不同。法是以"国家意志"形式出现的，表现在政权机关所制定的宪法、法律、法规、决议、条例、指示等规范性文件中。道德则是以"社会意志"形式出现的，作为"社会意志"，它有多种多样的表现形式，如医务道德、政治道德、商业道德、社会舆论、社会公约等。

三是调节人们行为的方式不同。法是通过为人们确定在社会生活中的权利和义务，通过建立法律关系来调节人们之间的关系。即通过国家强制力，如军队、警察、监狱等对违法行为进行制裁和对合法行为进行保护，来保证法律规范的实施。而道德则主要是通过信念、社会舆论、传统习俗来约束人的内心，从而影响其行为。即道德的行为规范的遵守，主要通过人们自觉遵守来实现，不具有外部强制力。如"欠钱不还"，如果欠钱的人（债务人）有钱不还，权利人运用道德的手段，只能通过说服、请求、谴责、利用社会舆论等方式，期望债务人内心发生变化，自愿主动还钱才能实现自己的债权。如果债务人不讲道德、不守信誉、耍赖、坚决不还钱，债权人只运用道德的手段就无法实现自己的债权。相反，如果债权人法律意识强，主动运用法律手段，如通过法律诉讼、判决、法律强制执行，由人民法院根据生效判决，查封、扣押债务人的财产，限制其个人消

费甚至人身自由等，迫使债务人不得不还钱。

社会主义法律的遵守离不开社会主义道德，社会主义道德也需要法律的强制力才能得到更好的坚守和传承。法律是道德的底线，遵守社会主义道德就是遵守社会主义法律。全面依法治国，需要法和道德共同发挥作用。建设社会主义法治国家，要坚持依法治国和以德治国相结合，一手抓法治，一手抓德治，以道德滋养法治精神，实现法律和道德相辅相成，法治和德治相得益彰。社会主义法治建设的目标，就是坚持中国共产党的领导，将最广大人民的共同利益作为根本出发点和落脚点，巩固和发展社会主义制度，保障人民当家作主。

宪法是国家的根本大法，法律是人们一切社会活动的底线，是道德与社会共同利益的要求和公民形成完整人格必备的条件，尊崇宪法、遵守法律、遵守社会道德规范是公民的义务，也是个人幸福的保障。离开宪法和法律，违背社会道德，最终必然会给个人幸福带来不良影响，甚至丧失公民权利，丧失自由，最终必然得不偿失、遗憾终生。

思考题

1. 为什么要尊崇宪法？
2. 为什么说遵守法律是底线？
3. 为什么要遵守社会主义道德？
4. 作为服刑人员，对照宪法法律的规定，检讨自身。

政治改造分册

第四章

中华民族大家庭

中华民族作为多民族的大家庭，是在漫长的历史中逐步形成的。在漫长的中华民族发展史当中，民族团结、民族融合和共同发展是历史的基调和主流。离开了民族团结，中华各民族的融合发展和幸福生活，必然受到危害。在民族团结、融合、发展的过程中，各民族相互学习、相互尊重、互相交流、共同前进。数千年的民族融合发展，形成了伟大的中华民族；从清朝末年到新中国成立前夕，各民族都在为祖国的独立、解放和统一作出不懈的努力，实现了从自发走向自觉的民族大融合，共同托举出了一个崭新的中国。

第一节　中华民族灿烂辉煌的历史

中华民族是由中华人民共和国政府官方定义为中华人民共和国境内获得认定的 56 个民族的统称，其中每一个民族都是中华民族不可缺少的一部分。中华民族是世界上人口最多的民族，也是历史最悠久的民族之一。费孝通先生说过："中华民族作为一个自觉的民族实体是近百年来中国和西方列强对抗中出现的，但作为一个自在的民族实体，则是几千年的历史过程所形成的。"[1]

> **文化讲堂**
>
> 中华民族作为一个自觉的民族实体是近百年来中国和西方列强对抗中出现的，但作为一个自在的民族实体，则是几千年的历史过程所形成的。
>
> ——费孝通

一、融合发展中形成的中华民族

从远古时代开始，我们的祖先就已经在这块辽阔的土地上劳动、繁衍和生息。在一代又一代的接力中，我国各民族共同缔造了统一的多民族国家，创造了丰富多元的民族文化，一起推动了我们伟大祖国的前进与发展。历史与实践证明：祖国的统一是各民族的最高利益，维护祖国安全、荣誉和利益是各族人民的共同使命。

---

〔1〕 孙秋云、费孝通："'中华民族多元一体格局'理论之我见"，载《中南民族大学学报（人文社会科学版）》2006 年第 2 期。

（一）统一多民族国家的形成

据考古发现，早在二百多万年以前，我国各民族的祖先就繁衍生息在祖国这块辽阔的土地上。到原始社会的末期，黄河流域的炎帝、黄帝部落与周围的其他氏族部落逐渐统一，形成了一个大的部落联盟，为汉族的先民——夏族的形成奠定了基础。到公元前21世纪，夏禹之子启建立了夏朝，夏族形成。当时，夏族居住在中原的黄河流域。夏族同周围的各族都有联系和交往，后者有一部分加入到夏族之中。

到商周时期，中原地区的商族、周族与周围各族的联系和交往进一步密切，促进了各民族之间的相互影响和相互融合。在此期间，以夏族、商族、周族为主，吸收了羌、戎、狄、苗、蛮、夷等族，各民族进一步融合与发展。

春秋战国时期，中原各国的社会生产力得到发展，奴隶制逐渐向封建制过渡，各民族经济上的联系加强，政治上的统一已成为历史发展的主要潮流。战国时期百家争鸣，虽然学派不同，但大都主张政治上统一。孟子的"定于一"，荀子的"四海之内若一家"，韩非子的专制集权思想等，都是国家统一要求的表现。西周时期国家很多，经过合并，到春秋时只剩下100多个。到战国末期，就只有秦、楚、齐、燕、韩、赵、魏7国及匈奴、滇等少数民族政权。西北方的秦国，在秦穆公时由于合并了12个名为戎的小国，所以被称为"戎狄之国"。南方的楚国，也是在黄河、长江流域远古先民的长期交往、征战与融合中，终于在荆楚地区形成有共同语言、共同经济生活、共同文化和共同心理的包括蛮夷在内的45个小国，这时中原地区的一些国家也在其发展过程中统一了许多小国。这些局部地区的统一，为后来秦朝的统一创造了条件。

秦朝时期，我国开始形成统一的多民族国家。公元前221年，秦国通过多年的兼并战争先后灭掉六国之后，统一了中原、西南、东南、南方的广大地区，秦始皇建立了专制主义的中央集权制的封建国家。秦分天下为36郡，各边远民族地区同内地一样，也设立了郡县，对各民族进行直接统辖。在东北地区设有辽东郡、辽西郡等；在北方今内蒙古河套、鄂尔多斯等地区和阴山一带设有34县和九原郡；在西北地区设有陇西郡、北地郡等；在西南地区设有巴郡、蜀郡、黔中郡等；在南方少数民族地区设有闽中郡（在今福州）、象郡（在今广西西部）、桂林郡（在今广西桂平西南）、南海郡（在今广州）等。

（二）统一多民族国家的发展

从秦始皇统一中国到清代，是我国统一多民族国家巩固和发展时期；到了汉朝，祖国的统一有了新的发展。汉朝的统治民族，是以华夏族为主体融合了其他民族成分而形成的一个人口众多、分布广阔的民族，后来称之为汉族。汉代继秦朝之后，在少数民族地区设置都护、校尉和郡县进行统治和管理。

秦始皇，中国第一位皇帝，扫灭东方六国，建立了统一的封建帝国——秦帝国。

如公元前60年，汉朝在西域（包括今新疆广大地区）设西域都护府于乌垒城（今新疆轮台县东北），统一了西域的36个"城廓"国家，管辖巴尔喀什湖以东以南及今整个新疆地区。公元前121年，汉朝先后设置河西四部，同年筑令居塞，作为开发湟水流域的基地，并在今西宁城址修筑军事据点——西平亭。其后设破羌县（今青海乐都老鸦城）和临羌县（今青海湟中县镇海），先属陇西郡，后属金城郡。湟水流域纳入了汉朝的郡县体系。汉宣帝时，赵充国在湟水流域大规模屯田，移民实边，汉族开始移居今青海东部地区。当时，部分羌人接受了汉王朝的统治。汉朝在羌人首领中封授王侯如先零羌杨玉为"归义羌侯"，若零、弟泽两人为"帅众王"，并设"羌校尉"，直接管辖。西汉末，王莽曾在今青海海晏三角城设西海郡，下设临羌、修远、罕虏等5县。东汉时，在金城郡下设允吾、浩门、破羌、羌、安夷等县。之后，在西平亭旧址修筑了西平郡城，扩大了管辖范围。在其他地方也是如此，分设郡县，直接管辖。公元48年，北方的匈奴分裂为南北两部，随后，汉朝统一了南匈奴，而北匈奴发生分裂，部分西迁，剩下的并入鲜卑族。鲜卑族占有北匈奴的故地，建立政权，后来因内乱而分裂，大部分归属于东汉王朝。

魏晋南北朝时期除两晋的短暂统一外，国内一些主要民族经历了约三百年的割据状态，这是民族大迁徙和大融合时期。东汉末，许多少数民族进入关内，在中原地区与汉族杂居，"关中之人，戎狄居半"。大量的少数民族入居中原，汉族为躲避战乱，大量南迁长江流域、珠江流域，北迁关外等少数民族地区，促进了民族间的交往、交流和交融。入居中原的匈奴、鲜卑、乌桓、羯等族，后来大部分都融合于汉族之中。

隋唐时期，中国各民族结束了三百多年的大动乱，重新走向统一，各民族之间在政治、经济、文化上的联系比此前任何时期都有了加强和发展。特别是唐朝，进一步建立起了疆土空前广大、更加集中统一的多民族国家，进一步巩固和发展了同边疆各民族的政治经济关系。唐朝时，"绝域君长，皆来朝贡"，"九夷重译，相望于道"，而"西北诸藩咸请上（李世民）为可汗"。当时，除内地各民族直属道、府、州管辖外，边疆的少数民族地区，大多属于在各族首领管辖基础上设立的羁縻府、州。在这些地区内，由中央王朝册封这些民族的首领为都督、刺史等世袭官职，使他们成为统一封建国家的地方政权统治者。各府县的贡赋、户籍不入户部，归都督府。唐朝共设立856个羁縻府、州、县，加强了中央王朝同各民族地区的联系。

五代十国、宋辽夏金时期，我国又经历了三百多年的分裂割据时期。在此期间，除汉族建立的政权外，契丹、白蛮、回鹘、吐蕃、羌等族建立了许多分散的地方政权。在宋的周围和边疆地区还有其他民族建立的一些小国。当时吐蕃的一支在今青海建立了唃厮啰政权，宋朝廷封唃厮啰为"宁远大将军""爱州团练使""洮州刺史""凉州刺史""邈川大首领"。

元朝是继汉、唐以后中国历史上的又一个大统一时代。成吉思汗先后灭高昌回鹘、西辽、西夏、金朝、大理、吐蕃。忽必烈即位后，于1271年改国号为"大元"，不久，灭南宋，最后实现了全国大统一。元代创设行省制度，初步奠定了今天中国的省级行政区划的基础。当时，今内蒙古、东北、新疆、广西、广东、云南、贵州等少数民族地区，都在行省的管辖之下。元设澎湖巡检司，管辖台湾、澎湖；同时在今云、贵、川等少数民族地区实行了土司制度，分封各族首领，官职世袭，他们对朝廷负担贡赋征发，对内保存着传统的统治机构和权力。这样，就比唐代以来民族地区的羁縻府、州制度更进一步密切了中央王朝同各民族地区的领属关系,进一步巩固了我国多民族国家的统一。1227 年,蒙古灭西夏。1247 年蒙古太宗窝阔台的皇子阔端和西藏地方有着实际力量的萨迦派宗教领袖萨迦班智达举行了凉州会商,达成了西藏归入祖国版图的协议。萨迦班智达(即八思巴的叔父,简称萨班)从凉州寄给乌斯藏僧俗人士的一封长信,说到西藏地方接受蒙古皇帝所规定的地方行政制度的基本办法,包括设官授职、缴纳贡赋,等等。这些办法奠定了元朝中央对西藏地方进行行政管理的基础。从此,西藏正式成为中国的一个行政区域。元朝曾几度派官员到西藏清查户口,确定西藏和中国其他行政区域一样作为宗王的封地,分封给元世祖第七子奥鲁赤和他的后王(镇西武靖王)铁木儿不花、搠思班,并设宣政院专管西藏事务。八思巴以后,历代帝师都是由元朝皇帝任命,作为中央朝廷的一位命官,执行朝廷命令,管理政事。元朝还设立"吐蕃等处宣慰使司都元帅府"驻河州,管理

元朝时期中国的疆域空前扩大,西藏也是在这一时期被正式纳入中国版图。

今青海东部地区(不包括西宁一带)和甘肃西南部;设立"吐蕃等路宣慰使司都元帅府",管理今四川甘孜和昌都地区;设立"乌思、藏、纳里速古鲁孙等三路宣慰使司都元帅府"驻在西藏,元朝皇帝授予其金银牌、印,直接管理当地的军政事务。元朝把西藏这个行政区域划分为 13 个万户府,各地区、各教派都包括在内。万户长作为基础的官吏,也由元朝中央直接封任。以后新万户长继任,必遣使请封。元代,西藏加入统一的祖国大家庭,为祖国的统一作出了重要贡献。

明代,将吐蕃等处、吐蕃等路合并为朵甘都指挥司,将乌思、藏、纳里速古鲁孙改置乌斯藏都指挥使司及俄力思军民元帅府,管理西藏事务。从明代开始,在少数民族地区逐步采取委派流官和土司共同治理,以及

"重流轻土"和"改土归流"的政策,来削弱乃至废除土司制度,实行流官统治,在改流地区促进封建领主经济的崩溃,加强中央对边疆地区的统辖,促进各族人民经济文化交流。这种改变经历了很长时间,即使到了民国年间,在部分地区仍然残存着土司制度,直至新中国成立初期才彻底废除。

清朝建立后,经过多年努力,进一步实现了全国规模的统一。清康熙年间,针对沙俄的侵略活动,提出了自卫抗敌的爱国主张,遏制了沙皇殖民主义者对我国东北的侵略活动。同时,平定三藩之乱,加强了对黑龙江流域少数民族地区的管理;在新疆、西藏地区,先后平定了准噶尔贵族叛乱,以及藏族少数统治阶层勾结准噶尔部的叛乱,并设立驻藏大臣办事衙门,会同地方办理西藏行政事务,从而维护和巩固了西藏、新疆地区的统一。此外,先后在台湾设府、县,建立省治。当时,中国的疆土十分辽阔,东北至外兴安岭、乌第河和库页岛,北达戈尔诺阿尔泰、萨彦岭,西到巴尔喀什湖和葱岭,西南到云南、西藏,南及南沙群岛、西沙群岛,东括台湾及其附属岛屿。这个疆域,部分地区后因特殊原因有所变化,其余基本上与我国今天的疆域相同。生活在这一辽阔土地上的各民族,已发展为今天的56个民族,他们的分布情况,也与今天基本相同。

在我国历史发展的某些时期,也曾出现过一些暂时的分裂、割据和几个政权同时并存的局面。其中有的是由汉族统治阶级的割据势力建立,有些则是由少数民族的统治阶级建立。这种分裂、割据的局面,在从秦汉以来两千多年的历史中,总共只不过断断续续地存在六七百年。在我国的历史发展过程中,统一始终是历史发展的总趋势和主流。从历史上看,祖国的统一是建立在各民族经济文化的相互依存、相互促进的基础之上的。而每一次新的统一,都促进了各民族经济、政治、文化的发展,促进了各民族的互相联系。

二、 中华民族百花园

我国56个民族各有其特点,各有其辉煌的历史和丰富的文化。

(一) 民族构成

新中国成立后,经过科学的民族鉴别,现如今的中华民族包括汉族、满族、蒙古族、回族、藏族、维吾尔族、苗族、彝族、壮族、布依族、侗族、瑶族、白族、土家族、哈尼族、哈萨克族、傣族、黎族、傈僳族、佤族、畲族、高山族、拉祜族、水族、东乡族、纳西族、景颇族、柯尔克孜族、土族、达斡尔族、仫佬族、羌族、布朗族、撒拉族、毛南族、仡佬族、锡伯族、阿昌族、普米族、朝鲜族、塔吉克族、怒族、乌孜别克族、俄罗斯族、鄂温克族、德昂族、保安族、裕固族、京族、塔塔尔族、独龙族、鄂伦春族、赫哲族、门巴族、珞巴族、基诺族共56个民族。

此外，尚有少量未经识别的民族，包括僜人、蔡家人、菜族人、老品人、八甲人、夏尔巴人、土克曼人、摩梭人、克木人、穿青人（根据国家民族政策身份证标示为"××人"，如"穿青人"）等。

在我国少数民族中，人口在1000万以上的有壮族、回族、满族和维吾尔族4个民族；人口在1000万以下、100万以上的有蒙古族、藏族、苗族、彝族、布依族、朝鲜族、侗族、瑶族、白族、土家族、哈尼族、哈萨克族、傣族、黎族14个民族；人口在100万以下、10万以上的有傈僳族、佤族、畲族、拉祜族、水族、东乡族、纳西族、景颇族、柯尔克孜族、布朗族、羌族、土族、达斡尔族、仫佬族、撒拉族、毛南族、仡佬族、锡伯族18个民族；人口在10万以下、1万以上的有阿昌族、普米族、塔吉克族、怒族、乌孜别克族、俄罗斯族、鄂温克族、德昂族、保安族、裕固族、京族、基诺族、门巴族13个民族；人口在1万人以下、5000人以上的有独龙族、鄂伦春族、赫哲族3个民族；人口在5000人以下的有珞巴族、塔塔尔族2个民族；此外，台湾、福建等省居住着高山族。

(二) 民族分布

尽管少数民族分布十分广泛，民族自治地方面积占全国的60%以上，但人口在全国人口中的比重不到10%，除了新疆、西藏等少数民族自治地区外，汉族人口均居于绝对多数。由于历史和地理等方面的原因，少数民族地区少数民族人口与沿海地区汉族的人口密度差距悬殊，例如少数民族聚居的西藏自治区人口密度仅为每平方公里1.8人。总的来说，我国少数民族人口的分布有两个特点：

第一，小聚居、大杂居。少数民族人口主要集中在西南、西北和东北各省、自治区。内蒙古、新疆、西藏、广西、宁夏5个自治区和30个自治州、120个自治县（旗）、1200多个民族乡是少数民族聚居的地方。但在

这些地区同时也是汉族人口的世居地，其比例也相当高，如内蒙古、广西、宁夏三个自治区的汉族人口都超过了当地少数民族人口的总和，分别占到79%、62%、64.58%，新疆的汉族人口也占40%以上。同样，在各汉族地区也杂居着许多少数民族。近20年来，少数民族杂、散居人口增长快，民族杂散居的县市越来越多。

第二，分布范围广，但主要集中于西部及边疆地区。2000年全国人口普查数据表明，各民族平均分布在30个省区，其中29个民族遍布全国所有省区。拥有56个民族的省区有11个，占全国31个省区的35.5%。尽管少数民族分布范围很广，但其人口仍主要集中在西部及边疆地区。2000年全国人口普查数据显示，广西、云南、贵州、新疆4个省区的少数民族人口之和占全国少数民族人口的一半以上，再加上辽宁、湖南、内蒙古、四川、河北、湖北、西藏、吉林、青海、甘肃、重庆和宁夏，以上16个省区的少数民族人口占全国少数民族人口的91.32%。另外，我国陆地边境线全长2万多公里，绝大部分都在少数民族自治地方。

(三) 民族文化

中华文化博大精深，丰富多彩。在中华文化发展的历史长河中，各民族都做出了重要贡献。

经济文化方面。秦汉以来在中原地区种植的许多农作物以及瓜果蔬菜，都是由少数民族地区传入的，如葡萄、芝麻、蚕豆、黄瓜（胡瓜）、胡萝卜、胡椒、菠菜（波斯菜）、大蒜、石榴等。宋代以后在中原种植的高粱，也是来自西南少数民族地区，后来才推广到全国各地；棉花在内地的种植和推广归功于云南的哀牢人和西北的高昌人；契丹破回鹘得到西瓜瓜种，又将西瓜种植法传给了汉族；擅长畜牧的少数民族培育的马、羊、驴、骡等牲畜输入中原后，大大推动了农业生产的发展，方便了人民的生产生活。

服饰文化方面。古代汉族的服装为上衣下裳，行动不便。战国时赵武灵王下令实行胡服骑射改革，改为上衣下裤、行动方便的胡服，在以后的几千年中逐渐演化成中国服饰的组成部分。元代松江人黄道婆学习了黎族的纺织技术并加以改良，使海南黎族的棉织技术得以向内地传播；苗族、瑶族、布依族等少数民族的蜡染工艺是现代印染工艺传入我国之前，华南

地区所特有的手工印染技艺。满族的马褂、旗袍，在近代以来流行于全国各地，旗袍至今仍是流行服饰。

日常起居及饮食方面。汉代以前的中原汉族人并不使用桌椅，常常席地而坐，在正式会客的场合，实际上要跪坐，很不方便。汉末，西域坐具胡床（即马扎子）传入，坐在马扎子上两腿可以下垂，称为胡坐。此后汉族人才逐渐改变席地而坐的习惯，凭桌坐椅作为一种生活方式被普遍接受并确定下来。古代汉族以稻、粱、黍等为主食，没有麦面食物，后来磨面及制作面食的方法由西域传入中原，出现了面饼、煮饼等面食，这是对中国膳食的重大贡献。

文学和史学方面。用蒙古文创作的《蒙古秘史》《蒙古黄金史》《蒙古源流》是蒙古族三大历史文学名著。藏族思想家创作的《西藏王臣记》《贤者喜宴》《青史》，北方民族中的《辽史》《金史》《满文老档》《满洲源流考》等都是我国少数民族重要的历史文献，为后世全面研究我国政治、经济和文化在历史上的发展状况提供了重要的资料。藏族的《格萨尔王传》、蒙古族的《江格尔》和柯尔克孜族的《玛纳斯》被誉为中国三大英雄史诗，在世界享有很高的声誉；维吾尔族的《福乐智慧》是我国古代的文化巨著；彝族的民间长诗《阿诗玛》、傣族的叙事诗《召树屯》、纳西族的《创世纪》、白族的《望夫云》等在各族人民中广为流传。

音乐舞蹈和戏曲方面。云南一些少数民族在春秋战国时期就开始制造使用铜鼓，现存铜鼓的花纹极为精致，造型非常优美，铸造水平令人赞叹。笛、琵琶、箜篌、胡琴、羯鼓、腰鼓等原是少数民族的乐器，后来汇入中原音乐潮流。少数民族热情奔放，舞蹈艺术具有广泛的群众性，如藏族的"锅庄舞"、蒙古族的"盅碗舞"、哈萨克族的"鹰舞"、壮族的"铜鼓舞"、傣族的"孔雀舞"、土家族的"摆手舞"等，特色鲜明。藏戏、壮戏、布依族的花灯剧、侗戏、苗剧、毛南戏等少数民族的传统戏剧；满族的八角鼓、朝鲜族的延边鼓书、蒙古族的好来宝、哈萨克族的冬不拉弹唱等少数民族曲艺，都丰富和发展了我国的戏剧艺术。

医学和科学方面。清代蒙古族数学家明安图所著《割圆密率捷法》运用解析法研究圆周率，开创了我国数学史上微积分学研究的先声。满族学者博启对"勾股和弦"数学定理的研究颇有成就。元朝政府主持编纂的

《大元大一统志》较详细地记载了当时中国的地理状况等。在医药学方面，历史悠久的藏医学、蒙医学等，都是我国传统医学的重要组成部分。少数民族的医学经典，诸如藏族的《四部医典》《医学大全》，蒙古族的《蒙医学大全》《蒙藏合璧医学》，满族的《百一三方解》《厚德堂集验方萃编》，维吾尔族的《饮膳正要》和白族的《奇验方书》等，对我国医学事业的发展皆具有重大价值。

各民族传统文化对我国生态环境的保护也起了重要作用。少数民族传统文化中有万物一体、崇敬自然、尊重生命的价值观念，创造了与自然环境高度和谐相处的生产方式，在一定程度上保护了我国西部和边疆地区的自然环境。我国目前公认的生物多样性分布区多处于云南、贵州等少数民族地区。藏族聚居的青藏高原东南边缘的森林和广袤的高原高寒草甸草原是藏族人民世世代代生存之地，藏族人民还保护了高寒地区珍贵的生物物种。蒙古族、达斡尔族、鄂伦春族、鄂温克族等保护了大兴安岭山地森林的环境，维护了蒙古草原生物的多样化。

三、各民族共同缔造了新中国

近代以来，我国各族人民前赴后继，英勇不屈，共同参与了波澜壮阔的反帝反封建斗争。从1840年的鸦片战争到孙中山先生领导的辛亥革命，无不包括各民族地区许多英勇的反帝反分裂斗争，使帝国主义瓜分中国的阴谋彻底破产，并于1911年推翻了清王朝，结束了中国几千年的封建君主专制统治。尔后，各族人民争取民族解放、国家独立的斗争，汇聚到中国共产党的领导之下，团聚于统一的民族大家庭之中。

1919年的五四运动。揭开了中国新民主主义革命的序幕。在这场运动中，我国少数民族聚居的广西、云南、新疆、甘肃、吉林等地都掀起了一次次爱国运动的浪潮。很多少数民族的优秀儿女投入到了这场运动中。回族的马骏、郭隆真、刘清扬等分别参加并领导了天津市的爱国运动和京津地区学生的联合行动以及上海各界联合会的联合行动。郭隆真等还同周恩来、邓颖超等同志一起组织了研究马克思主义的革命团体——觉悟社。后来马骏、郭隆真都加入了中国共产党，成为早期党员，并为革命贡献了宝贵的生命。邓恩铭参加和领导了山东济南的"五四"爱国运动，并于1920

年与其他同志一起在济南组建了马克思主义学说研究会。次年,他参加了中国共产党第一次全国代表大会。

1921 年,中国共产党诞生,中国革命的面貌为之一新。在新民主主义革命这场伟大斗争中,各少数民族谱写了新的历史篇章。加入中国共产党的少数民族优秀儿女,在宣传革命、组织群众等方面发挥了先锋作用。

在国内革命战争时期。各族人民积极参加、创建革命根据地,中国共产党不仅在城市和农村领导了大规模艰苦卓绝的斗争,而且在许多边远的少数民族地区开展了革命工作,建立革命根据地。蒙古族的多松年、李裕智、乌兰夫、吉雅泰等人于 1924 年加入共产党,并在蒙古族地区建立了第一个党支部,领导蒙古族人民开展革命活动。壮族的韦拔群于 1921 年在广西建立了"改造东兰同志会",打击土豪劣绅和贪官污吏;1925 年筹办农民运动讲习所,建立农民协会,领导开展了广西的革命斗争。毛泽东曾赞扬他"读了半本马列主义,红了半个中国"。海南岛的黎族人民与汉族人民一起,于 1926 年成立中国共产党琼崖地方委员会,1927 年正式建立了革命武装,经过武装斗争,一度解放了陵水县城,随后建立了海南岛第一个县级工农民主政府,开辟了革命根据地。四川理县的羌族人民曾于 1924 年至 1926 年联合藏、汉等族人民举行反抗封建军阀的武装起义,一度攻下理县县城。土家族、京族、畲族人民也都在大革命时期建立过农民协会、工会等革命组织,开展了革命斗争。20 世纪 20 年代初期,朝鲜族人民建立"延吉运输联合会""龙井建设者同盟"等工人团体和"农民会""青年会"等农村群众组织。

土地革命战争时期。党领导的一系列革命斗争有不少是在少数民族聚居区或汉族和少数民族杂居区进行的。邓小平、张云逸、叶季壮等就曾到壮、汉、瑶、苗、侗等民族聚居的广西开展革命工作,于 1929 年发动了有壮、汉、瑶等族人民参加的著名的"百色起义",成立了中国工农红军第七军,建立了右江工农民主政府;1930 年,成立了中国工农红军第八军,建立左江革命军事委员会。左右江革命根据地包括了广西西部和西南部壮族地区的二十几个县、三百多万人口,大量壮族人民投入了革命斗争。在新疆,党领导维吾尔族、哈萨克族、汉族等族人民组织了"新疆民众反帝联合会",出版了刊物《反帝战线》,进行了反帝斗争。在云南的班洪一

带、佤、傣、汉等族人民组织了武装队伍，有力地打击了武装侵占这一带矿区的英帝国主义的侵略活动。畲族人民在闽东地区与汉族人民一道，组织贫农团，进行了反对国民党政府的抗捐税斗争，积极参加赤卫队、游击队，举行武装暴动，普遍建立了工农民主政权。

中国工农红军二万五千里长征途经许多少数民族地区，在这些地区播下了革命的火种，掀起了革命的风暴。红军在四川彝族地区帮助彝族人民建立了冕宁县工农民主政府；刘伯承司令员按照彝族的习俗，与彝族头人小叶丹结拜为兄弟，得到彝族人民的大力支援，顺利地通过了彝族地区。在此期间，有些彝族青年参加了红军。藏族人民在红军的帮助下，建立了阿坝地区的瓦钵梁子、绰斯甲等藏族苏维埃政权，在甘孜县成立了中华苏维埃博巴政府。藏族的格达活佛等积极支援红军，参加了博巴政府。茂汶县地区的羌族人民也建立了工农革命政权。这些革命政权组织革命武装，带领人民打土豪、分田地、支援红军。回族人民在甘肃正宁县龙咀子建立了回民自治政权和党的组织，在党的领导下，进行了土地改革运动。1936年又在豫旺、海原一带建立了豫海县回民自治政府，领导人民打土豪、分田地。黎族人民在琼中、保亭、陵水、崖县等地建立了革命根据地，开展土地革命。凡是红军经过的少数民族地区，许多少数民族人民不仅为红军带路、传送情报、买粮运粮，而且参加了红军，为中国人民的解放事业做出了重大的贡献。

抗日战争时期。我国各族人民都奋起反抗，参加抗击日本帝国主义侵略的战争。满族的杰出军事指挥员关向应担任了八路军一二〇师政委，他与贺龙同志一起开辟了晋绥抗日根据地。后率部挺进冀中，巩固冀中平原的抗日根据地，为抗日事业作出了贡献。当时，满族人民积极参加东北抗日联军。杨靖远还担任津南抗日武装部队副司令员，最后将生命献给了中华民族解放的伟大事业。东北抗日联军的11个军中，都有朝鲜族战士；鄂伦春族、鄂温克族、赫哲族、达斡尔族等族的许多优秀儿女也积极参加了抗日联军；远在云南的白族战士周保中到东北参加了抗日联军，并担任领导工作；蒙古族人民与汉族人民共同开创了伊克昭盟和大青山抗日游击根据地；华北和西北的回族人民组织了大小数十支抗日武装；陕甘宁回民抗日骑兵团和冀中马本斋领导的回民支队，是著名的抗日队伍，为抗日作出

了积极的贡献;傣族、景颇族等族人民在云南西部怒江一带英勇抗击了日本侵略军;佤族、黎族、水族等族人民亦曾组织武装,抗击日本侵略者对我国云南、贵州、海南岛等地的入侵,获得了丰硕的战果。

解放战争时期。各族人民英勇奋斗,共同推翻国民党的统治,建立了统一的多民族国家。

抗日战争胜利后,由于国民党反动派发起内战,全国各族人民立即投入到中国共产党领导的解放战争中。1947年7月,经过一年的战斗,人民解放战争形势发生了根本的变化。中国人民解放军已在各个战区向国民党军队发起了全面反攻,各少数民族地区掀起了迎接解放的游击斗争。少数民族的武装游击队消灭了大批国民党军的有生力量,牵制了大量的国民党军队,减轻了解放军战场的压力。武装游击斗争锻炼了各族人民,提高了他们的革命觉悟。一些少数民族聚居的解放区,还在中国共产党的领导下建立了民族区域自治政府。内蒙古自治区人民政府是在中国共产党的领导下建立的第一个省级民族区域自治政府,它是内蒙古革命、内蒙古民族解放斗争新的里程碑,为进一步完善党的民族区域自治政策提供了宝贵的实践经验。

经过各族人民的共同斗争,取得了解放战争的胜利,成立了中华人民共和国,实现了中国历史上前所未有的国家大统一和民族大团结,开辟了各民族在社会主义基础上平等、团结、互助、和谐发展的新纪元。

第二节 民族政策与民族区域自治制度

民族区域自治,是中国共产党把马克思主义民族理论与中国民族问题的实际相结合的一项创举,它是解决我国民族问题的基本政策,也是我国的一项基本政治制度,是中国共产党对马克思主义民族理论的重大贡献。

一、民族区域自治制度

（一）民族区域自治制度的历史由来

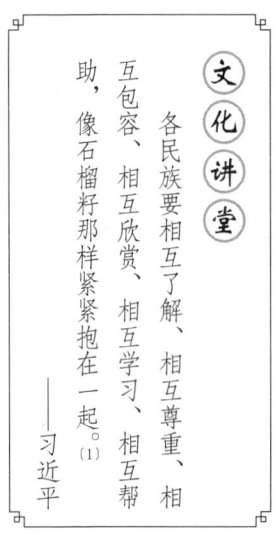

文化讲堂

各民族要相互了解、相互尊重、相互包容、相互欣赏、相互学习、相互帮助，像石榴籽那样紧紧抱在一起。[1]

——习近平

中国是一个多民族的国家，除汉族外，还有55个少数民族。各族人民在长期的历史发展中，共同创造了统一的国家和历史文化。由于历史的原因，各民族形成了交错聚居和杂居的分布状态，汉族不仅在全国，而且在许多少数民族地区也占多数。虽然历史上民族间存在着不平等，出现过隔阂，但各民族在经济、文化上的交流从未中断，政治上的统一日益加强。为了消除民族压迫，实现民族平等、团结，建立统一的国家，中国共产党遵循马克思主义关于民族问题的理论，根据中国的实际情况，在新民主主义革命过程中提出了民族区域自治的主张。

1941年由陕甘宁边区政府在关中正宁县建立了回民自治乡，在城川建立了蒙古族自治区。1947年建立了第一个省级自治区——内蒙古自治区。1949年9月，在中国人民政治协商会议第一届全体会议上，经过各民族代表的充分讨论，认为实行民族区域自治是各民族在国内实行平等、团结、联合的最适当形式，在《中国人民政治协商会议共同纲领》和后来制定的《中华人民共和国宪法》中，把它作为国家的基本国策和重要政治制度确定下来。1955—1965年，新疆维吾尔自治区、宁夏回族自治区、广西壮族自治区和西藏自治区先后成立。1984年5月，第六届全国人民代表大会第二次会议通过《中华人民共和国民族区域自治法》，进一步健全和完善了中国的民族区域自治制度。到1991年底，全国已建立了民族自治地方156个，其中包括5个自治区、30个自治州、121个自治县（旗），还建立了1571个（1990年底统计数）民族乡。民族自治地方的少数民族人口已占全国少数民族总人口的90%以上。

---

[1] 2014年5月28至29日习近平在第二次中央新疆工作座谈会上的重要讲话。

（二）我国实行民族区域自治制度的必要性

中国为实行民族区域自治制度创造了历史条件。从古至今，把我国各民族维系于一个统一的大家庭中而又世代相传的纽带，主要有三个：一是国家的长期统一；二是各民族相依共存的经济文化联系；三是近代以来各民族在抵御外来侵略和长期革命斗争中结成的休戚与共的关系。这种强大的内聚力和国家的长期统一，奠定了建立统一社会主义各民族大家庭和实行民族区域自治制度的历史基础。

我国民族分布的特点决定了必须实行民族区域自治制度。我国各民族在长期的历史发展中，由于各种原因，曾经频繁迁徙流动，在全国形成了大杂居、小聚居和交错杂居的局面。一个民族完全

大杂居，小聚居，是我国少数民族同胞居住的基本特点！

居住在一个地区的情况极少。例如新疆维吾尔自治区虽然是少数民族比较集中居住的地区，却有维吾尔族、哈萨克族、锡伯族、柯尔克孜族、塔吉克族、乌孜别克族、塔塔尔族、蒙古族、回族等十多个民族交错杂居。

中国各族人民在反抗内外压迫的斗争中，形成了血肉不可分离的整体，为实行民族区域自治奠定了良好的基础。1840年鸦片战争后，中国不断遭到帝国主义列强的侵略，逐渐沦为半殖民地半封建社会。中华民族和帝国主义的矛盾、人民大众和封建主义的矛盾成为中国社会的主要矛盾。在中国共产党的领导下，整个民主革命时期，各民族人民休戚与共，形成了汉族离不开少数民族、少数民族离不开汉族，少数民族之间也相互离不开的政治认同，为建立单一制的国家，在少数民族地区实行民族区域自治奠定了坚实的政治基础和社会基础。

我国少数民族所处的地理位置和国际斗争形势，决定了必须在统一的国家内实行民族区域自治。随着"冷战"结束和两极格局的终结，世界向多极

化发展，一些西方国家千方百计加紧对我国实行"西化""分化"战略。边疆少数民族地区一直是境外敌对势力对我国实行"西化""分化"的重要目标。

从地理上看，少数民族地区多处祖国的边疆，人员出入境方便，敌对势力往往选择边境地区进行思想侵蚀和行动侵扰；从历史上看，帝国主义武装侵略中国，一是从东南面的海上侵入，一是从西部的边境侵入，这些分裂活动现仍在继续。

从文化上看，边境地区与境外相邻地区往往文化相近、宗教相同，境外敌对势力有时打着宗教的旗号，利用宗教进行分裂渗透活动。对此，我们必须保持清醒的头脑。民族区域自治制度具有很强的现实针对性，通过制度和法律规定保障自治民族的政治权益，并不妨碍政府及司法机关依法惩治、打击个别少数民族人员的违法犯罪行为。

我国历代民族政策为实行民族区域自治提供了丰富的历史经验和依据。中国历代的民族政策始终是以保持国家政治上的统一为基本前提，对少数民族地区采取不同于汉族地区的管理政策，"修其教不易其俗，齐其政不易其宜"，根据不同地区的具体情况"因俗而治"。这些政策措施对维护国家统一起了积极作用，也为新中国实行民族区域自治制度提供了历史经验。

实行民族区域自治是实现各民族共同繁荣的根本保证。建设中国特色社会主义伟大事业，实现中华民族的振兴和各民族的共同繁荣，是中华各民族的共同目标。要实现这一目标，不仅需要各族人民的共同努力，而且还需要全国各地区各民族的互助合作。从社会主义事业的发展来看，汉族和少数民族合则俱获其利，分则同受其害。把国家的先进技术同民族地区的优势资源结合起来，不仅有利于整个国家的建设，也有利于民族地区的发展。

（三）民族区域自治制度的基本内容

在统一的中华人民共和国境内，以少数民族的聚居区为基础，建立民族自治地方，设置自治机关，根据宪法和法律的规定，行使自治权。民族区域自治主要有以下内容。

第一，民族区域自治必须在中华人民共和国范围内在中央政府的统一领导下。民族自治机关的自治权是中央授予而非民族自治地方所固有的，自治权中不含有脱离国家而独立的权利。因此，民族区域自治必须以国家统一、领土完整为前提。

第二，民族区域自治必须以少数民族聚居区为基础，是民族自治与区域自治的结合。

第三，民族自治机关行使自治权。民族区域自治的目的是让聚居的少数民族能根据本民族政治、经济、文化等方面的特点，实行特殊政策，保证本民族的自主性，促进本民族尽快发展。因此自治权是少数民族聚居区实行民族区域自治的核心和标志。

建立民族自治地方一般遵循以下具体原则和要求：

各民族自治地方是中华人民共和国不可分离的部分。民族自治地方的建立和自治权的实施，必须在国家的统一领导下进行。以少数民族聚居区为基础，根据当地民族关系、经济发展等条件，并参酌历史情况，建立以一个或者几个少数民族聚居区为基础的自治区域。各民族共同协商。民族自治地方的建立、名称的确定、区域界线的划分，都要和有关民族的代表充分协商拟定，按照法定程序报请批准。区域界线要保持相对稳定。按照有关条件和程序，民族自治地方的区域界线一经确定，不得轻易变动。需要变动时，由上级国家机关的有关部门和民族自治地方的自治机关充分协商拟定，报国务院批准。

民族区域自治制度的实质是，在国家的统一领导下，由各少数民族人民当家作主，管理本民族的内部事务，实现各民族的平等、团结和共同繁荣。各少数民族人民当家作主集中表现在两个方面：

一方面，在少数民族聚居的地方，地方各级人民代表大会都应有一定比例的少数民族代表，自治区主席、自治州州长、自治县县长由实行区域自治的民族的公民担任；另一方面，通过各级民族自治地方的自治机关，依法行使自治权。

二、 党和国家的民族政策

民族政策是指国家和政党为调节民族关系，处理民族问题而采取的相关措施、规定等的总和，是对境内各民族所采取的政策。民族政策原则一般是指在民族工作的全局中必须遵循的大政方针。

（一）民族平等、民族团结和共同繁荣

在中国，民族平等是指各民族无论人口多少，经济社会发展程度高低，风俗习惯和宗教信仰异同，都是中华民族大家庭的平等一员，具有同等的地位，在国家社会生活的一切方面，依法享有相同的权利，履行相同的义务，反对一切形式的民族压迫和民族歧视。民族团结是指各民族在社会生活和交往中平等相待、友好相处、互相尊重、互相帮助。民族平等是民族团结、民族共同繁荣的前提和基础，没有民族平等，就不会实现民族团结；民族团结则是民族平等的必然结果，各民族共同繁荣，是解决民族问题的根本出发点和归宿，是促进各民族真正平等的保障。

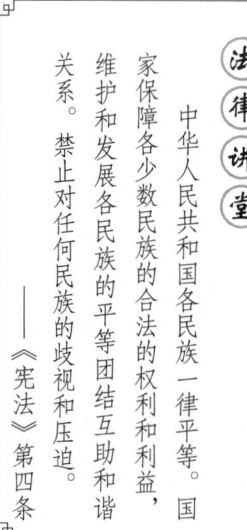

法律讲堂

中华人民共和国各民族一律平等。国家保障各少数民族的合法的权利和利益，维护和发展各民族的平等团结互助和谐关系。禁止对任何民族的歧视和压迫。

——《宪法》第四条

民族平等和民族团结作为中国政府解决民族问题的政策，在中国的宪法和有关法律中得到明确规定。我国《宪法》第四条规定："中华人民共和国各民族一律平等。国家保障各少数民族的合法的权利和利益，维护和发展各民族的平等团结互助和谐关系。禁止对任何民族的歧视和压迫，禁止破坏民族团结和制造民族分裂的行为。"

（二）民族区域自治

民族区域自治，是中国政府解决民族问题采取的一项基本政策，也是中国的一项重要政治制度。民族区域自治是在国家的统一领导下，各少数民族聚居的地方实行民族区域自治，设立自治机关，行使自治权，使少数民族人民当家作主，自己管理本自治地方的内部事务。

民族区域自治是与中国的国家利益和各民族人民的根本利益相一致的。实行民族区域自治，保障了少数民族在政治上的平等地位和平等权利，极大地满足了各少数民族积极参与国家政治生活的愿望。根据民族区域自治的原则，一个民族可以在本民族聚居的地区内单独建立一个自治地方，也可以根据它分布的情况在全国其他地方建立不同行政单位的多个民族自治地方。实行民族区域自治，既保障了少数民族当家作主的自治权利，又维护了国家的统一；实行民族区域自治，有利于把国家的方针、政策和少数民族地区的具体实际结合起来，有利于把国家的发展和少数民族的发展结合起来，发挥各方面的优势。

三、 促进少数民族地区的繁荣

我国的民族区域自治，是人民民主专政制度与民族平等制度的正确结合。实行这样的制度，是由多民族构成和民族分布特点以及不平

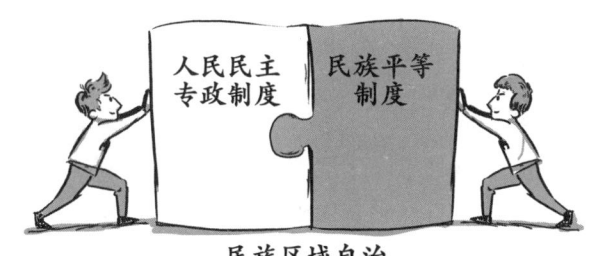

民族区域自治

衡发展的本质决定的，是我国民族政策的原则性与灵活性的统一，具有鲜明的中国特色。新中国成立70年来的实践证明，民族区域自治是我国处理民族问题的有效形式，具有巨大的优越性，必须坚持和完善。

我国民族区域自治制度的两大宗旨：一是促进少数民族人民自治权的实现，真正实现人民当家作主；二是促进民族自治地区的发展，真正实现各民族的共同繁荣。民族区域自治制度的发展生命力，是其第二个宗旨的重要体现，促进了我国民族自治地区的经济、社会和文化事业的大发展，有助于实现各民族的共同繁荣。民族区域自治制度的最大优越性，就是它能保证和促进少数民族经济发展、社会进步。正如邓小平指出："实行民族区域自治，不把经济搞好，那个自治就是空的。少数民族是想在区域自治里得到些好处，一系列的经济问题不解决，就会出乱子。"[1]民族区域自治制度从理论上规定了和在实践中推动了少数民族的经济社会事务的发展，并为之做出了重要贡献。

我国《宪法》和《民族区域自治法》等对民族区域自治地区的发展做了制度性的规定，为民族区域自治地区的经济、社会和文化发展提供了法律保障和制度依据。我国《宪法》规定："民族自治地方的自治机关有管理地方财政的自治权"，"民族自治地方的自治机关在国家计划的指导下，

---

[1]《邓小平文选》（第1卷），人民出版社1994年版，第167页。

自主地安排和管理地方性的经济建设事业","民族自治地方的自治机关自主地管理本地方的教育、科学、文化、卫生、体育事业,保护和整理民族的文化遗产,发展和繁荣民族文化"。《民族区域自治法》第六条规定:"民族自治地方的自治机关根据本地方的情况,在不违背宪法和法律的原则下,有权采取特殊政策和灵活措施,加速民族自治地方经济、文化建设事业的发展。"民族区域自治地区在宪法和民族区域自治法的指导下,根据本地区的实际情况,利用自身特色和资源,发展区域经济,合理调整生产关系和经济结构,自主管理本地区财政,自主安排地方基础性建设项目,自主管理隶属于地方的企、事业,制定民族区域自治地区的经济社会发展规划、目标和具体措施,推动社会主义现代化建设事业的发展。民族区域自治制度为民族区域自治地区的经济、社会和文化发展提供了理论指导。

民族区域自治制度的根本出发点和归宿就是加快少数民族和民族地区经济社会发展,逐步缩小发展差距,实现区域协调发展,最终实现全国各族人民的共同富裕。民族区域自治制度以民族自治地方经济社会发展为中心,不断促进和保障各民族共同繁荣。民族区域自治地方按照科学发展的基本要求,充分考虑各民族地区自然资源、人文环境、地理分布等因素,探索出了生态、经济与社会协调发展的道路,不仅取得了重大的经济成就,而且保护了生态环境,促进了社会的和谐发展。以西藏自治区为例,其生产总值由 1959 年民主改革时的 1.74 亿元增长到 2008 年的 395.91 亿元,按可比价格计算,增长 65 倍,年均增长 8.9%。

在以民族区域自治制度为主体的政策资源投入下,我国民族区域自治地区的经济、社会和文化建设取得了重大发展。改革开放以来,民族地区发展取得了举世公认的显著成就,各少数民族从中得到了巨大实惠。最近几年,民族地区 GDP 和财政收入增速均高于全国平均水平,不让任何一个兄弟民族在发展进程中掉队的施政理念得到了充分体现。民族区域自治制度在法律上赋予民族自治地方各级政府在发展民族教育、民族语言、科学技术和保护民族文化资源等领域的自主权,保证少数民族群众在本民族文化发展中的主体地位。目前,民族地区的全国重点文物保护单位已达 360 处,布达拉宫等被联合国教科文组织公布为世界文化遗产。国务院公布的两批 1028 项国家级非物质文化遗产名录中,少数民族项目有 413 项。文化部公布的三批1488名国家级非物质文化遗产项目代表性传承人中，少数民族传承人有339名，从2008年起享受中央财政每人每年8000元的传习活动补助。少数民族经济、社会和文化事务的发展，真正体现了我国民族区域自治制度的根本内涵与特征，体现了共同富裕的社会主义本质要求。

四、促进各民族共同繁荣的具体措施

中华人民共和国成立后，国家尽一切努力，促进各民族的共同发展和共同繁荣。国家根据民族地区的实际情况，制定和采取了一系列特殊的政策和措施，帮助、扶持民族地区发展经济，并动员和组织汉族发达地区支援民族地区。我国《民族区域自治法》中，有十三条规定了上级国家机关帮助民族自治地方发展的义务。国家在制定国民经济和社会发展计划时，有计划地在少数民族地区安排一些重点工程，调整少数民族地区的经济结构，发展多种产业，提高综合经济实力。特别是随着中国改革开放的不断深入发展，国家加大了对少数民族地区的投资力度，加快了少数民族地区对外开放的步伐，使少数民族地区的经济发展呈现新的活力。

为加快少数民族和民族地区的发展，国家还采取了以下三项措施：

一是实施西部大开发战略。西部是少数民族的主要聚居区，有40多个民族，人口占全国少数民族人口的71%；全国155个民族自治地方中，有5个自治区，27个自治州，84个自治县（旗）在西部，占西部地区总面积的86.4%。云南、贵州、青海三个多民族省份也在西部；湖南的湘西土家族苗族自治州、湖北的恩施土家族自治州及吉林的延边朝鲜族自治州虽不在西部，但也享受西部大开发优惠政策的待遇。因此，西部大开发就是民族地区大开发，目的是加快民族地区发展。

二是开展"兴边富民行动"。这一行动是国家民委落实中央提出的西部大开发战略，加快边境少数民族和民族地区发展的举措。实施的范围包括分布在我国2.1万公里陆地边界线上的135个县（旗、市）。主要内容有三个方面：一是加大基础设施建设；二是大力培育县城经济增长机制和增强自我发展能力；三是努力提高人民生活水平。截至2002年底，全国"兴边富民行动"实际投入资金已达150亿元，兴建兴边富民项目数万个，2100多万人受益。

三是重点扶持 22 个人口较少民族的发展。人口较少民族指人口在 10 万人以下的民族，全国有 22 个，总人口不足 60 万人。由于历史、地理等方面的原因，这 22 个民族发展程度比较低。今后 10 年内，国家计划每年投入 5 亿元帮助这些民族发展。

培养少数民族干部。大力培养少数民族干部，是实行民族区域自治、解决民族问题的关键。中国共产党和中国政府历来十分重视少数民族干部的培养，把少数民族干部队伍的状况看作是衡量一个民族发展水平的重要标志。根据不同历史时期的实际情况，党和政府采取了一系列行之有效的措施：

一是根据民族工作以及社会发展的需要，通过各级各类院校培训学习，全面提高少数民族干部素质。二是注重实践锻炼，各地、各部门有计划地开展干部交流、岗位轮换，选派少数民族干部到中央、国家机关和经济相对发达地区挂职锻炼，培养了大批少数民族干部，促进了少数民族地区经济社会的快速发展。三是在坚持德才兼备原则的前提下，同等条件优先选拔和任用少数民族干部，使少数民族干部在各级党委、政府、人大和政协等领导班子中占有适当比例。

发展少数民族科教文卫等事业。在发展少数民族教育事业方面，国家坚持从少数民族的特点和民族地区的实际出发，积极支持和帮助少数民族发展教育事业。如赋予和尊重少数民族自治地方自主发展民族教育的权利，重视民族语文教学和双语教学，加强少数民族师资队伍建设，在经费上给予特殊照顾，积极开展内地省市对少数民族地区教育的对口支援等。

在发展少数民族科技事业方面，国家采取了许多特殊措施，如：重点培养、培训少数民族科技人员，在普通高等院校有计划地招收少数民族学生或举办民族班；帮助少数民族和民族地区引进人才和先进技术设备，改造传统产业和传统产品，扶植提高传统科技，提高经济效益等。

对少数民族地区的卫生事业，国家有关政策强调，要加强少数民族地区卫生队伍的建设，切实做好防病治病和妇幼卫生工作，大力扶持发展民族医药事业等。

在繁荣少数民族文化政策方面，国家扶持和帮助少数民族发展文化事业，组建民族文化艺术团体，培养少数民族文艺人才，繁荣民族文艺创作。

使用和发展少数民族语言文字。中国各民族都有使用和发展自己语言文字的自由和权利。我国《宪法》第四条规定："各民族都有使用和发展自己的语言文字的自由。"《中华人民共和国民族区域自治法》第二十一条规定："民族自治地方的自治机关在执行职务的时候，依照本民族自治地方自治条例的规定，使用当地通用的一种或者几种语言文字。"《民族区域自治法》第十条规定："民族自治地方的自治机关保障本地方各民族都有使用和发展自己的语言文字的自由。"第二十一条规定："民族自治地方的自治机关在执行职务的时候，……同时使用几种通用的语言文字执行职务的，可以以实行区域自治的民族的语言文字为主。"第三十七条规定："招收少数民族学生为主的学校（班级）和其他教育机构，有条件的应当采用少数民族文字的课本，并用少数民族语言讲课""各级人民政府要在财政方面扶持少数民族文字的教材和出版物的编译和出版工作。"第四十七条规定："保障各民族公民都有使用本民族语言文字进行诉讼的权利。"

尊重少数民族风俗习惯。中国各少数民族都有自己的风俗习惯，体现在服饰、饮食、居住、婚姻、礼仪、丧葬等多方面。国家尊重少数民族的风俗习惯，少数民族享有保持或改革本民族风俗习惯的权利。在社会生活的各方面，政府对少数民族保持或改革本民族风俗习惯的权利加以保护。第一，尊重少数民族的饮食习惯。第二，尊重和照顾少数民族年节习惯。第三，尊重少数民族婚姻习惯。第四，尊重少数民族丧葬习俗。第五，在大众传播媒介中，防止侵犯少数民族风俗习惯的事情发生。第六，尊重少数民族改革自己风俗习惯的自由。

尊重和保护少数民族宗教信仰自由。中国是一个有着多种宗教的国家，主要有佛教、道教、伊斯兰教、天主教、基督教等。中国少数民族群众大多有宗教信仰，有的民族群众性的信仰某种宗教，如藏族群众信仰藏传

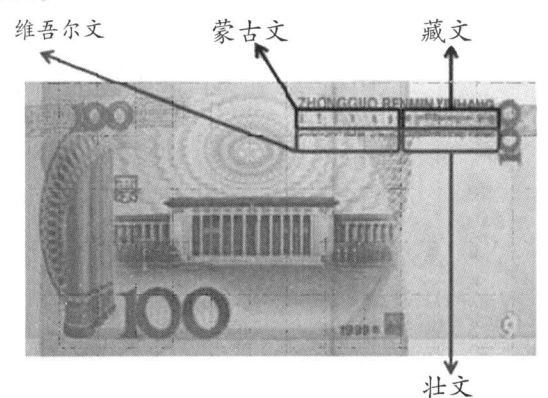

佛教。有一些民族信仰同一种宗教，如我国有 10 个民族信仰伊斯兰教。我国《宪法》第二十六条规定："中华人民共和国公民有宗教信仰自由。"在

中国，宗教信仰自由，即每个公民有信仰宗教的自由，也有不信仰宗教的自由；有信仰这种宗教的自由，也有信仰那种宗教的自由；在一种宗教里面，有信仰这个教派的自由，也有信仰那个教派的自由；有过去不信教现在信教的自由，也有过去信教现在不信教的自由。中国有清真寺3万座。在西藏，有藏传佛教各类宗教活动场所1700多处。

中华人民共和国成立以来的实践证明，中国的民族政策是成功的，走出了一条符合自己国情的解决民族问题和实现各民族共同发展、共同繁荣的正确道路。中国政府相信，随着国家改革开放和现代化建设事业的发展，中国各民族必将得到更快、更好的发展，中国各民族平等、团结、互助的关系必将得到进一步巩固和发展。

第三节　中华民族复兴与人类命运共同体

世界日益全球化，当今世界是开放的世界，中国社会主义现代化建设离不开世界经济的健康发展，闭关锁国必然落后挨打。随着中国改革开放的日益发展，中国的综合国力和经济实力迅速壮大，中国日益走进世界舞台的中央。习近平同志提出了人类命运共同体的设想和主张，为现实地解决国际争端和建立国际经济政治新秩序，提供了中国方案。中华民族伟大复兴走的是和平崛起之路，和平发展是我们的基点，中华民族复兴和建设人类命运共同体，是相辅相成、相互促进的。

一、中国的发展离不开世界

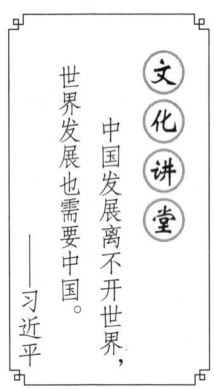

文化讲堂

中国发展离不开世界，世界发展也需要中国。
——习近平

习近平同志于2018年4月11日在海南省博鳌国宾馆集体会见博鳌亚洲论坛现任和候任理事时的讲话中说："中国改革开放40年经验的一个重要启示就是：中国发展离不开世界，世界发展也需要中国。中国通过改革开放实现自身发展，创造了中国奇迹，同时又通过自身发展为世界进步贡献力量。"

当代中国同世界的关系发生了历史性变化，中国的前途命运日益紧密地同世界的前途命运联系在一起。中国发展离不开世界，世界繁荣稳定也

离不开中国。这一论述充分反映了当前国际国内发展局势的基本特点，是我们党对新时期我国与世界关系的一个高屋建瓴的科学判断。当今世界正处在大变革、大调整之中。虽然人类和平与发展的崇高事业面临着不容忽视的挑战，但前景光明，和平与发展仍然是时代主题，求和平、谋发展、促合作已经成为不可阻挡的时代潮流。在政治上，世界多极化不可逆转，大国间结成伙伴关系越来越普遍；在经济上，经济全球化深入发展，科技革命加速推进，国际生产要素流动和产业转移速度加快，区域和全球合作越来越深入；在文化上，世界不同文明、民族、宗教和发展模式的交流越来越广泛；在安全上，各国共同利益不断增多，合作意愿越来越强烈。

纵观全球，国际形势正在向各国关系日益紧密、互动日益增强的方向发展，当今世界是一个普遍联系、相互依存的世界。在这样的大环境、大背景下，任何一个国家的前途命运都与世界的前途命运息息相关。

就我国与世界的关系而言，中国的发展需要和平稳定的周边和国际环境。中国人口多，底子薄。中国的发展也很不平衡，还有很多落后的地区。中国要真正发展起来，需要长期艰苦奋斗。因此和平稳定的外在环境对中国的发展是至关紧要的。一方面，中国发展是世界发展的一个重要组成部分，中国以自己的发展促进了世界的和平，为人类社会的进步长期艰苦奋斗。另一方面，中国发展是世界发展的一个重要组成部分，中国以自己的发展促进了世界的和平，为人类社会的发展作出了贡献。

改革开放以来，中国经济持续快速稳定发展，综合国力不断增强，各项社会事业全面发展，人民生活总体上实现了由温饱到小康的历史性跨越，中国在地区和世界事务中的影响越来越大，中国的发展为世界各国特别是周边国家创造了更多的合作机遇和良好的发展环境，同世界的和平与发展事业联系越来越紧密。如果近14亿中国人民不能彻底摆脱贫困、走向繁荣，地区及世界的和平、稳定和发展也必将受到影响。正因为如此，我们党和政府主张在政治上坚持多边主义，实现共同安全，经济上坚持互利合作，实现共同繁荣，文化上坚持包容精神，共建和谐世界。

十七大报告关于推动建设"和谐世界"的根本立场,准确表达了中国共产党对当今世界合理走向的基本主张,体现了中国共产党人以中国人民和世界人民根本利益为重的博大胸怀。它的实质是主张对话协商、合作共赢、求同存异、包容开放。就是主张在国际事务中通过平等的、友好的、坦诚的对话与协商,增加各方的相互理解、相互信任和相互尊重;加强互利合作,谋求各方最大的共同利益,实现双赢或多赢;力求减少国与国交往过程中的分歧和矛盾,努力扩大双方的共识;承认世界文明和民族文化的多样性,反对向其他国家强制推行自己的文明、价值和制度。

今天,世界正处在大发展大变革大调整时期,为了让和平事业薪火相传,让发展动力源源不断,让文明光芒熠熠生辉,中国共产党向世界提出了中国方案:构建人类命运共同体。习近平总书记在中共十九大报告中指出:"各国人民同心协力,构建人类命运共同体,建设持久和平、普遍安全、共同繁荣、开放包容、清洁美丽的世界。"

中国梦同世界各国人民的美好梦想息息相通,世界在变,中国在变,中国与世界的关系也在发生深刻变化。中国人民基于实现中国梦而选择的和平发展道路,是要营造一个良好的周边环境与国际环境,在安全、稳定条件下推进社会经济发展;是要本着崇高的以人为本的和平目的,造福中华民族,也造福人类社会;是要采取和平的方式并经过和平的途径,达到自己的发展目标;是要维护世界和平与稳定,促进人类发展与进步。伴随着中国综合国力的进一步增强,中国对世界的贡献将愈来愈大,世界也将愈来愈瞩目中国。

二、中国重回世界舞台

中华人民共和国成立以后,奉行独立自主的和平外交政策,积极开展外交活动，取得了巨大的成就。中国政府充分展现了自己的组织能力和多边外交能力，在国际事务中的作用越来越大。

（一）20世纪40年代末至50年代中期的外交

中华人民共和国作为新生的人民政权，从立国之初就坚定地奉行独立自主的和平外交政策。建国的第一年，与苏联、东欧等17个国家正式建立外交关系。为恢复经济建设创造了良好的外部环境。

在当时相对有限的范围内，新中国积极参与国际活动。1953年，在接见印度代表团时，周恩来总理首次提出"和平共处五项原则"，作为处理国与国之间关系的原则。1954年，周恩来总理访问印度、缅甸，三国总理积极倡导和平共处五项原则，使和平共处五项原则在国际上产生深远影响，逐渐被越来越多的国家接受，成为处理国与国之间关系的基本准则。1954年4~7月，中国参加日内瓦会议（瑞士）。中国第一次以五大国之一的身份参加，大大提高了国际地位，为打开新中国外交新局面发挥了积极作用。1955年，中国参加万隆会议（印度尼西亚）。此次会议是第一次没有殖民主义国家参加的亚非首脑会议，中国提出了"求同存异"的方针，促进了会议的圆满成功，也促进了中国同亚非各国的团结与合作，形成"万隆精神"，增进了中国与亚非各国间的理解和信任，扩大了中国在国际上的影响。

（二）20世纪70年代的外交

20世纪70年代初，以毛泽东为代表的中国领导人抓住有利国际环境，迅速改变对外策略，中美关系获得历史性改善。1971年7月，基辛格秘密访华，与周恩来总理会谈。1972年2月，美国总统尼克松访华，中美双方在上海签署《中美联合公报》。1979年，中美正式建立外交关系。中美两国对抗结束，两国关系开始走向正常化。1972年日本首相田中角荣访华，两国正式建立外交关系。中国与许多国家建立了外交关系，出现了与中国建交的热潮。

1971年10月25日，第26届联合国大会恢复了中华人民共和国在联合国的合法权利，恢复了中国安理会常任理事国的地位，新中国卓有成效的外交努力和第三世界国家的鼎力支持进一步提高了中国的国际地位。

(三) 改革开放以来的外交

改革开放初期，中华人民共和国继续创新，坚持独立自主的和平外交政策，坚持不结盟、不当头，韬光养晦，埋头发展；同时积极参加国际事务，坚持承担负责任大国的国际义务，努力维持国际经济政治秩序。1996年，中国、俄罗斯、哈萨克斯坦、吉尔吉斯斯坦、塔吉克斯坦五国元首在上海签署关于在边境地区加强军事领域信任的协定。

2001年，中国、俄罗斯、哈萨克斯坦、吉尔吉斯斯坦、塔吉克斯坦和乌兹别克斯坦六国元首，在上海签署了《"上海合作组织"成立宣言》。上海合作组织是第一个以中国城市命名的国际组织，该组织的成立进一步加强了我国与周边国家的关系。

2001年，我国成功举办了主题为"新世纪、新挑战：参与、合作、促进共同繁荣"的亚太经合组织会议（上海APEC会议），通过了《上海共识》。11月，在卡塔尔多哈举行的世界贸易组织第四次部长级会议审议通过了中国加入该组织的决定。中国终于成为世界上最重要的国际性贸易组织的成员。进入21世纪的中国外交，全方位扩大了对外开放的步伐，我国的对外开放事业进入了一个新的阶段。中国推动建立中国-东盟自由贸易区，加强该地区的经济合作与文化交流；成功举办了两次中非合作论坛北京峰会；积极参加G20峰会和金砖国家领导人峰会，倡导组建亚洲基础建设银行，发起"一带一路"倡议，中国对外开放伟大事业进入崭新的历史时期。

中共十八大不仅确立了"和谐世界"和"人类命运共同体"的理念，更以这些理念指导中国的对外政策。党的十八大以来，我国在周边外交、大国外交、发展中国家外交、多边外交以及公共外交领域的工作蓬勃发展，欣欣向荣。

第一，中国周边外交打开了崭新局面。改革开放以来，中国外交历来倡导"周边是首要"，高度重视周边外交。但在"周边是首要"之前，还有一句"大国是关键"，即是说，周边外交重要，但排在大国外交之后。引人注意的是，在中共十八大报告中，周边外交的重要性得到了进一步提升，"首要"地位进一步突出。2013年10月，新一届中央领导专门举行了一次全国性的周边外交工作座谈会，进一步强调中国对周边外交工作的高度重视。在此前后，中央领导人相继出访中亚、南亚、东南亚等周边国家，周边国家的领导人也络绎不绝地到访中国。中国与周边国家之间的互动进入了一个新的阶段。最有代表性的事件是，2013年10月22日，印度、俄罗斯、蒙古等国领导人同一天抵达北京，进行访问。

第二，大国外交走上了积极构建"新型大国关系"的快车道。提出了"新型大国关系"概念，是中国在外交理念方面的

"新型大国关系"快车道

一次重大创新。这一概念酝酿于党的十八大之前，用于破解复杂的中美关系。2013年6月，习主席与美国时任总统奥巴马在美国加州举行"庄园会晤"，对中美之间化解分歧、增进理解与互信起到了关键作用，中美关系开始步入"新型大国关系"的轨道。同时中国还以创新性的外交理念积极处理与其他大国的关系，如中俄关系、中印关系、中英关系、中德关系等，大国外交由此全盘走活。

第三，发展中国家外交继续向前推进。在中国外交布局中，发展中国家一向与周边外交、大国外交并重，故有"发展中国家是基础"之说。十八大召开之后，中国对发展中国家的外交又有新的突破。一方面，中国以周边外交为"首要"，而周边国家绝大部分都是发展中国家，因此，周边外交与发展中国家外交交相辉映。另一方面，十八大召开之后，中国尤其加大了对非洲、拉美以及对中东等地区发展中国家的外交力度，取得了卓有成效的进展。中国领导人在一年里访问了非洲、拉美、中东等地区的数十个发展中国家，这些国家的领导人也连续不断地到访中国。中国与发展中国家的经济、政治、文化和战略合作关系大踏步向前推进。

第四，多边外交成效突出。十八大召开以来，中国多边外交极为活跃。在联合国、APEC会议、中国-东盟峰会、金砖国家峰会、上合组织会议、朝核问题六方会谈机制、伊核问题国际会议机制以及博鳌亚洲论坛等各种多边场合，中国充分利用多边机制的舞台作用，积极展示中国外交的

新理念、新风格。不仅如此，中国在多边外交中也特别注重借多边舞台推进国家间合作、加强各方相互理解。

第五，公共外交得到格外重视。中国在公共外交领域并非新手。早在延安时期，毛泽东、周恩来等中共第一代领导人与美国派往延安的"迪克西使团"的戴维斯、谢伟思等人的交谊就具有公共外交的特点。"二战"后，新中国为打破美国对华的封锁和遏制而对日本及其他一些国家开展的民间外交，也具有公共外交的特点。十八大报告第一次在党的全国代表大会文件中鲜明地强调了公共外交的重要性，这是一种创举，说明公共外交与周边外交、大国外交、发展中国家外交和多边外交一道，成为中国外交的组成部分。

中国外交的恢宏布局，兼顾发达国家、发展中国家，兼顾周边国家、相同或不同社会制度的国家，兼顾双边合作与多边舞台，也兼顾公共外交与热点问题。外交活动涉及政治、经济、军事、人文等各个领域。外交活动形式多样。外交工作重视战略思维，立足当前，但重点在于谋长远。

进入21世纪以来，国际局势保持总体和平、缓和与稳定的态势，但局部性的战争、动荡与紧张有所加剧。在当前这样的大环境下，中国更是面临着诸多挑战：台湾问题、南沙群岛领土问题、日本问题还有来自美国的压力。然而，中国必须在这样的压力下，保持清醒认识，一方面保持国内局势稳定、经济的高速发展，另一方面积极应对瞬息万变的国际形势，使我国的外交活动蓬勃展开。

"中国梦"是中国外交的新理念、新品牌。"中国梦"与"世界梦"的关系格外引人关注。简而言之，"中国梦"与"世界梦"是互为前提、互为依托、互为机遇的关系。在国际关系中弘扬平等互信、包容互鉴、合作共赢的精神，共同维护国际公平正义。和平、发展、合作、共赢成为中国对外交往的旗帜。

三、 中华民族伟大复兴与人类的共同繁荣

人类是一个命运共同体，世界各民族也是一个命运共同体。中华民族是世界民族的一员，中华民族的前途命运与世界其他民族的前途命运紧密相连，中华民族的伟大复兴与世界各民族发展、人类的未来走向紧密相连。

据此，习近平总书记立足中华民族与世界各民族的共同发展，提出"推动构建人类命运共同体"。就其思想内涵与中华传统民族精神的关联而言，"人类命运共同体"思想是中华传统民族精神中"和合"精神、"大同"精神在世界范围内的现代性传承和转化，是中华古老民族精神精华在当代的回响，它为世界民族的未来发展指明了方向。因此，在推进"人类命运共同体"的建设过程中，中华传统民族精神一定要深深扎根于中国大地，充分汲取其他民族丰厚的文化养分，以独特的核心价值理念——中国价值，以独特的民族表现形式——中华文化，以独特的发展道路——中国道路而存在、发展，充分挖掘并展现中华传统民族精神中的深厚价值底蕴，充分发挥引领世界人民携手构建"持久和平、普遍安全、共同繁荣、开放包容、清洁美丽的世界"的重要价值指引作用，为保持人类文化多样性与促进世界各民族的共同进步贡献独特的文化精神与中国智慧。正如毛泽东指出："在文化方面，各国人民应该根据本民族的特点，对人类有所贡献。"就此而言，我们讨论中华传统民族精神的复兴不仅仅要与中华民族伟大复兴联系起来，也应该与全球化时代世界文明的发展联系起来，更要放到"推动构建人类命运共同体"的实践中来思考。毫无疑问，中华民族精神的复兴只有主动融入世界历史发展新进程中才能找到动力，中华民族精神只有在世界历史发展新进程中才能确立与凸显其在人类精神体系中的地位和影响力。

世界是一个由不同民族与国家构成的共同体，世界民族发展的美好蓝图需要各民族国家共同描绘，世界民族精神发展的绚丽图景也需要各具特色的民族精神共同来点缀。当前，中国特色社会主义进入新时代，中华民族正在从事崭新的实践活动，正在以崭新的精神风貌挺立于世界民族之林。面对新时代，放眼今日之世界，中华民族必须立足于中国的现代化建设与中华文明的发展，在实践中挺立中华民族精神，在时代的发展中提振、发展中华民族精神。当然，我们也有充分的理由相信，在世界历史发展的新进程中，独立的中华传统民族精神一定能坚守住整个中华民族存在的精神自我，也一定能支撑中华民族的蓬勃发展。

思考题

1. 你对中华民族的融合发展史有哪些了解和理解？
2. 你对自己的民族有哪些了解？
3. 你对党的民族政策有哪些了解？
4. 你对中国的国际地位和对外政策有哪些了解？

政治改造分册

第五章

我们站立的地方就是中国

中华人民共和国是一个统一的多民族国家。夏朝以来，3000年的古老中国，合久必分，分久必合，演绎了无数分分合合的历史故事。无论分开多久，无论统一有多困难，中国历史的总基调是统一。中华各民族，生活在同一片蓝天下，一次又一次演绎着民族团结、国家统一、人民幸福的美好画卷。作为中华民族的一员，我们生活的地方，就是我们的家园，我们站立的地方，就是我们的祖国。

第一节　统一是中国的主旋律

中国古代历史是漫长的发展过程，其中有统一也有分裂，但国家的统一和各民族间经济文化的紧密联系和相互交流始终是中国历史的主流。近代中国遭受了巨大的耻辱和苦难，列强侵略，政府腐败，使国家积贫积弱。直到中华人民共和国成立，中国人民从此站立起来，赢得了国家主权和民族独立，各民族和睦相处共同发展，携手走向富强的国家。

一、分分合合话中国

在人类历史的长河中，中国历代的分合演进及其统一趋势的发展独具特色，启示意义昭然。

（一）古代中国的分久必合

"当禹之时，天下万国，至于汤而三千余国"。[1]夏、商两代，小邦林立。周初分封，"凡一千八百国，布列于五千里内"[2]。但所有这些小邦或封国都先后统属或臣服于相继而起的夏、商、周三个中央王朝，显示出中国最早的大一统初步格局。

秦的统一，可以说是中国的第一次统一。这次统一，完成于秦始皇二十六年（公元前221年）。不久，到秦二世元年（公元前209年），陈涉兵起，中国便又开始分裂了。从秦二世元年到汉高祖五年（公元前202年）

---

[1]　张双棣等：《吕氏春秋译注》，北京大学出版社2000年版。
[2]　《地理志上》《晋书》，中华书局1974年版，第410页。

短短的八年中,有群雄不断地起兵,秦灭亡后,又有楚汉交兵诸大事变,最终汉王朝建立,完成了中国的第二次统一,史称西汉。

汉政权建立后,统一的局面持续了二百多年,直到西汉亡,王莽的改革引起民变之时,才又发生分裂。王莽天凤四年(公元17年),绿林兵起,各地反抗王莽的集团,陆续出现,王莽的政权终于被推翻了。在许多反抗王莽的人物中,汉光武帝刘秀最为杰出,他在消灭王莽政权之后,建立了新的政权,经过十几年的努力,消灭各地的割据势力,到建武十三年(公元37年)卢芳奔匈奴,刘秀完成了中国的第三次统一。

又经过了一百多年,到汉献帝初平元年(公元190年),各州郡长官起兵讨伐董卓,又开始了中国的第三次分裂。初平元年(公元190年)开始分裂以后,经过各州郡长官的割据,三国的鼎立,蜀的灭亡,魏的被篡,晋吴的对立,到晋武帝太康元年(公元280年)平吴,又转入统一的局面。

晋惠帝永兴元年(公元304年),匈奴刘渊自称汉王,可以说是中国第四次分裂的开始。经过西晋的灭亡,东晋的偏安和十六国的纷扰,南北朝的对立,足足两百多年的时间,到隋文帝开皇九年(公元589年)平陈,才又一次完成统一。

大业七年(公元611年)开始的分裂局面,不到二十年便结束了。唐太宗贞观二年(公元628年)完成了中国第六次统一。唐统一以后,经过二百多年,到僖宗光启元年(公元885年),中国又开始了第六次分裂。经过唐末藩镇割据,唐朝灭亡,五代十国的纷扰,宋的代周和平定诸国,到宋太宗太平兴国四年(公元979年)又有中国第七次统一的完成。

宋统一以后经过一百多年,到宋钦宗靖康元年(公元1126年)金人攻陷汴京,中国又开始了第七次分裂。经过南宋与金的对立,元的灭金,宋元的对立,到元世祖至元十六年(公元1279年)灭宋,才又完成第八次统一。

元统一不过几十年,到元顺帝至正八年(公元1348年),经过群雄的纷扰割据,明驱逐元帝,削平群雄,到明太祖洪武十五年(公元1382元)平定云南,中国完成第九次统一。到明神宗万历四十四年(公元1616年)清太祖建号自立,经过明清(原称后金)战争,流寇亡明,清的入关,南

明的覆灭,到清世祖顺治十八年(公元1661年),又一次实现统一。顺治十八年(公元1661年)完成的统一,可以说是中国的第十次统一。

中国古代历史漫长的发展过程中,有统一也有分裂,所谓"分久必合,合久必分"。但是,纵观我国封建社会长达2300年的历史,其中分裂的时间仅700年左右。中华民族几千年形成的大民族,有强大的民族向心力和凝聚力,分裂只是国家的分裂,而不是民族的分裂。分裂只是历史发展的支流,处于短暂的、相对的、次要的地位,统一是主要趋势。两千多年来,国家的统一和各民族间经济文化的紧密联系和相互交流始终是中

中国是世界上少有的历史文化从未间断、一直延续至今的国家

国历史的主流,各民族对统一的多民族国家的形成与发展,都做出积极的贡献。中国是世界上少有的,历史文化从未间断、一直延续至今的国家。中华文明尽管历尽沧桑,却始终绵延发展、传承不绝,表现出顽强的生命力。

(二)近代中国几乎被瓜分

近代以来,西方资本主义已经产生、发展,西方殖民主义势力也随之向外扩张,而清朝统治者固步自封、闭关自守、盲目自大,到了鸦片战争前夜,已经衰相尽现,与新兴的西方资本主义国家拉开了很大距离,东西方的历史走向出现巨大的反差。

自1840年中英鸦片战争爆发,至1949年南京国民党政权覆亡,历经清王

> **文化讲堂**
>
> 不料海禁大开,风云益急,来了什么英吉利、法兰西、俄罗斯、德意志,到我们中国通商,不上五十年,弄得中国民穷财尽。这还罢了,他们又时时的兴兵动马,来犯我邦。
>
> ——陈天华

朝晚期、中华民国临时政府时期、北洋军阀时期和国民政府时期，是中国半殖民地半封建社会逐渐形成到瓦解的历史，是一部落后挨打的屈辱史，也是一部救国图强的奋斗史，发人深省。在这段时间里，虽然有众多仁人志士为救亡图存和实现中华民族的伟大复兴而英勇奋斗、艰苦探索，但却无力挽救近代中国落后的狂澜。鸦片战争是中国发展历史上重要的转折点，鸦片战争标志着中国进入了灾难重重的近代，诸多不平等条约的签订使中国越发地落后。19世纪后半期，中国的经济、科技、文化、教育和军事都有不同程度的变化，开始向近代化起步，但仍表现出明显的不足与差距，经济落后，社会动荡，战争不断，人民生活困难，长达九十年的历史就是在这样的境况中发展的。

二、统一的新中国

近代以来，中国人民遭受了深重的灾难。1921年，中国共产党成立，给灾难深重的中国人民带来了光明和希望，中国人民一直都是勤劳勇敢的，中国人民的斗争之所以屡遭挫折和失败，重要原因就是没有一个先进的坚强的政党作为凝聚力量的领导核心。自从有了中国共产党，中国革命的面貌焕然一新，中国共产党领导中国人民为了实现国家统一，民族独立，进行了不屈不挠的斗争，经过国民大革命、土地革命、抗日战争、解放战争，终于取得了新民主主义革命的胜利。

（一）中华人民共和国的成立在主体意义上实现了国家的统一

1949年中华人民共和国的成立，标志着帝国主义列强压迫中国、奴役中国人民的历史从此结束，标志着中国国家主权的独立，标志着中国人民再次实现了国家统一。中华民族一洗近百年来蒙受的屈辱，开始以崭新的姿态自立于世界的民族之林。占人类四分之一人口的中国人民从此站立起来了。长期以来受尽压迫和欺凌的广大中国人民在政治上翻了身，被封建主义、官僚资本主义统治的历史从此结束，第一次成为新社会、新国家的主人。一个真正属于人民的共和国成立了，各民族紧密团结，社会政治局面趋向稳定，人们开始过上了安居乐业的生活。主权独立统一的新中国为实现由新民主主义向社会主义的过渡，并在社会主义道路上实现中华民族伟大复兴创造了前提条件。

中华人民共和国的成立，标志着中国的新民主主义革命取得了根本的胜利，标志着中国半殖民地半封建社会的结束和新民主主义社会在全国范围内的建立。这是马克思主义同中国实际相结合的伟大胜利。近代以来，中国面临的第一项历史任务，求得民族独立和人民解放的任务基本完成，这就为实现第二项历史任务，即实现国家的繁荣富强和人民的共同富裕，创造了前提，开辟了道路。

（二）反对分裂，维护民族团结和祖国统一

我国自古以来就是一个多民族的统一国家，共有56个民族生活在这片辽阔而富饶的土地上。各个民族都有悠久的历史和丰富的文化，并各有自己的文化传统、语言文字、宗教信仰和风俗习惯。尽管有的民族之间在历史上曾经存在矛盾与不和，发生过冲突和战争，但各民族之间的经济文化交流和友好交往，一直是历史的主流。中华民族融合成为团结的整体，并经历几千年的变故与动荡而永不分离。

新中国成立以来，我们统一的多民族国家发生了质的变化，在我国历史上第一次实现了民族平等和各民族大团结，各族人民真正成为国家的主人。在社会主义大家庭里，在保卫祖国和建设祖国的过程中，各民族之间交往与合作的密切程度，是以往任何时候都无法比拟的。正是这种民族的大团结、大统一、大交流，有力地促进了各民族经济和文化的迅速发展，大大提高了我国的综合国力。

历史一再证明，反对分裂，维护民族团结和祖国统一，是我国人民爱国主义优良传统的重要组成部分。但是，我们应当清醒地看到，国际上的敌对势力，一直蓄意挑拨我国各兄弟民族之间的亲密关系，企图分裂、肢解统一的社会主义中国。极少数民族分裂主义分子，也极力鼓吹民族独立，煽动脱离社会主义祖国这个大家庭。他们的分裂阴谋理所当然地受到全国各族人民的反对，是不可能得逞的。在当今世界上许多地方民族

冲突加剧,民族战乱不断的情况下,我们每个人都要从中华民族的大局出发,从全国各族人民的根本利益出发,从维护我国多民族统一的传统出发,自觉维护民族团结,反对民族分裂,坚决同破坏祖国统一的行为作斗争。

如果民族发生分裂,必然引起社会动荡,甚至导致战争发生,这样对国家、民族,对每个人都会带来损失乃至灾难。相反,民族团结,国家统一,环境安定,各族人民可以安心地从事社会主义现代化建设,也有利于民族之间的相互学习、相互交流、共同发展。民族团结就发展,民族分裂就倒退,这是我国几千年历史发展所得出的深刻结论。

(三) 实行"一国两制",实现祖国完全统一

完成祖国统一大业,是中华民族的根本利益所在,是全中国人民包括台湾同胞、港澳同胞和海内外侨胞的共同愿望。20世纪40年代末,以蒋介石为首的国民党反动派败退台湾后,伺机反攻大陆,以美国为首的西方国家干涉中国内政,阻挠中国人民解放军解放台湾,两岸隔绝近三十年。

20世纪70年代末党的十一届三中全会后,以邓小平同志为核心的党的领导集体把祖国统一、集中力量进行社会主义现代化建设和反对霸权主义、维护世界和平作为党和国家的三大历史任务。"和平统一,一国两制"是邓小平从中国的实际出发,解决台湾问题、香港问题和澳门问题,实现祖国和平统一的伟大构想。

"和平统一,一国两制"构想的基本内容主要有:坚持一个中国,这是"和平统一,一国两制"的核心,是发展两岸关系和平统一的基础;两制并存,在祖国统一的前提下,国家的主体部分实行社会主义制度,同时在台湾地区、香港地区、澳门地区保持原有的社会制度和生活方式长期不变;高度自治,祖国完全统一后,台湾地区、香港地区、澳门地区作为特别行政区,享有不同于中国其他省、市、自治区的高度自治权,台湾地区、香港地区、澳门地区同胞各种合法权益将得到切实尊重和保护;尽最大努力争取和平统一,但不承诺放弃使用武力;解决台湾问题,实现祖国完全统一,寄希望于台湾人民。

"一国两制"伟大构想已经成功地运用于解决香港问题、澳门问题。

香港地区和澳门地区分别于1997年、1999年回归祖国。香港地区、澳门地区回归后的事实充分证明，"一国两制"方针是正确的，是具有强大的生命力的，这为两岸和平统一树立了光辉的典范。香港、澳门顺利回归以后的发展充分证明，"一国两制"已经首先在解决香港、澳门问题中得到了成功的运用，人们有更加充分的理由相信，"一国两制"同样可以成为解决台湾问题的最佳方式。

党的十八大以来，以习近平为核心的党中央继续坚持"和平统一、一国两制"方针，推动两岸关系和平发展，推进祖国和平统一的进程。习近平总书记在党的十九大报告中强调："体现一个中国原则的'九二共识'明确界定了两岸关系的根本性质，是确保两岸关系和平发展的关键。承认'九二共识'的历史事实，认同两岸同属一个中国，两岸双方就能开展对话，协商解决两岸同胞关心的问题，台湾任何政党和团体同大陆交往也不会存在障碍。""我们秉持'两岸一家亲'理念，尊重台湾现有的社会制度和台湾同胞生活方式，愿意率先同台湾同胞分享大陆发展的机遇。我们将扩大两岸经济文化交流合作，实现互利互惠，逐步为台湾同胞在大陆学习、创业、就业、生活提供与大陆同胞同等的待遇，增进台湾同胞福祉。我们将推动两岸同胞共同弘扬中华文化，促进心灵契合。"习近平还强调："我们坚决维护国家主权和领土完整，绝不容忍国家分裂的历史悲剧重演。一切分裂祖国的活动都必将遭到全体中国人坚决反对。我们有坚定的意志、充分的信心、足够的能力挫败任何形式的'台独'分裂图谋。我们绝不允许任何人、任何组织、任何政党、在任何时候、以任何形式、把任何一块中国领土从中国分裂出去！"

> **文化讲堂**
>
> 绝不允许任何人、任何组织、任何政党、在任何时候、以任何形式、把任何一块中国领土从中国分裂出去。
>
> ——习近平

2019年1月2日，在《告台湾同胞书》发表40周年纪念大会上，习近平总书记发表重要讲话。这篇重要讲话全面回顾了新中国成立70年来，尤其是改革开放40年来，两岸关系发展的历史进程，科学回答了民族复兴新征程中如何推进祖国和平统一的时代命题，郑重宣示了新时代推进祖国

和平统一的五项重大主张,成为《告台湾同胞书》后又一份具有划时代意义的对台纲领性文件,也成为中国特色社会主义进入新时代、中国发展处于历史新方位下中国共产党和中国人民推进祖国统一的根本遵循和行动指南。

第一,携手推动民族复兴,实现和平统一目标。习近平总书记指出,"一水之隔、咫尺天涯,两岸迄今尚未完全统一是历史遗留给中华民族的创伤"。因此,"两岸中国人应该共同努力谋求国家统一,抚平历史创伤",特别是,"台湾前途在于国家统一,台湾同胞福祉系于民族复兴"。我们相信,"台湾问题因民族弱乱而产生,必将随着民族复兴而终结"。

> **文化讲堂**
> 台湾前途在于国家统一,台湾同胞福祉系于民族复兴。
> ——习近平

第二,探索"两制"台湾方案,丰富和平统一实践。"和平统一、一国两制"是实现国家统一的最佳方式,体现了海纳百川、有容乃大的中华智慧,既充分考虑台湾现实情况,又有利于统一后台湾的长治久安。习近平总书记强调:"制度不同,不是统一的障碍,更不是分裂的借口。""两岸同胞是一家人,两岸的事是两岸同胞的家里事,当然也应该由家里人商量着办。"总之,"以对话取代对抗、以合作取代争斗、以双赢取代零和,两岸关系才能行稳致远"。

第三,坚持一个中国原则,维护和平统一前景。统一是历史大势,是正道。"台独"是历史逆流,是绝路。习近平总书记强调,坚持一个中国原则,两岸关系就能改善和发展,台湾同胞就能受益。背离一个中国原则,就会导致两岸关系紧张动荡,损害台湾同胞切身利益。因此,"中国人不打中国人",但我们不承诺放弃使用武力,这针对的是外部势力干涉和极少数"台独"分裂分子及其分裂活动,绝非针对台湾同胞。

第四,深化两岸融合发展,夯实和平统一基础。"亲望亲好,中国人要帮中国人。"习近平总书记指出:"我们对台湾同胞一视同仁,将继续率先同台湾同胞分享大陆发展机遇,为台湾同胞台湾企业提供同等待遇,让大家有更多获得感。和平统一之后,台湾将永保太平,民众将安居乐业,有强大祖国做依靠,台湾同胞的民生福祉会更好,发展空间会更大,在国际上腰杆会更硬、底气会更足,更加安全、更有尊严。

第五,实现同胞心灵契合,增进和平统一认同。人之相交,贵在知心。习近平总书记指出,两岸同胞同根同源、同文同种,中华文化是两岸同胞心灵的根脉和归属。"不管遭遇多少干扰阻碍,两岸同胞交流合作不能停、不能断、不能少。"亲人之间,没有解不开的心结。久久为功,必定能达到两岸同胞心灵的契合。

"统一是历史大势,是正道。'台独'是历史逆流,是绝路。"习近平总书记的五点主张深刻昭示了两岸关系发展的历史大趋势,清晰擘画了实现祖国统一的宏伟蓝图。它将引领着包括台湾同胞、港澳同胞及海外侨胞在内的广大中华儿女为实现祖国完全统一、民族伟大复兴而努力奋斗。

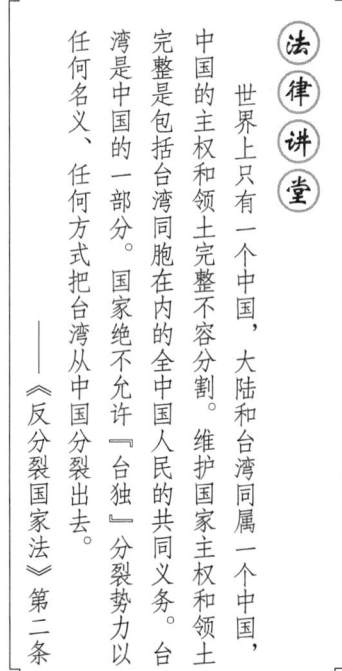

法律讲堂

世界上只有一个中国,大陆和台湾同属一个中国,中国的主权和领土完整不容分割。维护国家主权和领土完整是包括台湾同胞在内的全中国人民的共同义务。台湾是中国的一部分。国家绝不允许"台独"分裂势力以任何名义、任何方式把台湾从中国分裂出去。

——《反分裂国家法》第二条

第二节 坚决维护社会主义制度

历史唯物主义认为,"制度体系的变迁与建构说到底是一种新的生产关系以正式规则形式确立和更替的过程,与生产力的发展水平相适应是新制度体系得以存在并良性运行的基础"。制度作为社会上层建筑,是历史的、具体的,要适应一定的生产关系,乃至生产力发展的需要。因此,社会制度是建构在一定经济基础之上,反映并维护一定社会形态或社会结构的各种制度的总称。包括社会的经济、政治、法律、文化、教育等制度。其中社会的经济制度,即一定社会的经济基础,决定社会的性质,政治、法律、文化、教育等制度是建立在经济基础之上的上层建筑,决定于经济制度,又为经济制度服务。社会生产力和生产关系的发展是社会制度发展的根本原因。

社会制度是人类社会活动的规范体系。它是由一组相关的社会规范构成的,也是相对持久的社会关系的定型化。社会制度分为三个层次:一是总体社会制度,或曰社会形态,如资本主义制度、社会主义制度;二是一个社会中不同领域的制度,如经济制度、教育制度等;三是具体的行为模式和办事程序,如考勤制度、审批制度等。

一、 社会主义制度在中国的确立是历史和人民的选择

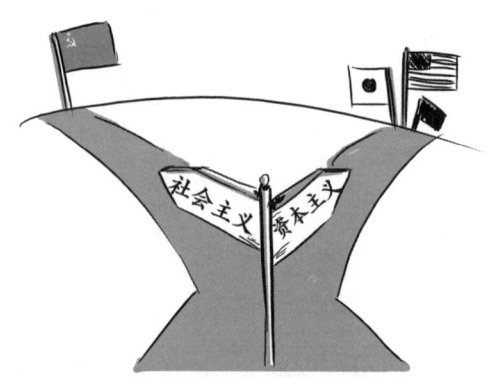

在世界历史的发展进程中,我们可以发现,一些国家为了发展经济,实现本国的工业化,这些国家琢磨出这样两条道路:一是走资本主义工业化道路,展望世界,这是许多国家都走过的,比如美国、欧洲一些国家、日本,而这些国家的工业化确实用资本主义道路走通了;三是走社会主义工业化道路,这是苏联走过的,而且也走通了。十月革命,俄国虽然取得了胜利,但是国内的形势并不是很乐观,后来通过摸索,走出一条社会主义道路,并且实现了社会主义工业化,苏联一举成为欧洲第一强国,世界上最强的两个国家之一。

那么,对于中国这样一个经济文化都落后的国家,要走哪条道路,才是最合适的呢?

从鸦片战争到五四运动这漫长的八十年时间里,很多先进的中国人都在尝试着学习西方先进技术、制度等,中国也尝试着走资本主义道路,但历史证明,资本主义道路在中国是走不通的。一方面,三千多年的封建主义束缚着中国人的思想。另一方面,帝国主义势力并不是希望中国成为新的列强,而是要让中国成为他们的附庸。从鸦片战争开始,中国就陷入半殖民地半封建社会,帝国主义列强为了打开中国的国门,使其成为自己统治世界的一部分,他们并不乐意中国变强。而中国的资产阶级并不具备走资本主义道路的条件。因此,靠中国资产阶级的力量,中国最终也不可能

走上资本主义道路。

在中国陷入困境时,俄国十月革命的胜利给中国带来了曙光。为此,中国看到了另一条出路,那便是社会主义道路。中国共产党把马克思列宁主义同中国的革命实践相结合,为中国人民选择了通过新民主主义革命走向社会主义的道路。这一历史性的选择,是中国人民历尽千辛万苦才找到的,是中国社会矛盾发展的必然结果。在中国共产党的领导下,中国人民推翻了帝国主义、封建主义和官僚资本主义"三座大山",取得了新民主主义革命的胜利,从根本上改变了中国半殖民地半封建社会的性质。而在新民主革命胜利后,在政治上,中国人民掌握了国家政权,确立了工人阶级的领导地位;在经济上,没收了官僚资本并转换为社会资本,掌握了国家的经济命脉,为实现对生产资料的社会主义改造,完成从新民主主义到社会主义的转变创造了最重要的条件。所以,选择社会主义道路是中国近现代社会发展的必然结果。

纵观历史,社会主义制度在中国的确立、巩固和发展,体现了中国近现代社会运动的客观规律,是中国历史上最伟大、最深刻的变革。只有社会主义才能救中国,这是一百多年来中国近现代历史发展得出的必然结论。所以说,社会主义制度是历史的必然选择。

二、社会主义制度有自身的优越性

从社会主义制度本身的优越性来看,中国发展社会主义制度是一个正确的选择。

第一,在理论上,社会主义制度具有无可比拟的优越性。首先,社会主义经济适应了先进生产力的发展要求;其次,社会主义制度代表了劳动者的根本利益,中国共产党以全心全意为人民服务为宗旨;最后,社会主义还代表了先进文化的发展方向,这也为中国文化发展提供了保障。

第二,社会主义的产生,彻底改变了中国人民群众受压迫受剥削的历史地位,无产阶级和劳动人民开始当家作主,这从根本上保证了无产阶级、知识分子和一切爱国人士管理国家、社会事务的权利。

第三,社会主义制度并不是建立在私有制度的基础之上,而是在公有制基础上不断地发展起来的,这从根本上解决了社会化生产和生产资料所有者之间的矛盾，从而为生产力的发展开辟了道路。

第四，社会主义提倡按劳分配为主体的分配方式，这种分配方式，将会不断地扩大社会福利，实现社会平等，从而避免两极分化。

第五，社会主义的发展，则是运用不同的方式尽可能发展本国的经济，对内进行改革，对外实行开放政策，充分利用本国资源，不断地发展完善自己，并且保障最广大人民群众的根本利益。

社会主义制度有极大的吸引力，在当时中国的社会环境下，走资本主义道路是不可能的，更不可能走复辟道路。中国选择社会主义道路是历史的必然。但是，这个过程是艰难而且漫长的。如马克思所言："无论哪一个社会形态，在它所容纳的全部生产力发挥出来以前，是决不会灭亡的；而新的更高的生产关系，在它的物质存在条件在旧社会的胎胞里成熟以前，是决不会出现的。"[1]新社会制度代替旧社会制度，或者建立和完善一种社会制度，从来不会是历史的瞬间，它需要经历一个漫长的历史发展过程，其前进途中也不可避免地会遇到许多难以预料、难以想象的困难与风险，不会是一帆风顺的。邓小平同志也说过，巩固和发展社会主义制度，需要几代人、十几代人甚至几十代人的努力。所以，我们要充分估计到建设和发展社会主义事业的长期性和艰巨性。

所以，社会主义制度在中国的确立是历史和人民的选择。新中国成立七十年来，中国在社会主义道路上不断地探索前进，开创出了一条中国特色社会主义道路，依照中国现存的国情来发展社会主义，经济有了显著的提升，人民的生活水平也有了很大的提高，综合国力也在不断扩大，在国际上的地位大大提高并且得到国际社会的认可。这些成就也可以证明，中国走社会主义道路是正确的选择。

三、 中国特色社会主义制度是中国历史的必然

中国特色社会主义制度建设坚持马克思主义的指导地位，但更注重发展马克思主义，形成中国特色、中国风格、中国气派的话语体系，用中国化的马克思主义，即中国特色社会主义理论体系作为思想指导。马克思主

---

[1]《马克思恩格斯选集》（第2卷），人民出版社2012年版，第3页。

义揭示了人类社会发展的一般规律，中国特色社会主义制度的确立和建设遵循人类社会发展的规律、社会主义社会发展的规律，中国特色社会主义理论体系从中国实际出发，从基本国情出发，揭示了当代中国改革和发展的规律，中国特色社会主义制度更直接地反映和体现了这一规律。

中国特色社会主义制度尊重中国传统文化，承续其积极因素，但更注重进行创造性地转换，并注入时代内涵和现代精神，推进到文化发展的新阶段，中国特色社会主义制度内蕴新时代的文化。

在全球化的时代，中国特色社会主义制度批判地审视外来文化和制度，吸取其他国家制度改革的经验教训，借鉴其中优秀的人类文明成果。它内蕴自由、民主的理念，但没有简单照搬西方的多党轮流执政、"三权分立"制，而是创新实践形式，发展了适合中国特色和时代特征的制度形式。

中国特色社会主义制度不是抽象、笼统的，而是具体的，是在经济、政治、文化、社会等各个领域形成的一整套相互衔接、相互联系的制度体系。具体而言，是由中国特色社会主义政治制度、经济制度以及在此基础上形成的政治体制、经济体制、文化体制、社会体制等各项具体制度组成，这是对中国特色社会主义认识的进一步深化，也是中国共产党对世界社会主义发展的重大贡献。

四、建构在中国特色社会主义制度上的"五位一体"总体布局

在政治领域，人民代表大会制度是我国的根本政治制度，中国共产党领导的多党合作和政治协商制度、民族区域自治制度以及基层群众自治制度是我国的基本政治制度。而且，中国特色社会主义法律体系是中国特色社会主义创新实践的法制体现。

人民代表大会制度是我国的根本政治制度，是我国的政体。近代中国对于建立什么样的政治制度和政权组织形式有过长期的争论和激烈的斗争。中国共产党拯救民族于危难之时，而且不论在什么时候，都紧紧依靠人民。因而，在新民主主义革命取得胜利后就确定新中国的国体是人民民主专政，政体是人民代表大会制度。人民代表大会制度自从1954年正式建立以来，得到了不断完善和发展，特别是改革开放以来，人民代表大会制度建设不断加强，人民代表大会发挥着越来越大的作用，人民民主在更大

范围和更深层次上得以体现。

中国共产党领导的多党合作和政治协商制度，是我国的一项基本政治制度，是在长期的革命斗争和社会主义建设中形成和发展起来的符合中国国情的社会主义政党制度，这一制度选择与制度设计是马克思主义政党理论和统一战线学说的必然要求，也是中国革命和建设的必然产物。中国共产党与各民主党派合作的基本方针是"长期共存、互相监督、肝胆相照、荣辱与共"。中国人民政治协商会议是中国共产党领导的多党合作和政治协商的重要机构，也是中国政治生活中发扬民主、达成共识、凝聚力量的重要形式。在构建社会主义和谐社会的进程中，多党合作与政治协商已经并将继续发挥着重要作用。

民族区域自治制度作为解决国内民族问题的创举，是国家的一项基本政治制度。民族区域自治的核心，是保障少数民族当家作主，管理本民族、本地方事务的权利。实行这一制度，体现了我国坚持实行各民族平等、团结、合作和共同繁荣的原则。实践证明，民族区域自治制度把民族因素与区域相结合，把政治因素与经济因素相结合，促进了新型社会主义民族关系的确立和发展，有利于维护民族团结、社会稳定、国家统一。

基层民主制度是社会主义民主制度的重要组成部分，基层民主制度建设是社会主义民主法治建设和社会主义政治体制改革的一项重要内容，是社会主义现代化建设的重要环节和重要保证。改革开放以来，随着中国社会政治发展，全国各地城乡基层民主不断扩大，民主的实现形式日益丰富。目前，中国已经建立了以农村村民委员会、城市居民委员会和企业职工代表大会为主要内容的基层民主自治体系，让广大人民群众享有广泛的管理国家事务和社会事务的民主权利。

建设中国特色社会主义法治体系，建设社会主义法治国家，是全面推进依法治国的总目标。新中国成立以来特别是改革开放40年来，我国法治建设取得了重大成就。一个以多个法律部门的法律为主干，由多个层次的法律规范构成的中国特色社会主义法律体系已经形成，它立足于中国国情，适应社会主义现代化建设需要，集中体现了党和人民的意志。这是我国社会主义民主法治建设史上的重要里程碑。

在经济领域，我国实行以公有制为主体、多种所有制经济共同发展的基本经济制度，确立了以按劳分配为主体、多种分配方式并存的分配制度。同时，为有效发挥社会主义经济制度的优越性，我国还不断改革完善社会主义经济体制，建立了社会主义市场经济体制，这些都为解放和发展社会生产力，增强综合国力，维护和促进社会公平正义，实现全体人民共同富裕，提供了坚实的经济制度支撑。改革开放以来，我国的所有制结构发生了巨大变化，各种所有制经济在市场竞争中发挥各自优势，相互促进，共同发展。

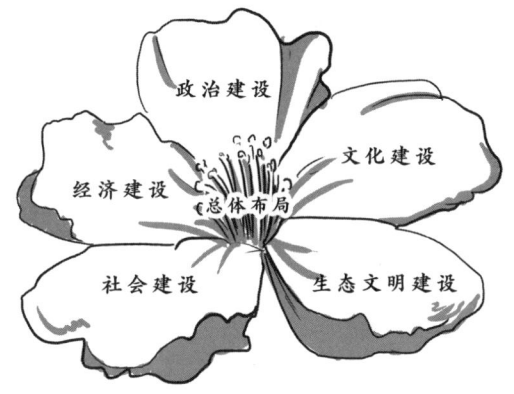

我国的基本经济制度决定了与此相联系的个人收入分配实行以按劳分配为主体、多种分配方式并存的分配制度。按劳分配是社会主义的分配原则。在社会主义初级阶段，多种分配方式并存是收入分配制度的一大特点。按劳分配以外的多种分配方式，其实质就是按对生产要素的占有状况进行分配。实行按劳分配和按生产要素分配结合的分配制度，有利于优化资源配置，促进经济发展，有利于最广泛、最充分地调动一切积极因素。

在文化领域，我们党十分重视文化建设，始终坚持社会主义先进文化的前进方向。在社会主义建设过程中，特别是改革开放以来，我们党根据社会主义文化事业的发展规律，逐步形成并不断完善社会主义文化建设的战略思想。一是提出建设中国特色社会主义文化的根本任务，就是以马克思列宁主义、毛泽东思想、邓小平理论、"三个代表"重要思想、科学发展观和习近平新时代中国特色社会主义思想为指导，着力培养有理想、有道德、有文化、有纪律的公民，切实提高全民族的思想道德素质和科学文化素质。二是指明中国特色社会主义文化建设的基本方针，即"二为"方向和"双百"方针。三是面对社会转型期多元社会价值观的存在，我们党提出建设社会主义核心价值观。社会主义核心价值观是社会主义意识形态的本质体现，是中国特色社会主义事业的精神支柱和力量源泉，是巩固全党全国各族人民团结奋斗的共同思想基础。

在社会领域，我们党在长期实践中不断探索和发展了中国特色社会主义的社会建设理论，着力凸显社会和谐这一中国特色社会主义的本质属性。要坚持发展为了人民、发展依靠人民、发展成果由人民共享，完善保障和改善民生的制度安排，把促进就业放在经济社会发展的优先位置，加快发展教育、社会保障、医药卫生、保障性住房等各项社会事业，推进基本公共服务均等化，加大收入分配调节力度，坚定不移走共同富裕道路，努力使全体人民学有所教、劳有所得、病有所医、老有所养、住有所居。这是全党和全体中国人民的奋斗目标，也是中国特色社会主义制度先进性的必然要求。

必须树立和践行绿水青山就是金山银山的理念

在生态领域，坚持人与自然和谐共生。建设生态文明是中华民族永续发展的千年大计。必须树立和践行"绿水青山就是金山银山"的理念，坚持节约资源和保护环境的基本国策，像对待生命一样对待生态环境，统筹山水林田湖草系统治理，实行最严格的生态环境保护制度，形成绿色发展方式和生活方式，坚定走生产发展、生活富裕、生态环境良好的文明发展道路，建设美丽中国，为人民创造良好生产生活环境，为全球生态安全作出贡献。

中国特色社会主义制度已经确立。然而，随着国内外形势的深刻变化，各种严峻的挑战会接踵而来，因此，我们在坚持和巩固中国特色社会主义制度的前提下，要不断推进重要领域和关键环节的改革，继续推进经济体制、政治体制、文化体制、社会体制、生态体制的改革创新，进而推进中国特色社会主义制度的自我完善和发展。

五、 中国特色社会主义的最大优势和本质特征

中国特色社会主义政治建设的目标，是实现国家治理体系和治理能力现代化，是实现党的领导、人民当家作主和依法治国三者的有机结合。坚

持中国共产党领导，是宪法规定的四项基本原则之一，是中国特色社会主义最本质的特征和最大优势。

（一）党的政治领导指引明确的政治方向

党的政治领导决定国家改革发展的政治立场、政治方向、政治原则。中国共产党鲜明的政治立场，就是坚决维护和实现无产阶级和最广大人民群众的根本利益，国家政策、方针都要符合人民群众的意志，权力不能成为少数利益集团的代言人。党的意志和人民群众的意志是一致的，党的意志代表人民意志，人民的意志是党的意志的根据和遵循。

政治立场决定政治方向。人民的意愿、要求和根本利益与社会发展的趋势是一致的，维护和发展人民的利益就顺应了历史发展的潮流，就能推动社会发展。所以，坚定的政治方向符合社会的发展方向，坚定的政治立场要求坚定的政治原则。政治原则意味着要遵从党的意志、维护党的权威、坚定党的立场，维护党中央的集中统一领导。坚持政治原则，增强大局意识，要求党员干部可以通过一定的方式向有关组织提出建议，行使党员的权利，但不能站在党的对立面，歪曲、攻击、否定党的重大政策、决定。党的领导指引坚定、明确的政治方向，这是中国特色社会主义制度能够保持、发挥自身优势的根本保障。

（二）党的思想领导确定正确的思想路线

中国特色社会主义制度的制度优势，依赖于党确立的正确思想路线。我们党始终高度重视思想建设、理论建设，在实践中坚持和发展真理，不断研究新情况，总结新经验，解决新问题，在实践中丰富和发展马克思主义，使党的理论和路线、方针、政策顺应时代发展的潮流和我国社会发展进步的要求，永远走在时代前列。

习近平总书记于2013年12月3日下午在中共中央政治局第十一次集体学习时指出，"在革命、建设、改革各个历史时期，我们党运用历史唯物主义，系统、具体、历史地分析中国社会运动及其发展规律，在认识世界和改造世界过程中不断把握规律、积极运用规律，推动党和人民事业取得了一个又一个胜利。"党的十八大以来，以习近平同志为核心的党中央在治国理政的过程中创立了习近平新时代中国特色社会主义思想。这一思

想指导中国特色社会主义制度不断完善和发展，在处理国际事务和构建人类命运共同体中彰显了世界影响。

我们进行共产主义理想信念教育，用实现中华民族伟大复兴的中国梦、实现"两个一百年"的奋斗目标来鼓舞人民的激情和力量，积极培育和践行社会主义核心价值观，对中国传统文化进行创造性转化和创新性发展，宣传、弘扬民族精神和时代精神等，正是为了用科学的思想和方法，以及先进的文化及其价值观提升中国人民的精神境界，激发中国人民的热情，凝聚中国人民的共识，增强建设中国特色社会主义的精神力量。这是我们党加强思想领导的有效方式，也是中国特色社会主义制度发挥优势的科学方法和精神动力。

（三）党的组织领导统领先进的组织建设

推动中国特色社会主义事业发展的主体是人民，政治领导、思想领导最终都体现为组织领导，即要将党的政治原则、政治立场、指导思想和意识形态建设贯穿于改革的实践中，必须加强组织建设、队伍建设，提高个人的政治觉悟、思想素质和实践能力。综合国力的竞争说到底是人才的竞争。习近平总书记强调，党管人才，主要是管宏观、管政策、管协调、管服务，而不是由党委去包揽人才工作的一切具体事务。要树立强烈的人才意识，寻觅人才求贤若渴，发现人才如获至宝，举荐人才不拘一格，使用人才各尽其能。

党在基层组织建设中增强党的领导和影响。在新民主主义革命时期的"三湾改编"中，我们党就将党支部建立在连上，加强了党与群众的联系。《中国共产党章程》第三十条规定："企业、农村、机关、学校、科研院所、街道社区、社会组织、人民解放军连队和其他基层单位，凡是有正式党员三人以上的，都应当成立党的基层组织。"[1]第三十二条规定："党的基层组织是党在社会基层组织中的战斗堡垒，是党的全部工作和战斗力的基础"。截至2016年底，中国共产党的基层组织已发展至451.8万个，对社会组织和群众组织建设发挥了有力的指导和领导作用。

---

〔1〕《中国共产党章程》，人民出版社2017年版，第43页。

(四) 党的社会领导凝聚强大的社会力量

恩格斯指出："历史是这样创造的：最终的结果总是从许多单个的意志的相互冲突中产生的，而其中每一个意志，又是由于许多特殊的生活条件，才成为它所成为的那样。这样就有无数互相交错的力量，有无数个力的平行四边形，由此就产生出一个合力，即历史结果……"[1]社会发展的动力最终来自于具有不同利益和意志的单个人，在当代中国改革和发展中，只有中国共产党才具有强大的群众组织力和社会号召力，才能将个人的力量凝聚为社会合力，这就是党的社会领导。

党的组织力和号召力主要取决于以下几个方面：其一，中国共产党的先进性和纯洁性。中国共产党是中国工人阶级的先锋队，同时是中国人民和中华民族的先锋队。其二，中国共产党坚持以人民为中心。中国共产党始终坚持人民立场，代表人民的利益，努力实现、维护、发展最广大人民群众的根本利益，促进人的全面发展，所以它能得到人民的支持和拥护。其三，中国共产党追求社会公正。实现共产主义是中国共产党的最高理想，共产主义的根本特征就是社会公正。党的十九大报告中指出，"不断满足人民日益增长的美好生活需要，不断促进社会公平正义"。

中国共产党的性质、立场和价值追求使其具有强大的社会公信力和凝聚力，能将个体的利益、意志凝聚为社会合力，彰显出中国特色社会主义制度的强大优势。当西方政党各派别还在争吵不休的时候，我们已经实现了历史性变革，创造了中国奇迹。北京奥运会与上海世博会的成功举办、经济不断转型升级、反腐败斗争形成压倒性态势等，都凸显了党的领导力和向心力，这是世界上其他任何一个国家的任何一个政党都做不到的。

---

[1]《马克思恩格斯选集》(第4卷)，人民出版社2012年版，第605页。

（五）中国的发展离不开坚强的领导核心

一个国家、一个政党，领导核心至关重要。这是我们党宝贵的历史经验总结，中国共产党要想始终成为坚强有力的马克思主义执政党，始终成为中国特色社会主义伟大事业的坚强领导力量，必须有一个核心。

中国共产党是中国特色社会主义事业的领导核心。中国共产党的领导地位是经过长期斗争考验形成的，是历史的必然，人民的选择，是社会主义现代化建设的需要。共产党之所以当之无愧地居于领导地位，拥有执政的地位和权力，归根结底，是因为她始终代表中国先进生产力的发展要求，代表中国先进文化的前进方向，代表中国最广大人民的根本利益。

中国特色社会主义事业必须由中国共产党来领导。这是近代以来中国共产党带领人民长期奋斗、进行伟大社会革命历史上、理论上、实践上的必然结论和结果，是历史和人民的选择。

1. 党的领导是社会主义现代化建设取得胜利的根本保证

夺取政权需要党的领导，社会主义现代化建设事业同样必须有党的领导。因为，党的领导本来就是社会主义的题中应有之意，二者不能分开。在无产阶级革命事业发展的整个过程中，包括在革命发展的各个阶段，都需要党的领导。建设中国特色社会主义，是无产阶级革命事业进程中的一个重要历史阶段，坚持党的领导是其内在要求和取得胜利的根本保证。

坚持党的领导，才能始终保证社会主义现代化建设的正确方向。邓小平曾明确指出，"我们搞四个现代化，是搞社会主义的四个现代化，不是搞别的现代化"，"如果我们的政策导致两极分化，我们就失败了；如果产生了什么新的资产阶级，那我们就真是走了邪路了"。这告诉我们，社会主义现代化建设，始终是同社会主义基本制度结合在一起的。历史经验证明，只有坚持党的领导，才能顺利实现党提出的战略目标，始终保持我国沿着社会主义的方向顺利前进。

坚持党的领导，才能更有效地动员和组织广大群众投身到改革和现代化建设事业中来，不断取得新的胜利。一方面，改革和现代化建设是群众自己的事业，必须最广泛地动员他们参加，充分发挥他们的聪明才智，得到他们最有力的支持。我们党坚持群众路线，通过制定符合中国国情和人民群众根本利益的路线、方针和政策,最大限度地调动起人民群众建设社会主义的积极性;通过强有力的思想政治工作,使全国各族人民团结一致地为实现社会主义现代化而奋斗;通过党的基层组织的战斗堡垒作用和共产党员的先锋模范作用,把人民群众动员和组织起来。四十年的改革实践充分证明:党对改革和现代化建设的领导作用,是任何其他组织和团体都不能代替的。

坚持党的领导,才能保持安定团结的政治局面。团结就是大局,团结就是力量。安定团结是全国人民的共同愿望,是社会主义现代化建设的先决条件。政局不稳,社会动荡,人心涣散,现代化建设就难以顺利进行。在漫长的革命和建设实践中,党与各民主党派结成了"肝胆相照,荣辱与共"的关系,赢得了各民主党派的衷心拥护和密切合作与支持;党坚持实事求是的思想路线,善于严格区分和处理两类不同性质的矛盾,及时调整各种利益关系,把全国各民族人民团结起来;党高瞻远瞩,善于总结历史的经验教训,在执政条件下,积累了丰富的治党治国经验,紧紧把握社会发展的总趋势,把各项事业不断向前推进。

2. 毫不动摇地坚持和维护党的核心领导地位

党的十八届六中全会上,明确了习近平总书记的领导核心地位,这是我们党和国家的根本利益所在,是坚持和加强党的领导的根本保证,是进行具有新的历史特点的伟大斗争、坚持和发展中国特色社会主义伟大事业的迫切需要。

党的十八大以来,以习近平同志为核心的党中央带领全党、全军、全国各族人民开创了中国特色社会主义伟大事业和党的建设新的伟大工程的新局面,在改革发展稳定、内政外交国防、治党治国治军等各方面取得了一系列具有重要现实意义和深远历史意义的成就,实现了党和国家事业的继往开来,赢得了全党、全军、全国各族人民的衷心拥护,受到了国际社会的高度赞誉。

旗帜引领方向,核心凝聚力量。站在历史和未来的交汇点上,面对全面建成小康社会决胜阶段的新形势,只有坚决维护以习近平同志为核心的党中央的权威,才能把全党牢固凝聚起来,进而把全国各族人民紧密团结起来,才能乘风破浪、勇往直前,形成众志成城、无坚不摧的磅礴

力量。

　　一切伟大的成就都是接续奋斗的结果，一切伟大的事业都需要在继往开来中推进。不忘初心，方得始终。让我们更加紧密地团结在以习近平同志为核心的党中央周围，坚持以习近平新时代中国特色社会主义思想为指导，在新时代展现党的新气象、新作为，在新征程中谱写新篇章、夺取新胜利，不断开创中华民族伟大复兴更加光明的前景。

第三节　中国奇迹从哪里来

　　回顾历史，四十年前的岁末，中国共产党召开十一届三中全会，开启了一场波澜壮阔的伟大改革，使中华大地风起云涌、春华秋实。四十年改革开放的硕果累累令人震撼：中国经济总量跃升至世界第二位，中国成功地迈向世界历史舞台的中央。

一、人民的奋斗

　　历史的发展是由无数创业史累积而成的。历史的涤荡、时代的变迁不断告诉我们，人民是历史的创造者。改革的力量归根到底是由每个人的力量累积而成的，它推动着中国这艘巨轮乘风破浪，扬帆远航。中国的改革历程，就是一部人民开天辟地的创业史，也是人民从未停歇的奋斗史。

　　人民群众是改革主体。"人们自己创造自己的历史，但是他们并不是随心所欲地创造，并不是在他们自己选定的条件下创造，而是在直接碰到的、既定的、从过去继承下来的条件下创造。"[1]历史活动是每个人的事业，每个个体是物质生产活动、政治实践活动、文化传播活动的主体，每个人的历史活动体现着社会发展规律，影响着社会发展状况和进程。认识物质生产实践中最活跃、最积极的因素，是社会生产力的体现者。在物质生产活动中，人们不断积累经验、改进工具、提高技术水平，从而推动生

---

[1]《马克思恩格斯选集》（第1卷），人民出版社2012年版，第669页。

产力的发展,最终推动社会进步。

有人说,中国改革如同一个函数,因变量是政治精英的思想决策,自变量是每个人的贡献、创造能力和智慧。每个人的创造力和智慧一旦形成社会共识,政治精英就可以利用共识突破阻力。在历史时空中,一个政党、一个国家、一个民族的梦想与改革的强音常常汇聚在一起。参与中国改革的人来自社会各个阶层,工人、农民、知识分子、军人……是他们的劳动和智慧给中国带来了翻天覆地的变化!回首改革的历程,我们可以发现从包产到户的全面推广,到"大众创业、万众创新"的蓬勃兴起,正是广大人民群众的积极参与、勇敢探索,推动着中国改革步步向前。

人民的愿望是改革之源,群众的支持是改革之基。人的需要是人的生命活动的内在规定性,是自觉地、积极主动的渴求。需要的产生、发展及其满足,必然导致人类社会的进步和发展。人的需要是当代中国进行改革的深层次始因,人的需要的不断变化推动着改革的不断深化。

人民是历史的创造者、改革的推动者。中国人民在革命中舍生忘死、不屈不挠、前仆后继,他们在改革中披荆斩棘、矢志不渝、义无反顾。中国改革开放的总设计师邓小平说:"不要把改革归功于我一个人,我只不过是把人民群众中的一些创造加以提炼和概括罢了。"时序更替,梦想前行。世界上没有哪一个政治团体像中国共产党这样为人民谋幸福、为民族谋复兴、为人类谋进步、为世界谋和平。人类没有哪一个主义能够开辟出让一个拥有14亿人口的大国实现从站起来、富起来到强起来的飞跃之路。改革开放四十年来,我们靠每个中国人的不懈奋斗闯出一条新路、好路,实现了从"赶上时代"到"引领时代"的伟大跨越。

二、 制度优势创造了中国奇迹

经过新中国 70 年,改革开放 40 年的不懈努力,中国作为世界上最大的发展中国家,摆脱贫困落后面貌,成为世界第二大经济体,创造

了人类社会发展的奇迹。而这一切归根结底是因为中国走出了一条适合自身国情的发展道路,建立并不断完善中国特色社会主义制度。可以说,中国制度是中国创造发展奇迹的根本保障。

(一) 中国特色社会主义制度激发了中国人民的创造活力

中国特色社会主义制度是在改革开放的进程中确立起来的。我们打破传统计划经济体制,建立充满生机活力的社会主义市场经济体制,确立公有制为主体、多种所有制经济共同发展的基本经济制度。我们坚持党的领导、人民当家作主、依法治国有机统一,人民代表大会制度、政治协商制度、民族区域自治制度、基层群众自治制度等政治制度不断发展完善。我们坚持马克思主义的指导地位,开创文化繁荣发展新局面,以文化自信支撑道路自信、理论自信、制度自信,文化强国建设整体推进。我们高度重视社会建设,脱贫攻坚和改善民生取得显著成效,全民共建共享的社会治理格局正在形成。我们坚持"绿水青山就是金山银山",生态文明建设深入人心,产权清晰、多元参与、激励约束并重、系统完整的生态文明制度体系正在形成。在改革开放进程中确立和不断完善的中国特色社会主义制度,激发了中国人民的创造活力,给中国带来深刻变化。

(二) 中国特色社会主义制度彰显了社会主义的优越性

首先,中国共产党是中国的执政党,各民主党派是参政党,与中国共产党长期共存、互相监督、肝胆相照、荣辱与共,共同致力于发展中国特色社会主义事业。中国不搞多党竞选,不搞轮流坐庄。中国也不搞三权分立、两院制,而是实行人民代表大会制度,不断推进社会主义民主政治制度化、规范化、程序化。这种制度安排避免了政治纷争,能够集中力量办大事,有效维护社会稳定,为党和国家兴旺发达、长治久安提供了根本保障。其次,把社会主义与市场经济有机结合起来,使各种经济因素相互补充、协同发力,营造了健康有序的竞争和发展环境。再次,把增进人民福祉、实现共同富裕、促进人的全面发展作为发展的出发点和落脚点,不断提高发展质量,创新发展模式,实现发展与民生改善的良性循环。加紧建设对保障社会公平正义具有重大作用的制度,保障人民平等参与、平等发展的权利,不断推动改革发展成果更多更公平地惠及全体人民。这些都从理论和实践上丰富了社会主义的内涵，形成了独具特色和优势的发展模式。

(三) 中国特色社会主义制度为发展中国家走向现代化提供了中国智慧

发展中国家如何实现现代化，是一个世界性难题。中国作为世界上最大的发展中国家，经过长期不懈探索，走出了一条不同于西方国家的新型现代化道路。中国道路既坚持科学社会主义基本原则，又赋予其鲜明的时代特征和中国特色，打破了世界对西方发展模式的盲目崇拜和路径依赖，为广大发展中国家摆脱贫困落后作出了积极示范。一方面，中国不断扩大对外开放，吸引了大量资金、技术、人才以及各方面的有益经验。另一方面，中国坚持独立自主、自力更生，既把握发展规律、审慎行事，又大胆创新发展理念、转变发展方式；既不断提高经济效率，又重视维护社会公平，正确处理改革、发展、稳定的关系；既坚持人民主体地位、尊重群众首创精神，又强调加强顶层设计、推进国家治理现代化。中国道路的成功彰显了人类文明发展的多样性，为人类对更好社会制度的探索提供了中国方案。

三、 凝聚全体人民意志的伟大战略

在世界近现代史中，凡是在正确的时间制定并实施了正确大战略的国家，都实现了大发展。从中国现代史来看，以毛泽东同志为代表的党的第一代中央领导集体，制定并实施了"新民主主义革命"的伟大战略，引领中国实现了民族独立和人民解放。以邓小平同志为代表的党的第二代中央领导集体，制定并实施了"改革开放"的伟大转变，引领中国走上了富强发展之路。在继承我们党几代中央领导集体探索的宝贵经验、科学总结治国理政规律基础上，党的十八大以来，以习近平同志为总书记的党中央，结合新的实践，逐步提出并形成了"四个全面"战略布局。"四个全面"是凝聚全国人民意志和力量、形成不可抗拒的改革合力、攻坚克难的强大思想武器。在这个战略布局引领下，协调推进党和国家事业，我们一定能够实现民族复兴之梦。

（一）"四个全面"战略布局的提出

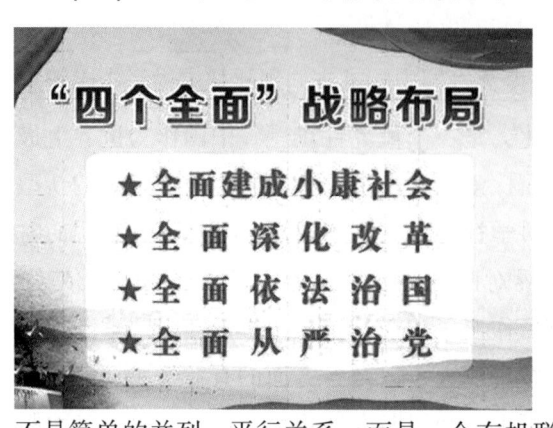

2014年12月13至14日，习近平在江苏调研时指出："协调推进全面建成小康社会、全面深化改革、全面推进依法治国、全面从严治党，推动改革开放和社会主义现代化建设迈上新台阶"。"四个全面"战略布局不是简单的并列、平行关系，而是一个有机联系、环环相扣的整体。从大的关系看，是目标引领举措。全面建成小康社会是战略目标，全面深化改革、全面依法治国、全面从严治党是一个都不能缺的三大战略举措，为全面建成小康社会提供动力源泉、法治保障和政治保证。从每一个"全面"之间的具体关系看，也都是彼此联系的。全面深化改革，既为全面建成小康社会提供强大动力，也是全面依法治国、全面从严治党的需要。全面依法治国，本身就是全面建成小康社会的重要内容，同时又为全面建成小康社会提供法治保障，无论全面深化改革、全面从严治党，都需要在法治的轨道上、框架下来进行。全面从严治党，是推进"四个全面"战略布局的关键，全面建成小康社会、全面深化改革、全面依法治国，都必须坚持党的领导。

（二）"四个全面"战略布局凝聚人心，引领民族伟大复兴

"四个全面"战略布局的提出，更完整地展现出新一届中央领导集体治国理政的总体框架，使当前和今后一个时期，党和国家各项工作关键环节、重点领域、主攻方向更加清晰，内在逻辑更加严密，这对推动改革开放和社会主义现代化建设迈上新台阶提供了强力保障。

"四个全面"战略布局是以习近平同志为核心的党中央治国理政思想的重要内容，闪耀着马克思主义与中国实际相结合的思想光辉，饱含着马克思主义的立场、观点、方法。

"四个全面"战略布局，是习近平主席治国理政思想的集中体现，是

马克思主义中国化的重大创新成果。党的十八大以来，习近平主席以对中华民族高度负责的历史担当，领导全党、全军、全国各族人民，战胜来自国内外的严重压力和风险挑战，推进党和国家事业取得举世公认的新成就。事实充分证明，"四个全面"是实现"两个一百年"奋斗目标和中华民族伟大复兴的大战略。

"四个全面"战略布局是实现中国由大向强历史性跃升的战略引领。当今中国，正处在国家由大向强"关键一跃"的历史节点，一切在旧的国际体系中获得巨大利益的守成势力，不甘心世界格局发生实质性变化，千方百计阻遏中国崛起。"压制与劝诱""捧杀与棒杀"的历史话剧，在世界大舞台上反复上演。"四个全面"以宽广的世界历史大视野统筹国际国内两个大局，它把民族复兴的战略目标与"三大战略举措"整合为一个有机统一的整体，实现了战略目标与实现路径的有效对接，超越了一般政治口号，具有引领国家发展的巨大威力。协调推进"四个全面"，我们就能铸牢中国巨轮的"压舱石"，无论国际敌对势力怎么兴风作浪，我们都能破浪前进。

"四个全面"是凝聚全国人民意志和力量、形成不可抗拒的改革合力、攻坚克难的强大思想武器。中国由大向强跃升，遇到的阻力不仅来自国外，也来自国内。克服这些阻力需要前所未有的动力。恩格斯说，历史是无数个个人和社会集团相冲突的合力的结果。"四个全面"运用系统思维聚合改革发展动力，通过全面从严治党锻造领导核心、提供坚强保证，通过全面深化改革破除利益樊篱、解决突出的矛盾问题，通过全面依法治国建立规则秩序、提供坚强保障，使改革、法治、治党三大举措形成互相促进、相得益彰的巨大合力，从而为全面建成小康社会、实现民族复兴的战略目标形成强有力的支撑。我们坚信，协调推进"四个全面"，一定能加快中华民族伟大复兴的历史进程，再创中华民族繁荣发展的新辉煌。

四、中国特色社会主义文化的巨大价值不可估量

中国特色社会主义文化自信是最根本的自信。改革开放过程中，中国共产党和中国人民逐渐确立了对中国特色社会主义道路、中国特色社会主义制度、中国特色社会主义理论和中国特色社会主义文化的"四个自信"。其中最重要、最根本的自信是文化自信。

（一）文化的力量

文化是民族精神的血脉、基因与家园，是民族屹立于世界之林的精神根基，也是强化民族认同、维系民族团结、树立民族自尊的灵魂。文化上自信的民族和国家，意志坚强、精神独立、思想自由，全民族和国家在自信的文化土壤中汲取生存的智慧和繁衍的能量，生生不息。无论对民族生存而言，还是对促进民族发展进步而言，文化自信对凝聚民族力量的价值具有不可估量和无可替代的作用。

中华民族的民族自强有赖于中华文化的维系。一个国家和民族如果没有共同的思想文化基础，就会魂无定所、行无依归，成为一盘散沙，难以形成勠力同心、协同奋进的强大力量；一个国家和民族的思想文化如果被外来文化所同化或消融，就会沦为其他国家的思想俘虏和精神附庸，极易陷入殖民化的悲惨境地。

习近平总书记于2014年5月4日在北京大学师生座谈会上的讲话中强调："一个民族、一个国家，必须知道自己是谁，是从哪里来的，要到哪里去，想明白了、想对了，就要坚定不移朝着目标前进。""只有坚持从历史走向未来，从延续民族文化血脉中开拓前进，我们才能做好今天

的事业。"[1]站在推进中国特色社会主义的历史新起点上，我们强调文化自信就是要从文明渊源和文化传统上，解决"我是谁""我从哪里来，要到哪里去"的问题，即在厘清中华民族自我主体性身份，确立自我自主性地位的基础上，明确自我前行的方向和道路，增强民族复兴的勇气和动力。

(二) 中华民族需要文化自信

文化自信需要新的内涵。在5000多年的历史中，中华民族的命运与中华文化的生生不息密切相关。近代中国遭遇了强大外敌的入侵，全民族到了最危险的时刻。中华文明面临着中华文化主体性丧失的巨大危机，中华民族一度在"向何处去"中彷徨和徘徊。十月革命一声炮响，给我们送来了马克思主义。随后马克思主义中国化进程在中华大地生根、发芽、开花、结果。在中国共产党的领导下，经过中国革命的不懈奋斗，中华民族拨正航向，中华文明得以接续前行。可以说，中华文明在与中国革命和建设实践的结合过程中，生长出新的文化果实——中国特色社会主义文化。中国特色社会主义文化，是反映先进生产力发展规律及其成果的文化，是源于人民大众实践又为人民大众服务的文化，是继承人类优秀精神成果的文化，具有科学性、时代性和民族性。当前，我国在不断推进"一带一路"建设，正在致力于让更多国家共享中国发展机遇和成果，其中就包括中国特色社会主义文化成果。我们可以通过"一带一路"建设中的文化交往、交流，在进一步丰富人类文明色彩的同时，让全世界感受到中国特色社会主义文化的独特魅力。站在中华民族伟大复兴的历史新起点上，我们可以说，今天的中华文化不但得以发展、壮大，而且有十足的高度自信屹立于世界文化之林。

文化自信是中华民族精神自我的确证和认同，是中华民族主体精神力量的自我彰显与强化。习近平总书记于2014年3月7日在参加十二届全国人大二次会议贵州代表团审议时的讲话中指出："体现一个国家综合实力最核心的、最高层的，还是文化软实力，这事关一个民族精气神的凝聚。"

---

[1] 习近平于2014年9月24日在纪念孔子诞辰2565周年国际学术研讨会暨国际儒学联合会第五届会员大会开幕会上的讲话。

"人类历史上，没有一个民族、没有一个国家可以通过依赖外部力量、跟在他人后面亦步亦趋实现强大和振兴。"在认同、传承与创新中，文化为民族形成编织了一条坚不可摧的精神纽带，构筑了民族集体认同的精神家园，强化了民族赖以生存的精神自信根基。中华民族要实现伟大的民族复兴，在文化上，就必须而且只能传承中华文明中优秀的基因，在不断变化的社会历史发展中，创新自身的文化特色，始终保持积极、开放的形态，汲取世界各民族优秀的民族文化传统，充实入中华文化肌体，丰富中华文化的内涵，使中华文化始终具有独特的中国特色且兼容并蓄。

历史映照着现实与未来相通，实现中华民族伟大复兴的梦想，必须植根自身历史，在文化的继承上有所前进、发现、创造。历史已经证明中华文化具有足够的自信支撑中华文明始终昌盛不衰。历史必将证明，凝结着深厚优秀传统文化的底蕴、具有独一无二的民族与文明特质、兼容并蓄、与时俱进的中华文化，能够为中华民族伟大复兴提供持久的强劲的不竭的自信动力。

第四节　中国人的家国情怀

所谓"家国情怀"，是一种源自内心的质朴情感，是对家庭、对国家的深沉热爱。家是最小的国，国是千万家。在中国历史上，出现过无数保家卫国，舍小家保大家的感人故事。中国人素有爱国爱家、天下一家的家国情怀。

一、中国从来不缺民族英雄

民族英雄是指为维护国家领土、领海、领空主权完整，保障国家安全，维护人民利益及民族尊严，在历次反侵略战争中，献出宝贵生命和作出杰出贡献的仁人志士。

"天地英雄气，千秋尚凛然。"中华民族是一个崇敬英雄且英雄辈出的民族。在几千年的历史长河中，古往今来的英雄的故事一直在民间传颂，英雄的精神始终在中华儿女的血液中流淌。习近平 2015 年 9 月 2 日在颁发

"中国人民抗日战争胜利70周年"纪念章仪式上指出:"近代以来,一切为中华民族独立和解放而牺牲的人们,一切为中华民族摆脱外来殖民统治和侵略而英勇斗争的人们,一切为中华民族掌握自己命运、开创国家发展新路的人们,都是民族英雄,都是国家荣光。中国人民将永远铭记他们建立的不朽功勋!"每个朝代都有自己的民

族英雄。汉代的卫青、霍去病,宋朝的岳飞、韩世忠,明朝的戚继光。近代以来,在反抗外来侵略、抵御外辱、推翻帝制,救国救民的历史上,更是涌现出数不胜数的民族英雄。从林则徐到三元里人民,从孙中山到黄兴、宋教仁,从井冈山48 000名烈士到长征路上十数万英魂,从千百万抗日英烈到朝鲜战场上数十万铮铮铁骨,中华民族英雄前仆后继层出不穷,成为中国精神优秀的代表。一代一代的中华英烈激励着一代又一代的华夏儿女,为人民的幸福和民族的振兴砥砺前行。

英雄是引领国家精神和民族精神的灯塔,也是国家精神和民族精神的最佳载体;一个国家、一个民族任何时候都不能缺少英雄。习近平指出:"一个有希望的民族不能没有英雄,一个有前途的国家不能没有先锋。"我国正处在全面建成小康社会的冲刺阶段,正处在民族伟大复兴的关键点上,机遇前所未有,挑战也前所未有。虽然和平建设时期没有刀光剑影、战火纷飞,但是我们所面临的困难一点也不亚于硝烟弥漫、生死相搏的战争年代。我们要看到,新的历史条件下,国际国内形势发生了很大变化,我们党面临的执政环境和执政条件发生了很大变化,党面临的"四大考验""四种危险"是长期的、复杂的、严峻的。在这个关键时期,我们的国家、我们的民族更需要英雄引领、英雄担当、英雄奉献甚至牺牲。未来,中华民族还会涌现出更多的民族英雄和爱国志士,他们还会用自己的行动给历史留下烙印。

英雄是一个民族的精神载体，也是一个国家的精神象征。英雄是激发民族精神力量的富矿，社会的价值取向是建筑在英雄崇拜基础上的。习近平指出："包括抗战英雄在内的一切民族英雄，都是中华民族的脊梁，他们的事迹和精神都是激励我们前行的强大力量。"[1]在英雄身上，不仅浓缩着人们共同的美好记忆，也体现着时代的价值追求和精神渴望。仰望英雄、崇敬英雄，代表着共同的价值认同，表达着追求卓越的向上力量。抗日烈士、爱国主义作家郁达夫说过："一个没有英雄的民族是不幸的，一个有英雄却不知敬重爱惜的民族是不可救药的。"今天，我们不仅要不忘初心回望来路，敬仰昨天的英雄；还要不忘初心高瞻远瞩，崇敬今天的英雄，孕育明天的英雄。

二、中华民族崛起的背后更是英雄辈出

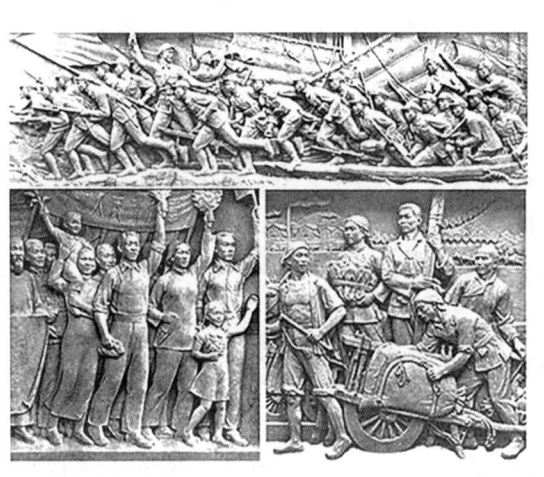

英雄儿女各千秋，一寸丹心惟报国。不同的时代具有不同主题，不同的主题造就不同的英雄。但这些英雄都有一个共同特点，就是以坚定的信仰和自身无私无畏的言行引领大众、影响社会并产生过超越自我的重要作用。任何国家、任何民族在任何时代都需要自己的英雄。在今天的和平年代、在市场经济大潮中，我们同样需要英雄。我们必须树立正确的英雄观。不能以权力大小、财产多少论英雄，也不能以"粉丝"多少、影响大小论英雄。教育家陶行知先生说："滴自己的汗，吃自己的饭，自己的事自己干，靠人、靠天、靠祖上，不算是英雄好汉。"我们不需要娱乐致死的"英雄"，不需要金钱万能的"英雄"，不需要"外国月亮圆"的"英雄"，不需要野心勃勃往上爬的"英雄"，不需要不尊

---

[1] 习近平2015年9月2日在颁发"中国人民抗日战争胜利70周年"纪念章仪式上的讲话。

科学敬鬼神的"英雄"。我们需要德高望重、明见万里的学界英雄,我们需要超越小我、引领国家发展、带领人民共同富裕的商界英雄,我们需要忠于职守、尽心尽力的工友英雄,我们需要宁愿收成少也要产出无害农产品的农友英雄,我们需要焦裕禄式的公仆英雄,我们需要张超式的军人英雄,我们还需要很多很多的英雄……凡是为中国繁荣发展、中华民族伟大复兴做出杰出贡献的人都是我们的英雄。

人类社会中最强大的力量、最不可战胜的力量是信仰的力量。政治力量的本质是信仰的力量。信仰是力量之源、精神之本,而文化是信仰生长的土壤。文化崛起是一个国家和民族崛起的原动力。先有文化崛起,特别是思想理论的崛起,然后才能有真正的国家富强、民族复兴、人民幸福。先有思想巨人、理论巨人和文化巨人,然后才能有军事巨

人、政治巨人和产业巨人。文化自信不是凭空而来的,它必须有文化巨人、特别是思想巨人的巨大成果作为支撑。我们要真正做到百花齐放、百家争鸣,在爱党、爱国、爱人民、讲道德的大前提下少设"禁忌"、少设"雷区";我们要让思想家、理论家、文化大家、科学家的束缚越来越少,精神激励越来越多;我们要营造崇敬思想家、理论家、文化大家、科学家的社会氛围,让他们首先成为国家和民族的英雄。

三、家是最小国,国是千万家

中华民族历来重视家庭,正所谓"天下之本在国,国之本在家"。家不仅仅是我们个人的家,家还是最小的国,国是千千万万个家。有家才有国,有国才有家,小家连着大家、连着国家。

（一）家是最小国

家庭是社会的基本细胞，是人生的第一所学校。中华民族传统家庭美德铭记在中国人的心灵中，融入中国人的血脉中，是支撑中华民族生生不息、薪火相传的重要精神力量，是家庭文明建设的宝贵精神财富。一个人能否顺利成长，要看家庭氛围建设的好不好，要看家教方式管理的细不细，要看家风代代传承的顺不顺。在我国任何一个历史时期，家国情怀始终是最为重要的历史命题，并由此衍生出不计其数的爱国主义经典篇章，被一代又一代中华儿女反复吟唱，成为中国人自强不息、奋斗不止的强大精神支柱。

有家庭就一定有家风。家和万事兴，千家万户都好，国家才能好，民族才能好。2016年12月在会见第一届全国文明家庭代表时，习近平总书记指出："无论时代如何变化，无论经济社会如何发展，对一个社会来说，家庭的生活依托都不可替代，家庭的社会功能都不可替代，家庭的文明作用都不可替代。"我们这种对自己国家和人民所表现出来的"家国一体"的深情大爱，不仅是对国家富强、人民幸福的理想追求，更体现了我们对中华民族高度的认同感、责任感和使命感，是一种深层次的文化心理密码。正是这种最深层次的心灵认可，在历史进程中才能最真切地感悟到发展的巨变，从沧桑巨变中才能凝聚起伟大的复兴力量。

（二）家庭的前途命运同国家和民族的前途命运紧密相连

家庭的事不仅仅是我们个人的私家事，它也是国家的事、社会的事。家与国就是这样你中有我、我中有你，从不曾分离过。从"烽火连三月，家书抵万金"的感慨到"王师北定中原日，家祭无忘告乃翁"的叮嘱，从"位卑未敢忘忧国"的忠诚到"天下兴亡，匹夫有责"的慷慨，中国人"家国一体"的民族情感，始终在家与国休戚与共、个人与民族息息相关的历史衍生中一脉相承。遵循这种家国一体的观念，我们建立了以血缘关系为纽带的宗法社会，并逐渐形成了家和国的对应关系——家是缩小的国，国是放大的家。这就是我们中国人千百年来传承至今的特有的家国情怀、家国逻辑。孟子曰："人有恒言，皆曰，'天下国家'。天下之本在国，国之本在家，家之本在身。"[1]天下、国、家的根本在于每一个家庭，而每一个

---

[1] 朱熹：《四书章句集注》，中华书局2011年版，第260页。

家庭的根本在于我们每一个人自身。每一个人都应当以敬畏的态度努力做一个好人，做好自己，然后才能够建设和谐美满的家庭，而家庭和谐美满了，国家才能够做到秩序井然，天下才能够太平。这其实是一个系统的具有实践性的美好社会建设纲领。天下、国、家一直到自身，这其中的核心其实是家庭，而不是个人。因为个人自身也是家庭教育、家庭涵养的结果。

家庭和睦则社会安定，家庭幸福则社会祥和，家庭文明则社会文明。千家万户都好，国家才能好，民族才能好。国家富强、民族复兴、人民幸福，最终要体现在千千万万个家庭都幸福美满上，体现在亿万人民生活不断改善上。在全面深化改革新的历史时期，面对国内改革发展稳定的繁重任务以及国际形势的风云变幻，蹄疾步稳深化改革、持续有力推动发展、扎实有效改善民生，正成为我们当下"家国天下"的时代表达。"家是最小国，国是千万家"，实现人民更幸福、国家更繁荣、民族更昌盛的宏伟目标，更加需要我们觉醒、奋斗和反思，更加注重家庭、注重家教、注重家风，使千千万万个家庭成为国家发展、民族进步、社会和谐的重要基点，把亿万人民的聪明才智汇聚成奋勇向前的无穷力量。

家庭固然重要，但有国才有家。我们做任何事情不能够仅仅是盯着自己的小家，还要关注国家这个大家。古往今来，有许多的榜样和楷模，值得我们后人去学习、去景仰。在中国历史上，有无数古圣先贤，他们秉持"家齐而后国治，正己始可修身"的信念，心怀"苟利国家生死以，岂因祸福避趋之"的情怀，自觉地把个人、家庭的命运与国家和民族的命运紧密地联系在一起，为我们谱写出了一曲曲感天动地、感人肺腑的不朽诗篇。在革命战争年代，在硝烟弥漫，满目疮痍的中华大地上，也曾经涌现出了无数可歌可泣的故事——最后的一块布送去做军装，最后一口饭送去做军粮，最后一块门板送去做担架，最后一个儿子送去上战场……这是保家卫国，天下兴亡，匹夫有责的爱国情怀的呈现。

(三) 家庭梦融入中国梦之中

中华民族伟大复兴的中国梦不是遥不可及、高高在上的，梦就在我们身边，就在我们每一个人的心中。只有实现了中华民族的伟大复兴，我们每一个人的家庭梦才能梦想成真。千家万户都好，国家才能好，民族才

能好。

近代以来，尽管我们面临国家积弱、民族危亡的重重积难，但伟大的中国人民始终把民族独立、人民解放、国家富强作为精神主流，把个人的安危同民族存亡、国家兴衰休戚与共，我们也比历史上任何时期都更有信心、有能力把实现家庭梦融入民族梦之中，心往一处想，劲往一处使，用我们4亿多家庭、13亿多人民的智慧和热情汇聚起实现"两个一百年"的奋斗目标、实现中华民族伟大复兴中国梦的磅礴力量。所以，对千百万个家庭来说，我们要自觉地把爱家与爱国紧密联系起来，把实现家庭梦融入到中华民族伟大复兴的中国梦之中。

灾难深重的近代中国历史让每个中国人都知道，离开了国家主权和民族独立，家族、家庭和个人的幸福，就不可能得到保障。当列强在中国人民头上作威作福、横行霸道的时候，当家族的权利、家庭的利益和个人的人权，可以被任何一个侵入者随意践踏的时候，国家没有主权，人民就没有任何幸福可言。中国要自立于世界民族之林，中国人民的基本人权要得到基础性保证，没有国家的独立和民族的主权是完全做不到的。而国家富强、民族独立和人民幸福，必须要依靠整个中华民族全体人民的共同努力和一代又一代人的接力奋斗，只有把个人的梦想和追求，把自己家庭的梦想和追求，融入到中华民族伟大复兴的中国梦当中，只有在这种共同奋斗中，人民的幸福生活和国家的富强才能实现，每个个人的权利和幸福才会得到保障。

思考题

1. 你对中国哪个朝代的历史有所了解？
2. 尝试分析一下稳定统一的中国对人民生活的意义和价值。
3. 个人和国家是什么关系？
4. 中国都有哪些国家制度？

政治改造分册

第六章

我们共同的精神家园

中华文明源远流长，作为世界上唯一历经数千年而没有中断的文明，有着自身独特的优点与魅力。中华优秀传统文化是滋养当代中国人的精神食粮，也是我们共同的精神家园。

第一节　中华文化源远流长

一、从传说时代开始

中华文化是历史的瑰宝，通过口耳相传与书面文字记载等形式流传在寓言、小说、宗教、舞蹈、戏曲中。有关中华文化最初的文字记载散见于《山海经》《水经注》《尚书》《史记》《吕氏春秋》等古代典籍中。这些古代典籍成为研究中华文化起源的起点。

上古时代，传说伏羲生于成纪，是古代传说里中华民族的人文始祖。他聪慧过人，根据天地万物的变化，发明创造了八卦，成为中国古文字（符号）的发端，也结束了"结绳记事"的历史。他结绳为网，用来捕鸟打猎，教会了人们渔猎的方法。他发明了瑟，创作了乐曲《驾辩》。

炎帝，是中国上古时期姜姓部落首领的尊称。传说姜姓部落的首领由于懂得用火而得到王位，所以被称为炎帝。炎帝部落的活动范围在今陕西省宝鸡市岐山一带。相传炎帝牛首人身，他亲尝百草，发展用草药治病；他发明刀耕火种，发明了两种翻土农具，教民垦荒种植；他还带领部落人民制造出了饮食用的陶器和炊具。

由上古到大禹治水的成功，才算初步奠定中华民族以农业立国的坚强基础，有了原始农业经济的成就，才有夏、商、周三代建立中华文化的经济基础。

相传，大禹治理黄河有功，受舜禅让而继承王位。在诸侯的拥戴下，正式即位，以阳城为都城，一说以平阳为都城，国号夏，并分封丹朱于唐，分封商均于虞。禹是夏朝的第一位天子，因此后人也称他为夏禹。他

是中国古代与尧、舜齐名的贤圣帝王,他最卓著的功绩,就是历来被传颂的治理滔天洪水,又划定中国版图为九州。

自此,夏代后裔延续天下的治权达四百余年之久,同时也建立了夏代真正以农业立国的文化。夏代秉承上古以天文、历法等原始宇宙思想,用金、木、水、火、土五行变换的原则,配合农业社会的人文文化,所形成的文化精神,崇尚朴素笃实的本质,这便是历史上有名的"夏尚忠"的文化精神。

后成汤兴起,灭掉夏末暴君桀以后,建立了商朝。商朝绵延五百余年,商一改夏代文化朴实的形态,偏向于天道的观念,"以神道设教",类似宗教的精神,形成殷商时期历史上有名的"殷尚鬼",建立了崇信鬼神意志的文化精神。

周兴于今陕西岐山一代。周文王参古今之宜,演扬易学而成《周易》基本思想;再经过周武王灭商建周,周公旦扩充的《易经》思想,融会三代以来人文文化,部分承继殷商天道鬼神等思想,逐步完成周代礼、乐、文教、刑政等人文文明大系,自此,中华文化得以初步大成,即"周尚人"。

二、 五千年文明史回顾

中华文明历史悠久,源远流长,从三皇五帝时期开始计算,约有5000年的文明史,是世界上历史最久远、文明最连贯的国家。这一漫长的历史,大致可划分为如下历史时期。

(一) 远古时代——公元前2100年之前

远古时代指的是夏商周之前的中国历史,主要包括旧石器时代和新石器时代。

这一阶段,人类文明逐渐形成,生存技能不断优化,财富逐渐积累,人类从母系社会逐渐过渡到父系社会,氏族和阶级开始产生。

这段时期尚未产生文字,故事都是通过口耳相传来传播,除了切实发生的事情,还夹杂了先民对世界的认知和想象,因此许多故事充

满了传奇色彩,如盘古开天辟地、女娲造人、炎黄大战蚩尤、尧舜禹禅让、三皇五帝等。品读这段时期的传说,我们能够深切的体会到先民们披荆斩棘,改造自然,谋求生存的艰苦实践和豪情壮志。

(二) 三王时代——公元前2100年至公元前221年

三王时代即夏商周时期。三王指的是夏商周的开创者,即夏禹王、商汤王和周武王。

这一阶段,经过之前的生产力提升和财富积累,氏族大部落早已经形成,并且主动地通过吞并或者收服周边小部落来掠夺战利品或者获取税赋,统治者私有财产急剧增加,不愿意再拱手让人,因此废除禅让制、改"公天下"为"家天下"成为大势所趋。

大禹因为治水之功获得拥戴,建立了夏朝基业,其子夏启继任,正式废弃了禅让制,开创了夏朝。夏朝绵延四百多年后被商朝取代,商朝绵延五百余年,又被周朝取代。但无论朝代如何更替,家天下的传统一直延续下来。

(三) 封建时代——公元前221年至公元1912年

封建时代起自秦朝始皇帝统一全国,终于1912年清朝末帝溥仪退位。公元前8世纪周平王东迁后,经过春秋战国500余年的诸侯争斗,秦国脱颖而出,扫平天下,公元前221年建立了大一统的中央集权国家,开创了皇帝制度,确立了郡县制的行政管理模式,统一文字和度量衡,奠定了未来千年的政治、文化和版图基础。其后,朝代更替频仍,但皇帝制度一直延续,直至清朝灭亡。

自秦汉至明末,中国在科技、文化、政治、经济各方面都在世界上遥遥领先。中国的四大发明更是影响了整个世界,尤其是火药,南宋时就已经开始在战争中应用火药,明朝时就发明了火枪。可惜中国的科学和政治进程却在明朝停滞。清朝闭关锁国的政策导致中国固步自封,被西方赶超。1840年,英国用枪炮轰开了中国的大门,开始了中国的百年耻辱。

(四) 现当代——1840年至今

中国的现当代史指的是1840年鸦片战争至今的历史,习惯上分为1840年至1949年的近现代和1949年至今的当代两段。

近代，是中国最耻辱和悲痛的一段时期。自 1840 年第一次鸦片战争英国压迫清政府签订《中英南京条约》之后，西方列强，如英、法、美、德、日、俄、葡、西等，纷纷在中华大地上作威作福，中国陷入水深火热之中。无数仁人志士抱着救亡图存的理想或整顿政治，或修整军事，或经营实业，或学习科学，经过数代的奋斗，终于在中国共产党的领导下，建立了新中国，彻底废除了之前列强强加给中国的不平等条约。中国人民开启独立自主建设国家的征程。经过 70 年的努力，如今国富民强，抹去了曾经的屈辱，恢复了民族自信，重新成为享有崇高国际地位的世界大国。

三、 中华文化的鲜明特点

中华文化产生于中华大地，独特的自然条件和历史条件使中华文化具有鲜明的特点。纵观几千年中华文化的形成和演进历史，可以清楚地看出，颂扬真善美、贬抑假丑恶是中华文化的核心和本质。

中华文化具有以下鲜明特点：

（一） 源远流长

英国历史学家汤因比认为，在近 6000 年的人类历史上，出现过 26 个文明形态，但是只有中华文化是延续至今而且从未中断过的文化。这一奇迹足以把中华文化同其他文化区别开来，如此悠久的历史，本身就包含了中华文化的许多特质。所以，中华文化的第一个显著特点就是——源远流长。

中华大地是全世界最早进入人类文明的地域之一。旧石器时期的人类在与大自然的搏斗中，逐渐积累了大量的生存本领，但是还不能称之为完全意义上的文明。历史发展到新石器时代，中华古老文明的曙光才开始展现在中华大地上。据考古学统计，目前我国发现的新石器时代遗址遍布全国各地，已超过七千多处，已发掘几百处，其中以仰韶文化的半坡、姜寨遗址最为典型，距今约 7000 年。属仰韶文化的陕西半坡遗址发现了很多贮存粮食的地窖，地窖中有成堆的小米，此外还有复合工具、弓箭及各种有刻画符号的陶器。这些刻画符号，乃是有原始文字意义的重要表征，是我国早期文字的雏形。

从中华文化的自然地理因素看，中国处在一个半封闭的大陆性地理环境之中。东面临海，西北有戈壁沙漠，西南则多横断山脉，东北有广袤的原始森林。几千年来，中华文化一直孕育在这样一个广大的避风港中。这种"隔绝机制"正是一个统一、独立的文化系统得以连续发展的先决地理条件。

(二) 多元一体

当我们全面审视中华文化发生、发展及演变的历史过程时，我们发现，中华文化像一条大河，可以寻觅到它的源头，但难以细数那汇聚成源头的涓涓细流；同样，在源头以下，还有无数支流为它注入新的活水，逐渐混为一体，最后汇聚成浩浩荡荡的一条大河，不舍昼夜地奔流，正是在汇聚了多种文化之后，中华文化才有了如此盛大的气象、博大的胸怀。至今，我们能清楚地感觉到各种母文化的影响，却不能给它们简单地贴上标签。今天的中华文化正是各种文化你中有我、我中有你的交融。

(三) 天人合一

天人合一，就是天与人，天道与人道，天性与人性相类相通。一个最初以耕耘为生的民族，与自然的关系是和谐的。在反复的耕作实践中，人们发现，土地似乎是有生命的，人对土地的善待会得到相应的回报。人们从这种自然感应中，获取了某种信念：那就是土地也和人一样。对土地的人格化，很自然也会推广到天。四季更替，昼夜变化，风调雨顺才能丰收。人受制于自然，只能顺应自然，天人关系实际上就是神人关系。《尚书·洪范》中说："惟天阴骘下民。天乃赐禹洪范九畴，彝伦攸叙。"意思是，天是保护下民的，因而赐禹九类大法，人伦规范才安排得当。可见，普通百姓朴素的理念开始上升到统治者的头脑中，可以说是古代天人合一思想的萌芽。

春秋时期，郑国大夫子产说："夫礼，天之经也，地之义也，民之行也。天地之经，而民实则之。"[1]他认为"礼"是自然界的必然法则，人民必须按照天经地义的"礼"行事。这反映出人与天相通，人事与天事相通的思想。战国时期，孟子把天道与人性联系起来，他说："尽其心者，知

---

[1] 转引自：关长龙："中国传统礼学资源溯论"，载《中原文化研究》2014年第2期。

其性也，知其性则知天矣。"[1]这里孟子首先肯定人性与天性是一致的，要知天性，从了解人性即可得到。庄子更认为，人与天都是由气构成，人是自然的一部分，因而天与人是统一的，"天地与我并生，而万物与我为一"。至于后来的董仲舒、张载等人，更是把天和人，天事与人事附会到一起，为这一学说推波助澜。

（四）以人为本

作为伦理类型的文化，中华文化的主体是人，它的关系是人，它的目的也是人。以人为本，就是指以人为考虑一切问题的根本，就是肯定在天地人之间，以人为中心；在人与神之间，以人为中心。

传统的天人合一思想，强调天人之间的统一性。一方面，用人间之事去附会天之规律，把人的行为归依于天的意志的实现，以获得一个虚拟的理论依据。另一方面，往往把主体的伦常和情感灌注于"天道"，并将其人格化，使其成为想象中与人相似的物体。"天"成为理性和道德的化身。封建皇帝宣称的"奉天承运"，起义农民坚持的"替天行道"，不过是这种思维的具体表现而已。从表面上看，是人按天意在"承运"、在"行道"，但实际上，"天"却只是人们实现政治理想的手段，而不是目的。所谓"存天理，灭人欲"也不过是借"天"来推行一套伦理道德而已。天人之间人为主导，人是目的，充分体现了以人为本的文化精神。

（五）重德重生

中华文化强调人世间的价值。儒家认为要使人世间生活和谐，就要追求礼乐社会与仁民政治。而贯通礼乐社会与仁民政治就要重德。所以在中华文化中重德（即重视道德修养）与重生（即重视人生价值）是统一的。就个人而言，道德修养是人生价值实现的崇高目标；就社会而言，一切道德规范是为了维护社会的稳定，创造一个君义臣忠、父慈子孝、夫敬妇从、兄友弟恭、朋友有信的理想社会。

---

[1] 朱熹：《四书章句集注》，中华书局2011年版，第327页。

四、 中华文化的时代优势

（一） 中华民族具有敬祖爱国的传统美德

中华民族是富有爱国主义光荣传统的伟大民族。深厚的爱国主义情感，是中华文化最优秀的传统之一，是中华民族精神的核心。中国人的爱国情，发端于对故乡、亲人的眷恋，对祖先的崇敬。在古代中国，国家观念是以家庭观念为基础的。中华文化传统也是建立在自给自足的自然经济和家族血亲基础上的。由对祖先父母的

孝，扩展到对家族乡里的凝合，再扩展到对国家社稷的忠，这便形成了中国人的"国""家"一体观念。在力倡"仁爱孝悌"的儒家文化视域中，历代忠君爱国之士，首先是事亲至孝之人。人们把祖国比喻成母亲，把孝亲心上升为爱国心，把爱乡情放大为爱国情。

中国人的爱国情，产生于对祖国壮丽河山的依恋。家乡的一山一水、一草一木，无不激发起中华儿女对祖国的热爱之情。从东海之滨到青藏高原，从白山黑水到壮寨苗乡，从"天苍苍，野茫茫，风吹草低见牛羊"的草原牧场到"日出江花红似火，春来江水绿如蓝"的江南水乡，祖国的万里江山锦绣如画，使得每一位中华儿女感到由衷的骄傲和自豪！

中国人的爱国情，出于对祖国历史文化和人文精神的钟爱。中华民族悠久的历史和丰富多彩的文化，在相当长的时间里一直居于世界前列，对人类文明的发展作出了伟大的贡献。在中华民族的开化史上，有丰富的文化典籍，包括诗经、楚辞、汉赋、乐府、六朝骈文、唐诗、宋词、元曲、明清散文、古典小说，多少名篇精品都饱含着对祖国山河、中华文化的挚爱。中华书法、山水画、汉音唐乐、明清歌舞，大多酣畅淋漓地抒发作者对国家和家乡的深情。

中华文化具有深厚的爱国主义传统。中华民族不仅出现了无数爱国英雄人物,而且从爱国实践中升华出立志报国的人生观、价值观,形成国家和人民利益高于一切的价值取向。早在两千多年前的春秋战国时期,就已出现爱国的观念和爱国的思想。《战国策·西周策》说:"周君岂能无爱国哉"。《汉纪》也有"欲使亲民如子,爱国如家"的记载。战国时期楚国政治家屈原创作的《离骚》,充分表达了他"虽九死其犹未悔"的忧思深广的爱国情怀。屈原"捐躯赴国难"之后,中国人民世世代代不忘在端午节用划龙舟、吃粽子等活动来纪念这位伟大的爱国诗人。南宋岳飞的"精忠报国""还我河山",陆游的"位卑未敢忘忧国",文天祥的"人生自古谁无死,留取丹心照汗青"……一曲曲慷慨激愤之词,酣畅淋漓地表达了中华民族坚持操守、忠于祖国的磅礴正气。明朝戚继光奋战十年,荡平倭患;清朝林则徐禁烟抗英,保卫祖国,"苟利国家生死以,岂因祸福避趋之";关天培、邓世昌、冯子材等爱国将领在抗击帝国主义侵略中视死如归,以身殉国。这些可歌可泣的爱国主义精神,为中国人民千古传颂。我们的先圣倡导"杀身成仁""舍生取义""以天下为己任",赞扬"天下兴亡,匹夫有责""宁为玉碎,不为瓦全",把忠于祖国看得比个人生命更重要,把为祖国献身作为人生的最大价值,强调个人对国家兴亡的重大责任,先国家、后个人,把个人利益和命运同国家民族利益和命运紧紧结合在一起。这一优秀文化传统,造就了中华儿女执着的爱国主义情操和维护国家利益宁折不弯的高尚民族气节。这种爱国主义精神,在维护祖国统一和民族团结、反对分裂,维护祖国的独立和主权,反对侵略,推动祖国进步和繁荣,反对倒退中,发挥了铸造"国魂""民魂"的作用。

中华文化中敬祖爱国的传说,使中华儿女产生的爱家、爱乡、爱国的感情,刻骨铭心,不可动摇。我中华民族之所以历经磨难,却一次次衰而复兴,巍然屹立在世界的东方,很重要的就是靠爱国主义传统。凡中华儿女,无论走到哪里,只要良心未泯,都有一颗赤诚的"中国心",都时时牵挂着中华的统一和振兴。这种血浓于水的亲情、乡情、爱国情,是中华民族伟大凝聚力的突出表现,是一条永远割不断的精神纽带。

(二)中华民族具有崇礼重德的传统美德

中国历来被称为礼仪之邦,中华民族是崇尚美德的民族,重礼仪、讲道德，崇尚和谐的人际关系，追求人格上的精神美，是中华文化优秀传统中最具特色的基本精神之一。从某种意义上来说，中华文化是伦理型文化，是以伦理道德为内涵的文化。

中华文化认为，礼是人与低级动物区别开来的重要标志。"凡人之所以为人者，礼义也。"礼也是区分人格高低的标准。《诗经》讲："人而无礼，不遄死？"孔子指出："不学礼，无以立。""礼"是中华民族的母德之一，中华伦理文化可以说就是"礼仪文化"。社会讲"礼节"，个人讲"礼貌"，人际关系讲"礼让"，"礼"是中华文化的精华。人们赞赏家庭和睦、社会合群、尊师重教、尊老爱幼、扶贫济困的好风气，称道"亲仁善邻，国之宝也""有朋自远方来，不亦乐乎""远亲不如近邻"，等等，表现了中国人宽厚兼容、恭谦礼让、笃情重谊、彬彬有礼的文明风貌。

"礼"是人的品质的外在表现，而内在的本质是"仁"。"仁"是中华民族道德精神的象征，也是世俗道德中最普遍的德行标准。孔子以"仁学"为核心的哲学与伦理政治学说，是中华文化精神的重要因素。"仁"的根本出发点是"爱人"，也就是尊重人、爱护人、以人为本、舍己为人，实际也是如何做人的道理。由此派生出的礼、

仁义礼智信

义、诚、信、廉、耻、孝等，成为世代中国人的精神追求。其中虽有不少应剔除的封建礼教陈规，却不乏众多闪光的思想精华和做人的道理。如"己所不欲，勿施于人"这句话，被西方视为"人类行为的伟大法则"，并誉为"黄金法则"。而"先天下之忧而忧，后天下之乐而乐"，"鞠躬尽瘁，死而后已"的精神，则是中华道德观的最高境界。

中国人把建立高尚的道德视为人生的最高追求，"讲礼仪、崇道德、重人伦"逐渐成为中国人的主要心理和性格特征，崇礼重德意识渗透到我们民族文化生活理性观念的各个方面，成为中华文化重要的构成元素，对我们民族的心理结构、生活习俗、社会行为产生了广泛而深远的影响。其中许多道德观念，超越了时空，成为具有普遍意义的准则。如富于理想、

追求真理的传统，忧国忧民、立志报国的传统，公而忘私、克己奉公的传统，以民为本、舍己为人的传统，独立自主、自力更生的传统，勤劳勇敢、艰苦奋斗的传统，重义轻利、清介自守的传统，革故鼎新、勇于创新的传统，等等，都是中国人民长期奋斗中的智慧结晶，是中华文化优秀传统中的元典精华。

中国道德文化建设有一条宝贵的经验，就是注重道德观念的伦理化、实践化，把它变成大众的日常意识，将其渗透到大众日常生活与社会关系的方方面面，成为人们处世、立世、行世的准则和信条。以孔子学说为核心的儒家文化，绵延两千年，历经频繁的朝代更替而生生不息，成为历代王朝的正统思想和治国之说，同时也成为平民百姓修身善性的准则，一个很重要的原因就是这种作为社会统治思想的学说完全伦理化、大众化了。例如，"修身、齐家、治国、平天下"，是儒家文化的基本内核和价值取向，为历代统治者所崇奉推行，这一价值取向把个人的修养、家庭的整理、国家的整治同天下太平、国泰民安紧密联系在一起，真正实现了"天人合一""体用合一""知行合一"的境界，成为妇孺皆知、君民同为的日常意识和行为规范。这恰恰是中华文化重德精神的突出特点。

(三) 中华民族具有贵和执中的品德

中国人自古就特别强调"和"，以和为贵；也特别重视"中"，讲究中庸。所谓"和"，是指不同事物的合和、和谐、统一，对立面的相济相成、既同且异、共聚一体、相资相长。中华传统文化追求宇宙自然的和谐、人与自然的和谐、人与人之间的和谐、身与心的和谐。中国人历来以和谐为最高原则来处理各种矛盾和各方面的关系，包括"天人合一""家庭和睦"、人与人"亲和"、民族"协和"、国与国"和平共处"，这样才能"天下太平"。

中国的先哲们对"和"的概念有独特的见解，主张"和而不同"。西周末年的史官史伯说："和实生物，同则不继。"他认为，"和"是多样性的统一，只把一种物质放在一起是不能产生任何新的物质的。他主张不同事物的交融，不同意见的兼蓄。春秋时期齐国政治家晏婴认为，"和"就像五味调和才能生出美味，如果只是水加水，则单一寡淡，无人愿食，又像八音和谐才能奏出美妙音乐，如果琴瑟只一个音调，则无人愿听。孔子

丰富了"和"与"同"的概念,第一次正式提出了"君子和而不同,小人同而不和"的命题,把"和而不同"作为理想人格应具备的品德,表现了"重和去同"的价值取向。这种"和实生物""和而不同"的文化观,对中华文化的发展起了十分重要的积极作用。

(四) 中华民族具有自强不息的精神

刚健有为、自强不息,是中华民族最宝贵的民族精神,是中华文化的基本精神内核,是人们处理天人关系和各种人际关系的总原则,也是中国人积极人生态度的最集中的理论概括和价值提炼。中华五千年灿烂文化始终蕴含着一股奋发向上、开拓进取的精神力量,深刻地影响着中国人的心理和品格,是中华民族生存、繁衍、发展的生机与活力。《易经》说:"天行健,君子以自强不息;地势坤,君子以厚物载德。"这相当于中华民族自立于民族之林的历史宣言。在中华文化的典籍中,可以看到无数篇闪耀着生生不息精神光芒的华章。如神话、寓言有"夸父追日""精卫填海""愚公移山""神农尝百草",等等。如诗词有屈原的"路漫漫其修远兮,吾将上下而求索",曹操的"老骥伏枥,志在千里,烈士暮年,壮心不已",岳飞的"莫等闲,白了少年头",等等。这些都是中国人积极进取人生态度的总结。

中华民族具有吃苦耐劳、奋发向上、默默奉献的内在气质。"大禹治水"三过家门而不入;李冰父子率众修筑都江堰,不避风雨,苦干巧干;北魏郦道元历尽千辛万苦寻图访迹,完成《水经注》这部不朽的地理著作;祖冲之刻苦钻研,所求得的圆周率在精确度上保持近千年的领先地位;明代徐霞客经过三十多年的实地考察,完成六十多万字的《徐霞客游记》……勤劳、勇敢、智慧的中国人民为人类文明作出了重大贡献。

中华民族具有不畏强暴、百折不挠、愈挫愈奋的自强自立精神。历史上有许多遭遇艰辛而奋发有为的仁人志士,为后代子孙所

> **文化讲堂**
>
> 我们从古以来,就有埋头苦干的人,有拼命硬干的人,有为民请命的人,有舍身求法的人,……虽是等于为帝王将相作家谱的所谓"正史",也往往掩不住他们的光耀,这就是中国的脊梁。
>
> ——鲁迅《中国人失掉自信力了吗》

传颂。司马迁说:"文王拘而演《周易》;仲尼厄而作《春秋》;屈原放逐,乃赋《离骚》;左丘失明,厥有《国语》;孙子膑脚,《兵法》修列;不韦迁蜀,世传《吕览》;韩非囚秦,《说难》《孤愤》;诗三百篇,大抵贤圣发愤之所为作也。"这些仁人志士虽身处逆境,仍然矢志不移,苦心钻研,奋发向上,才创造出了光辉灿烂的民族文化瑰宝。而司马迁本人,也是遭受宫刑之后,忍辱负重,发愤修志,继孔子《春秋》而作《史记》,成为史家之绝唱、无韵之离骚,皇皇巨著千古流传。

中华民族信奉"士可杀不可侮""富贵不能淫、贫贱不能移、威武不能屈"的人格精神,敬奉忠义伟岸的"武圣人"关公,讴歌刚正不阿的黑面铁包公,都体现了中华民族刚健奋发、矢志不渝的阳刚之气。正是这种刚健有为、自强不息的精神,不仅在中华民族兴旺发达时期起过巨大的积极作用,在民族危难之际,也总是成为激励人们起来进行斗争的强大精神力量。中国人民表现出的坚持正义、英勇奋斗、不怕牺牲的高尚气节,惊天地,泣鬼神。

第二节　中国特色社会主义文化

中国特色社会主义文化是社会主义先进文化,是中国共产党领导中国人民在长期的革命斗争和改革开放实践中所创造和累积的先进文化和中华五千年优秀传统文化有机结合的产物。

一、马克思主义先进文化

马克思主义是关于全世界无产阶级和全人类彻底解放的学说。由马克思主义哲学、马克思主义政治经济学和科学社会主义三大部分组成,是马克思、恩格斯在批判地继承和吸收人类关于自然科学、思维科学、社会科学等优秀科学成果的基础上于 19 世纪 40 年代创立的,并在实践中不断地丰富、发展和完善的无产阶级思想的科学体系。从不同的角度,我们可以对什么是马克思主义作出不同的回答。从它的创造者、继承者的认识成果来看,马克思主义是由马克思、恩格斯创立的,由其后各个时代、各个民族的马克思主义者不断丰富和发展的观点和学说的体系。从它的阶级属性讲,马克思主义是无产阶级争取自身解放和整个人类解放的科学理论,是关于无产阶级斗争的性质、目的和解放条件的学说。从它的研究对象和主要内容讲,马克思主义是无产阶级的科学世界观和方法论,是关于自然、社会和思维发展的普遍规律的学说。马克思主义是由一系列的基本理论、基本观点和基本方法构成的科学体系,它是一个完整的体系。

19世纪科学技术的新成果新发展为马克思主义的产生奠定了坚实的自然科学基础。1848年2月出版的《共产党宣言》中,第一次对无产阶级的思想体系作了系统的表述,这标志着马克思主义的诞生。马克思主义在19世纪40年代产生于西欧,它吸收和借鉴了人类思想文化的优秀成果,特别是18世纪中叶和19世纪上半叶的社会科学和自然科学的成果。马克思主义的理论来源主要是德国古典哲学、英国古典政治经济学和英法空想社会主义。此外,法国启蒙学者的思想和法国复辟时期历史学家的阶级斗争学说,也为科学社会主义理论提供了思想资料。

> **文化讲堂**
>
> 马克思的全部天才正是在于他回答了人类先进思想已经提出的种种问题。他的学说的产生正是哲学、政治经济学和社会主义极伟大的代表人物的学说的直接继续。
>
> ——列宁

《共产党宣言》发表后,马克思恩格斯利用毕生的精力继续丰富发展马克思主义。"马克思主义"一词,是在1883年3月马克思逝世后,才被作为无产阶级思想体系的代称而逐步流行起来。

作为中国共产党和社会主义事业指导思想的马克思主义,是中国化的马克思主义,既包括由马克思、恩格斯创立的马克思主义的基本理论、基本观点、基本方法,也包括经列宁等对其的继承和发展,推进到新的阶段,并由毛泽东、邓小平、江泽民、胡锦涛、习近平等为主要代表的中国共产党人将其与中国具体实际相结合,进一步丰富和发展了的马克思主义,也包括将马克思主义的基本原理和中国革命与建设的实际情况相结合,从而得出适合中国国情的社会主义革命和建设道路的理论。

毛泽东同志最早提出了马克思主义中国化的思想。1938年10月，毛泽东在中共六届六中全会的政治报告《论新阶段》中指出："离开中国特点来谈马克思主义，只是抽象的空洞的马克思主义。因此，马克思主义的中国化，使之在其每一表现中带着必须有的中国的特性，即是说，按照中国的特点去应用它，成为全党亟待了解并亟待解决的问题。"

马克思主义为什么要中国化呢？首先，这是由马克思主义自身的理论品质所决定的。马克思主义作为无产阶级政党的理论思想和行动纲领，就必须回答和解决当时当地的实际问题，同样，政党要想成功地践行马克思主义的基本原理，也一定要将这一原理和本国的实际相结合，用新的实践、新的内容、新的语言来丰富和发展马克思主义。所以，坚持马克思主义和发展马克思主义是互为依托的，这是马克思主义"放之四海而皆准"的力量源泉。

其次，这也是总结我们党的历史经验和教训后得出的郑重结论。中国共产党成立以后，在怎样学习实践马克思列宁主义这个重大的基本问题上，大体有两种截然相反的态度，一种是教条主义的态度，一种是实事求是的态度。教条主义态度将马克思主义经典作家的著作当做不变的教义，开口闭口"拿本本来"，只注意具体结论，而忽视了引出结论的具体的历史背景和过程，没有看到马克思主义经典作家的许多观点，是根据欧洲无产阶级革命实践的经验总结而来的，生搬硬套地将它用到中国这个东方社会，结果犯了"水土不服"的毛病。这种做法，看起来取到了马克思主义的"真经"，但实际上却抛弃了马克思主义具体问题具体分析的灵魂。与之相对应的就是实事求是的态度，用毛泽东的话讲就是用马列主义这根"矢"，去射中国革命实践这个"的"，理论科学，目标明确，这才叫做"有的放矢"，用中国化的马克思主义去指导中国的实践，就会做到无往而不胜。回顾我们党的历史，可以清楚地看到，什么时候我们坚持了马克思主义中国化的原则，我们的革命和建设事业就会取得成功；反之，什么时候我们违背了这一原则，形而上学地、僵化地、保守地、片面地理解马克思主义，就会遭到严重的挫败。

马克思主义先进文化立足于无产阶级和全人类的解放，实现了历史和逻辑、科学性和阶级性、理论和实践的有机统一，是我们认识世界、改造世界的强大思想武器,具有无可比拟的先进性。

二、 中国共产党带领中国人民创立的革命文化

任何一个政党,都有其独特的精神基因。独特的精神基因决定了一个政党的精神气质、文化形象和价值追求。习近平总书记于2016年7月1日在庆祝中国共产党成立95周年大会上的讲话中强调:"在党和人民伟大斗争中孕育的革命文化和社会主义先进文化,积淀着中华民族最深层的精神追求,代表着中华民族独特的精神标识。"从根本意义上讲,革命文化是中国共产党独特的精神基因,是我们党能够从小到大、由弱变强,始终走在时代前列的核心竞争力。

> **文化讲堂**
>
> 在党和人民伟大斗争中孕育的革命文化和社会主义先进文化,积淀着中华民族最深层的精神追求,代表着中华民族独特的精神标识。
>
> ——习近平

首先,中国革命文化是中华民族革命斗争史的文化凝聚。

作为中国共产党独特精神基因的革命文化,不是凭空产生的,而是在中华民族反抗侵略、追求富强民主的伟大斗争中凝聚而成的。在中华优秀传统文化的滋养和马克思主义中国化的历史进程中,我们党在革命斗争年代所形成的井冈山精神、长征精神、延安精神、西柏坡精神,以及诸多英雄人物与先进集体,构成革命文化的独特标识和精神谱系。革命文化传承和升华了中华优秀传统文化的合理内核,把马克思主义普遍真理与中国革命实践有机结合起来,成为中国文化自信的优质基因。这种优质基因决定了中国共产党在革命和发展实践中,忘我奋斗、锐意进取,带领中国人民从胜利走向胜利。因此,革命文化源于实践又引领实践。正如毛泽东所强调的,"革命文化,对于人民大众,是革命的有力武器。革命文化,在革命前,是革命的思想准备;在革命中,是革命总战线中的一条必要和重要的战线"。[1]

其次,中国革命文化构建了中国共产党精神图谱的基本内核。

就像人的基因决定了人的性状、功能和行为一样,中国共产党的精神

---

[1]《毛泽东选集》(第2卷),人民出版社1991年版,第708页。

基因图谱，就像一幅生命的蓝图，引领我们党在严酷的斗争中适应环境、保存优势、生存进化。

它确立了"把中国引向光明"的理想目标。作为与"黑暗"相对立而存在的"光明"，体现了中国共产党所追求的根本理念、终极价值目标，是合乎全人类利益、合乎人性发展的，它以马克思主义信仰、共产主义理想信念为表征，是中国革命胜利的一种精神动力，成为中国共产党人的政治灵魂，科学地回答了"我们要到哪里去""我们的未来是什么样的""我们怎样实现这一目标"的终极性问题。

它确立了中国共产党全心全意为人民服务的根本宗旨。70多年前，毛泽东同志在延安的窑洞前响亮地喊出"全心全意为人民服务"，绝非空洞的说教，而是对我们党核心价值的高度凝练。在改革发展时期，习近平总书记反复强调"为人服务，担当起该担当的责任"的执政理念，发出"人民对美好生活的向往，就是我们的奋斗目标"的庄严承诺，正是我们党精神基因的延续体现。

它确立了中国共产党人"不怕牺牲，排除万难"的意志品质。这种不屈不挠的勇气和自强不息的志气，使中国共产党人无论是在革命年代还是改革时期，始终保持一种"要有肝胆、要有担当精神"的积极进取态度，始终保持一种敢于藐视和压倒一切困难、顽强拼搏、去争取胜利的精神气概。在革命年代，它体现为中国共产党人勇于革命、不怕牺牲的精神。在深化改革时代，则体现为不惧困难、敢啃硬骨头的"不怕苦"精神。咬定青山不放松，任尔东西南北风。不因困难而退却，不因痛苦而放弃。这些都成为中国共产党人的精神气质。

最后，中国革命文化塑造了中国共产党人的理想人格。中国共产党人干事业，一靠真理的力量，二靠人格的力量。在延安时期，毛泽东同志用"高尚的人，纯粹的人，脱离了低级趣味的人，有道德的人，有益于人民的人"，这五种人形象地描摹了中国共产党人理想的精神意象，展现了人类精神世界良好美善的崇高天地。

革命文化作为中国共产党独特的精神基因，以对世界观、人生观、价值观的立场阐述，为中国共产党人理想人格塑造提供了指南。就世界观而言，革命文化对生死问题的价值判断，强调"为人民利益而死，就比泰山还重;替法西斯卖命,替剥削人民和压迫人民的人去死,就比鸿毛还轻"。就人生观来看,革命文化所赞颂的毫不利己、专门利人的精神,彰显出中国共产党人对工作认真负责,对同志对人民亲切热忱的精神风貌,反对那种对待同志"冷冷清清,漠不关心,麻木不仁"的极端个人主

义。在价值观方面,革命文化推崇"为人民的利益坚持好的"与"为人民的利益改正错的"相统一,展现了中国共产党人自我完善、自我净化的内在力量。

因此,源自中国革命文化的独特精神基因,规定着中国共产党实践的目的和方向,指导着中国共产党对理想道德"至善"的选择,决定着中国共产党人具体行为目标的取舍和人生力量的释放,使之为正义而崇高的事业不懈奋斗。独特的精神基因,必将使中国共产党不断增强自我净化、自我完善、自我革新、自我提高的能力,永葆中国共产党人的政治本色。

三、中国特色社会主义文化源自中华文明的优秀文化成果

中国特色社会主义文化,源自中华民族五千多年文明历史所孕育的中华优秀传统文化,熔铸于党领导人民在革命、建设、改革中创造的革命文化和社会主义先进文化,植根于中国特色社会主义伟大实践。习近平总书记在全国宣传思想工作会议上强调,要不断提升中华文化影响力,"中华优秀传统文化是中华民族的文化根脉,其蕴含的思想观念、人文精神、道德规范,不仅是我们中国人思想和精神的内核,对解决人类问题也有重要价值"。[1]中国是一个历史悠久的文明古国,古往今来,中华民族自强不息、艰苦奋斗、开拓进取,创造了源远流长、绚烂多姿、

---

〔1〕 引自习近平 2018 年 8 月 21 日至 22 日在全国宣传思想工作会议上的讲话。

独具特色的中华文化。中国特色社会主义植根于中华文化沃土,独特的文化传统注定了我们必然要走适合自己的发展道路。

(一) 中国优秀传统文化为中国特色社会主义提供文化沃土

任何理论的产生,都离不开它的文化基础,中国特色社会主义理论,是马克思主义中国化的理论成果。这个"中国化"既指马克思主义理论要同中国实际相结合,也指其要吸收中国文化的精华,使之形成具有中国气派、中国风格的理论。习近平总书记强调:"在带领中国人民进行革命、建设、改革的长期历史实践中,中国共产党人始终是中国优秀传统文化的忠实继承者和弘扬者,从孔夫子到孙中山,我们都注意汲取其中积极的养分。"[1]离开了中国优秀传统文化,中国特色、中国气派和中国风格就无从谈起。毛泽东同志注重用中国传统文化中的命题解读马克思主义,深入浅出地说明问题,他创造性地用"实事求是"来阐释辩证唯物主义认识论;将"民惟邦本""民为贵,社稷次之,君为轻"等中国传统文化中的民本思想升华为"群众路线"思想;用"知行观"生动阐述了认识与实践的关系。我们党提出的"全面建成小康社会"的奋斗目标,吸收借鉴传统文化中"小康"思想的精华,结合中国实际国情体现了对传统文化的继承与超越;"和平统一、一国两制"的伟大构想是对中国特有的"和合"思维的当代阐发;"依法治国,以德治国"的理念将传统的法治思想和德治思想进行现代性转化;科学发展观秉承了"天人合一"的传统文化基因。习近平新时代中国特色社会主义思想深刻阐释了马克思主义中国化的文化内涵,其治国理政思想是对中国传统治国安邦、修齐治平思想的超越与转化;"人类命运共同体"理念是对"天下为公""世界大同""仁者爱人"思想的创新性发展。

一种文化的活力不是抛弃传统,而是在何种程度上吸收传统、再铸传统。在马克思主义理论指导下发展的中国传统文化,与当代文化不断融合创新,其合理的文化内核逐渐积淀为中华民族最深沉的精神追求和价值指引。马克思主义中国化是一个动态的、不断创新的历史进程,中国优秀传

---

[1] 习近平 2014 年 9 月 24 日在纪念孔子诞辰 2565 周年国际学术研讨会暨国际儒学联合会第五届会员大会开幕会上的讲话。

统文化为其发展提供了不竭动力和思想源泉,不断推进理论创新、制度创新、文化创新。所以,中国特色社会主义理论将继续从中国优秀文化中汲取营养,不断实现创新和发展。

(二) 中国优秀传统文化为社会主义市场经济发展提供价值导向

中国传统文化可以说是伦理型文化,文化观念与价值观念、社会规范紧密相连,汲取其中的优秀文化基因为社会主义市场经济的健康有序发展提供价值导向。

中国传统文化蕴含的义利观有助于遏制市场经济条件下的拜金主义,端正追求物质利益的态度,在一定程度上消解私利化倾向。在义利关系上,传统儒家倡导"先义后利""见利思义""义然后取""不义而富且贵,于我如浮云""君子喻于义、小人喻于利"的价值取向。传统宗法社会,义利观根植于小农经济形态的土壤中,在某种程度上体现出"重义轻利""以义抑利"的倾向,没有充分尊重个人正当利益,带有一定的历史局限性,但其中不乏合理要素。市场经济的主体是"理性经济人",追求个人利益最大化是市场经济的目标,对个人利益的过度追求不免滋生一些唯利是图、损公肥私的现象。以社会主义市场经济精神为指导,挖掘中国传统义利观中的合理要素,在充分尊重个人正当利益的同时,主张义利统一,有利于规导市场经济条件下的私利化倾向,有利于构建一个和谐、文明的社会主义市场经济秩序。

诚实守信的价值观有助于加强市场主体的道德修养,培育良性的市场经济契约精神。市场经济实质上是一种"契约经济""信用经济",它与诚实信用的价值观存在天然的联系,传统文化强调"仁、义、礼、智、信",强调"君子养心莫善于诚,致诚则无它事矣"。"信"既是持家、兴业的重要行为规范,同时也是做人的内在道德要求。从市场主体角度而言,树立诚信意识,加强道德自律,确保市场经济交往活动中行为的道德稳定性,尤其在网络经济时代，诚实信用对市场中买卖双方都是非常重要的品行；从市场秩序角度而言，建立诚信制度，将诚信融进社会主义市场经济中，充分发挥政府在市场经济中的功能，建立完善的个人、企业、中介信用制度体系，保证市场竞争的公平性。

中国传统文化中的和合思想、大同理念、自强精神等优秀基因，为社会主义市场经济发展提供了文化资源、精神力量，在新的历史条件下，应继续巩固、拓展、创新中国传统文化，使其发挥更为强大的生命力。

(三) 中国优秀传统文化是彰显文化自信的有力支撑

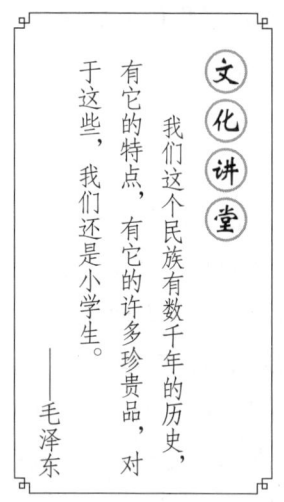

文化讲堂

我们这个民族有数千年的历史，有它的特点，有它的许多珍贵品，对于这些，我们还是小学生。

——毛泽东

党的十九大报告中提出："文化自信是一个国家，一个民族发展中更基本、更深沉、更持久的力量。"彰显中国文化自信，是道路自信、理论自信、制度自信的基础，是文化强国战略的前提。五千年绵延不绝的中华文明是文化血脉的延续，是建立中国文化自信的有力支撑，不断从中国传统文化中发掘合理资源，继承传统、创新传统，将传统文化与近代文化、当代文化融通。

文化自信，是一个国家、一个民族、一个政党对自身文化价值的充分肯定，对自身文化生命力的坚定信念。正是出于对中国传统文化的自豪感，中华民族才能坚定文化自信，源远流长的中国传统文化虽历经磨难却已经深深积淀于中国人民的思维模式和价值取向中，成为中华民族坚定文化自信的文化根基。中国传统文化强调"天行健，君子以自强不息"，"公家之利，知无不为，忠也"，"吏不廉平，则治道衰"，"君子之守，修其身而平天下"等，其中蕴含的自强、公忠、廉洁、修身等理念具有鲜明的民族特色和时代价值，是中华文明传承至今没有中断的根基，是我们坚持文化自觉的底气、坚定文化自信的底色。

中国传统文化的包容性、开放性、融合性特质是中华民族在世界文化多元格局下保持文化自信的基础。在几千年的历史流变中，中国文化经历辉煌、衰败未曾中断发展至今，强有力地说明中国文化具有开放包容、兼收并蓄、融会贯通的特质。中国传统文化发展至今，依旧保持鲜活的创造

力和强大的生命力,就得益于中国文化的包容开放、兼收并蓄的特质,使中华民族在西方文化霸权、文化渗透的背景下依旧能坚定文化自信,为世界文明多样性发展贡献中国力量。

(四) 中国优秀传统文化为社会主义核心价值观构建提供思想源泉

中华优秀传统文化是中华民族的精神命脉,是涵养社会主义核心价值观的重要源泉,也是我们在世界文化激荡中站稳脚跟的坚实根基。中国传统文化与社会主义核心价值观是一种双向的互动融通,一方面,构建社会主义核心价值观体系是对中国传统优秀文化的继承与升华;另一方面,中国传统文化与社会主义核心价值观是"源"和"流"的关系,中国传统文化蕴涵的独特价值体系是社会主义核心价值观的重要思想资源。

社会主义核心价值观在国家层面倡导"富强、民主、文明、和谐",在社会层面倡导"自由、平等、公正、法治",在个人层面倡导"爱国、敬业、诚信、友善",充分体现了中国人民的价值诉求和社会主义本质要求。社会主义核心价值观的个人、社会、国家三个维度与中国传统文化倡导的"正心、修身、齐家、治国、平天下"相一致。中国传统优秀文化蕴涵丰富的治国理政思想,传统儒家强调"民惟邦本""民贵君轻"的民本思想,提倡"大道之行也,天下为公",主张"天人合一",注重人与人、人与自然统一的和谐思想。孔子讲"仁者,爱人"已经由血缘关系延展到"四海之内皆兄弟""天下大同"的社会理想中,"老吾老以及人之老,幼吾幼以及人之幼"等观念都体现在社会维度中,为构建自由、平等、公正、法治的社会提供了价值支撑。

社会主义核心价值观把涉及国家、社会、公民的价值要求融为一体,既体现了社会主义本质要求,继承了中华优秀传统文化,也吸收了世界文明有益成果,体现了时代精神。它对于人们获得精神力量,增强中华民族的向心力、凝聚力,弘扬具有当代价值的中国文化精神具有重要意义。

四、 每个当代中国人都应当坚定文化自信

习近平总书记在哲学社会科学工作座谈会上的讲话中指出:"要坚定中

国特色社会主义道路自信、理论自信、制度自信，说到底是要坚定文化自信。文化自信是更基本、更深沉、更持久的力量。""要围绕我国和世界发展面临的重大问题，着力提出能够体现中国立场、中国智慧、中国价值的理念、主张、方案。"[1]推动中国文化走向创新，为中国和世界的发展贡献中国智慧、中国方案，是坚定中华民族的文化自信所必需的。

（一）在学习与了解中增强文化自信

坚定中华民族的文化自信，首先要全面了解、深刻认识中华民族的发展道路和文化内涵，对中华优秀传统文化进行深入学习、研究与系统总结。从古到今，中华民族历经沧桑巨变，走过了一条艰难曲折而又繁荣兴盛的发展之路，迎来了一个又一个文明发展高峰，创造出无数享誉世界的文明成果，凝练成具有广泛世界意义的中华文明传统与中华民族精神，对于当代中国、当今世界的文明进步与社会发展产生了巨大的影响力和推动力。深入研究、系统总结中华民族的发展道路、中华优秀传统文化的思想内涵与成长机制，深刻领会中华文明生生不息的精神伟力与生命活力，是我们坚定文化自信的重要源泉。

（二）在弘扬与传承中增强文化自信

坚定中华民族的文化自信，就是要大力弘扬中华优秀传统文化，让传统文化融入人们的日常生活，不断增强传统文化在当代的影响力和感召力。中华优秀传统文化不仅体现为浩如烟海的历史文化典籍，也体现为历代先贤身体力行的具体历史实践。这些厚重多元的思想文化与实践经验对于培育当代青少年健康人格，提升全民人文素养，推动思想文化繁荣发展，完善社会治理体系建设，对于中华民族的繁衍进步、中华文明的持续兴盛，有着巨大的历史推动作用。弘扬传统文化要注重知识普及与价值观传递

---

〔1〕习近平 2016 年 5 月 17 日在哲学社会科学工作座谈会上的讲话。

相结合，课堂讲授与社会实践相结合，国内普及与国际传播相结合。要注重精准普及、精准传播，要对传统文化的经典文本进行准确的提炼、萃取，将书本知识落实到行动中，刻印在人们的记忆和心灵深处不断强化人们对优秀传统文化的体认、体会与体验，激活深藏在每个人内心深处的中华民族精神基因，增强中华文明内在的生机与活力，这是坚定文化自信的重要基础。

(三) 在创新与发展中增强文化自信

中华优秀传统文化蕴藏着极其鲜活丰富的伦理道德观念和精神价值追求，如何立足当代中国的民情国情，立足当代世界的新变化新格局，如何创新发展中国古代优秀的思想文化与社会治理经验，为我们统筹国内国际两个大局提供思想资源与智力支撑，是面临的重大现实课题与时代命题。习近平总书记在讲话中，强调坚持以马克思主义为指导，首先要解决真懂真信的问题。推动中国文化的创造性转化与创新性发展，也要解决真懂真信的问题。我们要深入领会、深刻把握中华优秀传统文化的精髓要义，发自内心的尊崇、尊重、尊敬中华优秀传统文化，只有这样才能真正推动传统文化走向时代化、大众化和国际化。

今天，科学技术迅猛发展、思想潮流日新月异，文化成长的深层土壤早已发生了深刻的变化。这就要求我们必须顺应当代中国改革创新的新形势新要求，推动中国传统文化思想观念的创造性转化与创新性发展，一方面赋予传统思想观念以新的时代内涵、新的价值标准，使之在当代社会中持续保持强大的文化感召力与道德感染力；一方面要在传承传统思想观念的基础上，以马克思主义理论为指导，对于包括理想观、人性论、价值观、常变观、形神观、名实观、知行观在内的具有中华文明特色的思想体系进行原创性的理论创新，着力构建以中华优秀传统文化为深厚底蕴的中国特色哲学社会科学体系，使中华民族和中华文明焕发出新的蓬勃生机，推动中华文化走向新的辉煌。

第三节 走向世界的中国特色社会主义文化

20世纪以来，很多发展中国家照搬西方模式，不仅没有实现现代化，

反而失去了发展自主性,进而落入经济发展停滞、社会矛盾丛生、政治局势动荡的"怪圈"。事实上,西方国家只是现代化的先行者,并不是现代化的范本和唯一模式,更不是衡量其他国家现代化的标准。2016年7月1日,习近平总书记在庆祝中国共产党成立95周年大会上的讲话中郑重指出:"中国共产党人和中国人民完全有信心为人类对更好社会制度的探索提供中国方案。"认真学习领会习近平总书记这一重要论述的深刻内涵,对于我们增强中国特色社会主义的道路自信、理论自信、制度自信和文化自信,具有重要意义。

一、 向世界贡献中国智慧

中国特色社会主义进入新时代,表明新中国在短短70年的时间,走出了自己的现代化道路。意味着中国经验、中国方案、中国智慧可以为世界上其他国家的发展作出贡献,特别是对那些与我们国情相似,近代史相近,面临相似发展难题的国家和民族来说,中国的制度模式和发展道路,具有积极的借鉴意义和价值。

(一) 中国特色社会主义经济为发展中国家经济发展探索出具有一定可行性的方案

改革开放以来,中国人民用几十年的时间走过了西方国家几百年时间才走完的工业化城市化道路,迅速成为世界第二大经济体,不仅在经济上创造了令世界惊叹的"中国奇迹",也为发展中国家探索出了一种新的发展道路。第一,以经济建设为中心,推动经济社会全面协调发展。坚持以发展为第一要务,聚精会神搞建设,一心一意谋发展。同时,注重处理好发展平衡性、包容性、可持续性问题,注重处理好改革发展稳定的关系,推进经济社会的全面发展和全面进步。第二,把以公有制为主体与多种所有制经济协调起来,既发挥公有制经济的主体作用,为人民群众共享发展成果提供制度性保证,又发挥各种所有制经济的优势,共同推动社会生产力的发展。第三,把社会主义基本制度与市场经济结合起来,实行社会主义市场经济体制,既尊重市场经济一般规律,充分发挥市场在资源配置中的决定性作用,又坚持以社会主义制度为市场经济的基础和前提,更好地发挥政府作用,有效克服市场失灵的风险,保持宏观经济稳定和可持续发

展。第四，将"先富"与"共富"衔接起来，让"先富"激励和带动落后地区、后富群众更快富裕起来，同时坚持"以人民为中心"的发展思想和"共享"的发展理念，切实保障和改善民生，促进社会公平正义，有效避免产生"两极分化"现象。

这些中国特色社会主义经济发展的智慧和方案，超越了西方经济理论的解释范畴和经济发展的固有模式，为世界其他国家特别是发展中国家提供了重要借鉴。美国著名经济学家、诺贝尔经济学奖获得者斯蒂格利茨指出，中国经济发展形成的"中国模式"，堪称很好的经济学教材。阿富汗前总统卡尔扎伊在离任前接受采访时也表示："如果阿富汗有机会重新选择的话，一定会走中国式的发展道路。"[1]与此形成鲜明对照的是，一些发展中国家不顾本国国情，奉"市场化""自由化"和"私有化"为圭臬，照搬新自由主义经济模式和经验，其结果要么是"水土不服"，要么是引发政局动荡，使国家和社会陷入混乱。中国特色社会主义经济发展道路的成功，对那些因简单复制西方经济发展道路、发展模式而陷入"困境"的发展中国家来说，无疑提供了具有高度可行性的选择方案。

（二）中国特色社会主义政治制度为人类对更好政治制度的探索提供了中国经验

坚持党的领导、人民当家作主和依法治国有机统一，是我们党探索社会主义政治发展道路的基本经验，集中体现了中国特色社会主义的特点和优势，也为人类对更好政治制度的探索提供

了有益经验。首先，中国共产党的领导是中国特色社会主义最显著的特征，它为中国的现代化提供了稳定、强大的政治领导力量，避免了照搬西方多党竞争导致的社会失序和政局动荡，避免了在决策环节长时间的讨价

---

[1] 转引自：吴波："中国道路的普遍性意义"，载《人民论坛》2014年第18期。

还价甚至相互攻讦，保证了政策的连续性和决策的实效性，并且在执行环节有利于明确责任、形成统一步调，从而在效率上体现出显著优势。其次，人民当家作主是社会主义民主政治的本质，它把民主基础上的集中和集中指导下的民主结合起来，把人民通过选举、投票行使权利和人民内部各方面在重大决策之前进行充分协商有机结合起来，把民主选举、民主协商、民主决策、民主管理、民主监督、民主自治结合起来，有效避免了人民只有投票的权利而没有广泛参与的权利，人民只有在投票时被唤醒、投票后就进入休眠期的形式主义民主。最后，依法治国是党领导人民治理国家的基本方略，它把党的正确主张、人民的共同意志、国家的科学决策有机结合起来，保证了党的领导和人民民主的合法性。离开了依法治国，党的领导和人民民主就会失去法理依据。

党的领导、人民当家作主和依法治国有机统一，国家根本政治制度、基本政治制度和社会主义法治体系的有机统一，超越了西方所谓的"多党制""议会制""司法独立"和"三权分立"等政治实践范畴和理论范式，为中国长治久安提供了科学的制度保证，也为人类政治制度的发展探索出了一条新的道路。美国著名未来学家约翰·奈斯比特在《中国大趋势》一书中认为，中国没有以民主的名义使自己陷入政党争斗的局面，在未来几十年中，中国不仅将改变全球经济，而且也将以其自身模式来挑战西方的民主政治。正如习近平总书记指出的，治理一个国家，推动一个国家实现现代化，并不只有西方制度模式这一条道，各国完全可以走出自己的道路来。可以说，我国实现国家治理现代化，将会用事实宣告"历史终结论"的破产，宣告各国最终都要以西方制度模式为归宿的单线式历史观的终结。

（三）中国特色社会主义文化展现出中国智慧和中国价值对世界的巨大引领作用

中国特色社会主义文化，是以社会主义核心价值观为灵魂，以中华优秀传统文化为底蕴，面向现代化、面向世界、面向未来，是民族的、科学的、大众的社会主义的文化。中国特色社会主义文化，积淀着中华民族最深层的精神追求，吸取人类创造的一切优秀文明成果，代表着中国先进文化的前进方向。社会主义文化作为外来的文化，要转化为"中国文化"形态,就必然有一个与中国优秀传统文化相结合的过程。中华传统文化源远流长、博大精深,是中华民族赖以生存发展的"根"。但中华传统文化,从整体上看是一种前现代文明的文化,需要进行革新,社会主义恰好就是这样一种革新的力量。我们看到,中国共产党在马克思主义中国化过程中,不仅自觉地坚持用社会主义文化为中国传统文化提供变革的动力,而且自觉地用中华优秀传统文化为发展马克思主义注入丰厚的本土文化滋养。中国特色社会主义文化不但传承了中华民族优秀传统文化,继承了红色革命文化,而且为中华文化注入了新的时代内涵。

在历史上,中国智慧对世界产生过极其深刻的影响,中华文化对人类文明有重大的贡献。现在,随着中国经济的崛起,中国智慧、中国文化正在迅速走向世界,一系列带有中国特色社会主义浓郁色彩的新概念、新表述、新论断,日益成为国际话语场中的核心议题和基本共识,逐步展现出中国价值对世界的巨大引领作用。中国的发展优势、制度优势、治理优势终将转化为世界舞台上的文化优势、价值优势、话语优势,中华文化复兴的时代必将到来。

(四)中国特色社会主义大国外交为当代国际关系开辟出一条合作共赢、共建共享的文明发展新道路

在新中国成立初期,中国就向世界贡献了"和平共处五项原则",在20世纪70年代初提出了"三个世界划分"的理论,为世界和平与反对霸权主义做出了杰出贡献。改革开放以来,中国从维护世界和平、促进共同发展的现实需要出发,坚定不移地走和平与发展的道路,努力争取利用和平的国际环境来发展自己,又以自身的发展来维护世界和平、促进共同发展。党的十八大以来,面对世界多极化、经济全球化、文化多样化、社会信息化深入发展的形势,面对"人类将向何处去"的时代拷问,以习近平同志为核心的党中央,紧紧把握21世纪世界发展中的各种新要素、新趋势,提出了"构建人类命运共同体"的理念和主张,并以前所未有的勇气和担当,着力在世界范围内建立平等相待、共商互谅、包容互鉴的伙伴关系,一步一个脚印地推进"构建人类命运共同体"的伟大实践,走出一条"对话而不对抗、结伴而不结盟"的国与国交往的新道路。

中国关于构建以合作共赢为核心的新型国际关系和"人类命运共同体"的理念和实践，越来越为国际社会所认同和接受。我们看到，"构建人类命运共同体""一带一路"倡议等中国理念和中国主张，陆续被写进联合国决议、联合国安理会决议和联合国人权理事会决议，中国方案、中国主张凝聚起越来越多的和平希望与发展力量。

总之，中国特色社会主义大国外交为发展当代国际关系提供了新理念、新思路，为开辟一条合作共赢、共建共享的人类文明发展新道路作出了卓越贡献，必将深刻地改变世界，开创人类发展的新纪元。

二、 巨大的包容性是中国特色社会主义文化的特质

作为世界四大文明古国之一，早在数千年以前，中国就以独具特色的古老文化而闻名世界。其后，经过长期的发展和沉淀，中华文化愈加丰富多彩，博大精深，其影响与成就，举世罕见。中华文化之所以具有上述优势，与其在发展形成过程中兼容并包，吸收外来文化因素，并加以改造，不断丰富其内涵息息相关。中国社会发展的跌宕历史表明，中华文化不仅具有自身的特质，而且具有极强的包容性。

在历史上，中国境内的各民族虽有过多次纷争与融合，但并没有对中华文明带来根本性的变化，反而以其博大的胸怀，扬弃吸收，无声地消融了各种冲击，并通过与外来文化的会通交融，相辅相成，渐趋融合，从而获得新的营养，走上了一个更高的层次，使得中华文化更加丰富多彩，生机勃勃。正是这种包容会通的精神，使得中华文化具有非凡的融合力。近代以来，中国在抵抗西方列强的战争中屡遭失败，面对西方列强的欺凌压迫，大批有识之士从失败中看到了先进的西方工业文明，了解到了中国与西方的巨大差距，主张向西方学习，提出"师夷长技以制夷"。但是，中国人在学习西方的过程中，并不是全盘西化，而是取其先进、取其精华，融入中华文化，使中华文化不断提升与发展，是对自身糟粕的剔除和对外来文化的优势的吸收，从而形成了具有无比优越性的新时期的文化。

在当前的改革开放中，我们在坚持社会主义道路的前提下，坚持改革创新，学习外国一切先进科技、先进经验和管理制度，为中国现代化建设探索道路和方法。这种文化开放的心态，正是中国文化有容乃大的包容性

的体现。

中华文化的包容性，使得自身在多样性的历练中变得更具有生命力。这种以包容为基础的文化，化解了社会的种种矛盾，也消融了社会中的各种不和谐因素。这种富于包容性质的文化，也得到其他国家和民族越来越多的认同和越来越高的评价。

三、爱好和平是中国特色社会主义文化的显著特点

在中华文化中，和平、仁爱思想占有很重要的地位。这些思想在今天的中国和世界仍然发挥着重要的作用。

（一）中华文化中的"和平"表现为"仁""和"

"仁"的思想，源自古代大教育家、大思想家孔子，对我们今天的社会生活和各个方面仍产生了不可估量的影响。"仁者爱人"思想有利于维护家庭的稳定，家庭又是社会的基本细胞，家庭的稳定有利于社会的稳定，有利于加强人与人之间的相互尊重与爱护，构建社会主义和谐社会，为中国的"和平崛起"营造良好的社会氛围。"己所不欲，勿施于人"的思想是人际交往的理想境界，是形成良好社会道德风尚的要求。"克己复礼为仁"思想要求人们抑制私心杂念，遵守社会秩序，有助于社会形成良好的社会制度秩序，维护社会稳定全面发展。

"和"的思想，在现代仍具有重要影响。"和合"思想强调不同文化之间的相互交往、吸收、融合，对推进人类文明的发展起到了至关重要的作用。在全球化加速发展的今天，在不同民族和地域的文化交融与碰撞中，减少摩擦、增加共识，发扬"和为贵""和而不同"的思想显得更为重要。为此，继承和发扬优秀传统文化的共生、共存、共赢的"和合"思想，坚持走和平发展道路，是中国"和平崛起"战略的重要指导思想之一。在融

入世界的过程中,中国所倡导的"和而不同"理念,必将推动全球多元文化的共同发展,成为引领国际关系的新潮流。

(二) 中国和平崛起是对世界和平进步事业的重大贡献

中国的新崛起,与历史上任何一个大国的崛起有着明显的不同,与中华民族历史上几个盛世王朝的崛起也不同。历史上大国的崛起无不通过战争、征服、扩张、侵略、掠夺来实现,整个过程充满了血腥和非正义。中国的新崛起则完全是通过和平的方式来实现。中国这条崛起道路是在总结人类发展史,特别是大国兴衰史的经验教训后作出的抉择。中国在崛起过程中,决不做损人利己之事;强大了也决不威胁他人,永不称霸。

作为一个有古老文明的东方大国,在不长的历史时期和平地实现伟大的民族复兴,使五分之一的人类摆脱贫穷落后,走上富裕文明,这本身就是对人类的贡献。中国发展不仅没有损害包括周边国家在内其他国家的利益,而且还使它们从中国的发展中不同程度地获益,这也是对世界的一个贡献。更重要的是,中国的和平发展之路,虽然带有鲜明的中国个性,但却具有普遍价值和意义。

中国选择和平崛起之路,是基于对和平与发展关系的深刻理解和对当今世界脉搏的准确把握。全面审视人类的历史就会发现,人类的进步大多是在和平的变革中实现的,战争和暴力很少能带来真正的进步。和平是人类最大的福祉和最大的愿望。世界要和平,人民要合作,国家要发展,社会要进步,是当今世界不可阻挡的潮流。选择和平与发展,不仅符合中国人民的最大利益,得到全体中国人民的拥护,而且符合亚洲和全世界人民的最大利益,受到国际社会的广泛欢迎。

中国一向致力于维护亚洲和世界的和平与稳定,伸张正义,反对强权政治和霸权主义,反对国际恐怖主义,积极主张通过和平谈判的方式化解地区纷争和矛盾,体现出负责任的大国形象。

中国的和平崛起之路,迄今为止是成功的,总的来说是顺利的。但中国人应始终保持清醒的头脑,应认识到在前进的道路上可能会出现这样那样的障碍,但不管怎样,中国将排除万难,沿着和平与发展的道路走下去。

(三) 构建人类命运共同体，为世界贡献和平治理的中国方案

党的十八大以来，习近平主席在多个国际场合倡导性地提出应在世界上努力构建人类命运共同体。这一倡议得到越来越多国家和人民的欢迎和认同，是中国为全球治理贡献出的中国方案。在党的十九大报告中，习近平主席强调，各国人民同心协力，构建人类命运共同体，建设持久和平、普遍安全、共同繁荣、开放包容、清洁美丽的世界。要相互尊重、平等协商，坚决摒弃冷战思维和强权政治，走对话而不对抗、结伴而不结盟的国与国交往新路。要坚持以对话解决争端、以协商化解分歧，统筹应对传统和非传统的安全威胁，反对一切形式的恐怖主义。要同舟共济，促进贸易和投资自由化、便利化，推动经济全球化朝着更加开放、包容、普惠、平衡、共赢的方向发展。要尊重世界文明多样性，以文明交流超越文明隔阂、以文明互鉴超越文明冲突、以文明共存超越文明优越。要坚持环境友好，合作应对气候变化，保护好人类赖以生存的地球家园。

推动构建人类命运共同体本身包含了足以引导世界走出经济全球化困境的基本价值理念，这些价值理念至少体现在如下五个方面：

其一，针对经济全球化过程中的"竞争博弈模式"，人类命运共同体理念倡导"合作共赢"的模式。"合作共赢"是人类命运共同体的核心理念。习近平总书记指出："世界多极化、经济全球化、文化多样化、社会信息化深入发展，弱肉强食的丛林法则、你输我赢的零和游戏不再符合时代逻辑，和平、发展、合作、共赢成为各国人民共同呼声。"[1]也就是说，经济全球化不能再沿着以往那种丛林法则与零和游戏的模式走下去了。和平、发展、合作、共赢才是世界发展的大势。一个国家要发展繁荣，就必须把握和顺应这个世界大势。

其二，追求国际公平正义。当前的经济全球化是在资本逻辑支配下进行的，资本逻辑本身所关注的是"利益的最大化"而不是公平正义。"没有永恒的敌人，也没有永恒的朋友，只有永恒的利益"似乎已成为公认的通则。在这个通则之下，很多人已经不相信有什么普遍的国际正义，不相信正义原则可以引领世界潮流。针对这种情况，构建人类命运共同体理念

---

[1] 引自2017年9月3日习近平在金砖国家工商论坛开幕式上的讲话。

强调,国家不分大小、强弱、贫富一律平等,尊重各国人民自主选择发展道路的权利,维护国际公平正义,反对把自己的意志强加于人,反对干涉别国内政,反对以强凌弱,"让发展繁荣、公平正义的理念践行人间"。

其三,追求国际关系民主化。针对目前少数西方发达国家主宰经济全球化过程以及由此形成的单边主义、霸权主义,习近平总书记明确指出,世界命运掌握在各国人民手中,人类前途系于各国人民的抉择,因而我们要推进国际关系民主化,不能搞"一国独霸"或"几方共治"。世界命运应该由各国共同掌握,国际规则应该由各国共同书写,全球事务应该由各国共同治理,世界发展成果应该由各国共同分享,要相互尊重、平等协商,坚决摒弃冷战思维和强权政治,走对话而不对抗、结伴而不结盟的国与国交往新道路。

其四,追求持久和平。持久和平,自古以来就是各民族国家饱受战乱之苦的人民梦寐以求的理想。和平与发展依然是当今世界的主题。习近平总书记指出,和平是人民的永恒期望。没有和平,发展就无从谈起。从历史上看,有着五千多年历史的中华文明,始终崇尚和平、和睦、和谐的生存状态,自古就提出了"国虽大,好战必亡"的箴言,"以和为贵""和而不同""化干戈为玉帛""睦邻友邦""天下大同"等理念更是世代相传。因此,"我们将坚定维护亚洲和世界和平稳定。中国人民对战争和动荡带来的苦难有着刻骨铭心的记忆,对和平有着孜孜不倦的追求。中国将通过争取和平国际环境发展自己,又以自身发展维护和促进世界和平"。[1]

其五,彻底打破国强必霸的逻辑。从历史上看,在现行的经济全球化过程中的确存在着国强必霸的现象,一些国家一旦强大起来,就谋求世界霸权,甚至直接侵犯其他国家的领土和主权。因而,有人担心,中国发展强大起来,会不会也走国强必霸的老路。一些西方国家更是渲染"中国威胁论",视中国的发展壮大为对自身的威胁,千方百计地遏制中国的发展。事实上,国强必霸也不是历史定律。中国人民自古以来就倡导"强不执弱,富不侮贫"的道理,所谓"中国威胁论",完全是由于对中国历史文

---

[1] 习近平2013年4月7日在博鳌亚洲论坛2013年年会上的主旨演讲。

化和现实政策不了解而产生的一种误解和偏见。中国始终坚持走和平发展的道路，坚持独立自主的和平外交政策，这不是权宜之计，而是中国的战略选择和郑重承诺。

坚持合作共赢、追求国际公平正义、追求国际关系民主化、追求持久和平、彻底打破国强必霸的逻辑，这五个方面成为构建人类命运共同体的基本价值追求和精神实质。因此，推动构建人类命运共同体所要达到的目的，就是"建设持久和平、普遍安全、共同繁荣、开放包容、清洁美丽的世界"。显然，构建人类命运共同体理念的提出，就是力图从根本上改变现今经济全球化的固有模式，克服经济全球化过程中始终存在的内在矛盾和严重弊端，把人类始终追求的和平、安全、合作、互利、共赢、共享、平等、自由等理念完整地注入世界文明的发展进程中。

（四）秉承中华文化，在国际事务中践行和平外交思想

中华文化有着丰富的和平思想，并自古延续形成了中国和平文化的优良传统，主要表现在三大方面：一是"和而不同"——国家间相处的和谐理念；二是行"仁政"，修"文德"——国家内政外交的和平理想；三是"诚""敬""信"——国民个人修身的温和信条。

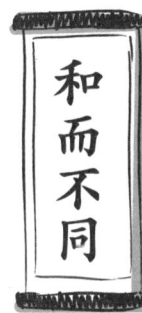
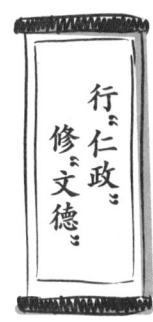

中国政府的外交方针一直践行着中华文化的和平思想。中国的和平外交实践不仅深深汲取这一精华和内核，而且把这一思想融入当代中国外交政策的目标、宗旨及原则诸方面之中。1955年，周恩来总理在万隆会议上提出和平共处五项原则："互相尊重主权和领土完整，互不侵犯，互不干涉内政，平等互利，和平共处"。这五项原则不仅反映了世界各国人民的共同愿望，而且经受了国际风云变幻的考验，显示了强大的生命力。它完全符合联合国宪章的宗旨，并在实际上已成为国际公认的处理国际关系的基本准则，不仅适用于指导社会制度不同的国家之间的关系，也适用于指导社会制度相同的国家之间的关系，包括社会主义国家之间的关系。

现在，中国不但是世界第二大经济体，也是反对霸权、维护世界和平的重要力量。因此，中国的崛起不会对他国构成潜在的或实在的威胁。相反，中国的和平崛起将使人类的文明和文化更为丰富多彩，为人类发展提供更多的模式和文化借鉴。中国的和平崛起将为国际关系的历史带来新的范例和素材，证明人类可以通过理性和和平的方式处理好国家冲突这一千古难题。

四、坚持自强不息的中国精神

中华文明是世界文明史上唯一没有中断、传承至今的伟大文明，华夏五千年的文明历史孕育出了以自强为内核的优秀传统文化。习近平总书记在党的十九大报告中指出："文化是一个国家、一个民族的灵魂。文化兴国运兴，文化强民族强。没有高度的文化自信，没有文化的繁荣昌盛，就没有中华民族伟大复兴。"在改革开放40周年之际，站在新的历史起点，更应该做优秀传统文化的守护者、传承者和践行者，通过传承与转化、践行与创造，不断铸就中华文化新的繁荣。

（一）以执着的信念做优秀传统文化的忠实守护者

中国优秀传统文化蕴含着丰富的思想资源和强大的精神力量。从孔子"学而时习之，不亦说乎"的价值追求，孟子"富贵不能淫、贫贱不能移、威武不能屈"的意志品行，到屈原"路漫漫其修远兮、吾将上下而求索"的求进心态，文天祥"人生自古谁无死，留取丹心照汗青"的爱国精神，再到鲁迅"心事浩茫连广宇，于无声处听惊雷"的革命情怀，孙中山"国家之本，在于人民"的治国理念，这些思想大师在文化历史长河中留下了数不尽的精神财富，经过岁月的沉淀熔铸到我们的精神血脉中，为我们提供了源源不断的文化滋养。立足当下，我们应深刻认识到中华优秀传统文化的丰韵内涵，坚持守护，坚决认同，坚定自信。

（二）以不变的精神做优秀传统文化的坚定传承者

对待中国传统文化，要去其糟粕、取其精华。迈向新时代，发展中国特色社会主义文化要坚持以马克思主义为指导，结合中国实际，对中华优秀传统文化加以补充、完善、拓展，促使古老的传统文化更具有先进性和创造性。"坚定文化自信,是事关国运兴衰、事关文化安全、事关民族精神独立性的大问题"[1],因此必须让文化"抬起脚,走出去",以喜闻乐见的形式把既继承优秀传统文化又弘扬时代精神、既立足本国实际又面向国际世界的中国文化成果传播出去,在不断的实践中推进文化创新,在继承与发扬中推动文化进步。

(三) 以昂扬的姿态做优秀传统文化的自觉践行者

党的十九大报告指出:"中国特色社会主义进入新时代,我们党一定要有新气象新作为。"共产党员作为时代先锋要争做优秀传统文化的带头人、弘扬伟大精神的排头兵。在改革开放最前沿,每一名共产党员都要以扎根基层的广大英雄模范人物为榜样,始终保持自强不息、艰苦奋斗的优良作风,以求真务实的精神,更好地发挥表率作用,不断做出经得起实践、人民、历史检验的成绩。

中华优秀传统文化具有深远的历史影响和弥足珍贵的当代价值,需要我们身体力行、发扬光大,从而在新时代的深刻变革中,真正树立文化自信,实现中华文明的伟大复兴!

思考题

1. 中国传统文化的特征是什么?
2. 中国共产党是如何团结带领中国人民创立中国革命文化的?
3. 中国传统文化和中国革命文化各有什么特征?
4. 你自己的家庭和家风是怎样的?

---

[1] 习近平 2016 年 11 月 30 日在中国文联十大、中国作协九大开幕式上的讲话。

政治改造分册

第七章

我们如何看待宗教

习近平总书记在全国宗教工作会议上明确指出,要坚持和发展中国特色社会主义宗教理论。为我们正确认识宗教现象,正确处理宗教问题,指明了方向。对于我们每一个人来说,树立正确的宗教观,理性对待宗教现象和问题,是现实生活的需要。

第一节　宗教是怎么产生的

一、宗教是人创造的

宗教是当今人类社会的普遍现象,在当今的世界人口中,有近 2/3 的人信仰各种不同的宗教。在我们的现实生活中,经常会出现这样的画面:在庄严肃穆的教堂,一群教徒在虔诚祷告;两个宗教组织在为圣地的归属而进行战争;虔诚的宗教徒进行着各种不同的宗教仪式……可以说,今天的宗教已经渗透到人们日常生活的方方面面,特别是对于宗教信徒来说,宗教就是他们的精神寄托。那么到底什么是宗教?它又是如何产生的呢?宗教的本质是什么?它是由哪些要素构成的?它又有哪些社会功能?现代社会是一个科技文明高度发达的社会,为什么仍然有宗教的存在?只有弄清了这些问题,才有助于我们正确认识宗教。

我们对宗教的认识要从宗教如何产生说起。宗教作为一种社会意识形态,它是社会政治经济矛盾的反映。通俗地说,宗教是不同时代的人面对当时无法解释和无法解决的问题而提出的一种解释和解决方案。

宗教不是从来就有的,而是人类社会发展到一定历史阶段而产生的一种复杂的社会现象。

从自然根源来讲,原始社会生产力极其低下,生产工具主要是石块、木棒等,生产方式是个体或集体的采集和狩猎。这种极其原始简单的生产工具和极其落后的生产方式,使早期人类在同自然界的斗争中,几乎完全处于软弱无力的地位,只是消极被动地接受自然界的支配。当时的人们认为在现实世界之外,还一定存在着另一个人类看不见、摸不着的神秘世界,存在着一种超自然的力量。这种力量主宰着人类的命运,人类只能顺从它、祈求它,进而把自然界、自然力人格化为神灵加以膜拜。早期人

类为获得超自然力量的恩惠，便采取巫术、法术、咒语、祈祷等各种方式，试图去影响超自然的力量，这样就自然地产生了最初的宗教观念和宗教行为。

从社会根源来讲，人既是自然界进化的产物，又是社会活动的主体，宗教作为一种以人的存在状况为反映对象的社会意识，在反映人与自然关系的同时，也反映人与人之间的关系。宗教的产生和发展离不开社会，人与人之间的社会关系是宗教的核心内容。在原始社会里形成的以自然崇拜为主的原始宗教，反映了原始社会人与人之间的社会关系；在阶级社会里，阶级剥削所造成的社会苦难，使得被压迫阶级把苦难的原因归结为神灵的安排，并祈求神灵使自己得到解脱或获得来世幸福，也使得剥削阶级利用宗教来维持其统治地位，这就成了宗教产生和存在发展的最深刻的社会根源。

从认识根源来讲，人类从动物界完全分离出来并进化到智力阶段后，形成了抽象思维能力使宗教的产生成为可能。有了抽象思维能力，人类才能形成认识、概念和幻觉，抽象思维能力是宗教产生的前提条件。但在原始社会，人类的思维还很不发达，人们还不能认识事物的整体性和复杂性，思维方式比较直观并依赖于经验，容易将感觉、幻觉甚至错觉的东西当做客观实在的存在，因此会形成灵魂不死、鬼神存在等宗教观念。当人们对科学知识的掌握还处在一片空白的时候，对生老病死、日月星辰、风霜雪雨、电闪雷鸣、洪水火灾等自然现象和自然力就无法解释，不可抗拒，于是产生了恐惧感和神秘感，这就从心理上产生了对超自然神力的依赖，祈盼得到神灵的帮助。

二、宗教的本质

随着宗教学的发展，宗教学者从不同的立场和角度，运用不同的原理和方法去研究宗教，提出了各自不同的观点。但这种种观点都未能得到普遍的认可，因为它们都缺乏适用于一切宗教的普遍有效性，或者容易与其他社会文化现象混同，具有片面性。

那宗教的本质又是什么呢？我们从马克思主义的宗教观中，可以知道宗教的本质是教育，宗教观应该是以宗教的本质为核心的，其教育的内容

是人与人、大自然和天地万物的关系。因此宗教观应该是教人们认识宇宙人生，了解规律和道理，以及遵循规律去生活和修正自己错误的想法、看法、说法、做法，旨在提升人们内心的灵性。

马克思、恩格斯运用辩证唯物主义和历史唯物主义原理观察分析宗教现象和宗教问题，创立了马克思主义宗教观，为马克思主义政党正确认识和处理宗教问题提供了理论基础。马克思主义宗教观的基本观点概括起来主要包括，宗教的本质、宗教的产生和发展、宗教产生和存在的根源及其消亡条件、宗教的社会作用，以及马克思主义政党对待宗教的基本态度和原则等。这些基本观点集中体现了马克思主义在宗教问题上的立场、观点与方法。

马克思主义宗教观具有深刻的科学性。对于"宗教是什么"这个问题，马克思主义经典作家有过不少论述。马克思在《〈黑格尔法哲学批判〉导言》中有一个著名的观点："宗教是那些还没有获得自己或是再度丧失了自己的人的自我意识和自我感觉。宗教里的苦难既是现实的苦难的表现，又是对这种现实的苦难的抗议。宗教是被压迫生灵的叹息，是无情世界的感情，正像它是没有精神世界的制度的精神一样。宗教是人民的鸦片。"[1]

马克思的这段话，特别是最后一句话经常为人引述，所以我们在此需要略作分析。整体来看，马克思的这段话体现了唯物主义的思想立场，将宗教放到特定的历史社会环境中进行分析，认为宗教并不是一种永恒的人类现象，而是一种特定的历史文化现象，在特定的历史社会基础上产生，也必将随着历史社会基础的改变而消失。从唯物主义的思想原则出发，马克思吸收了黑格尔和费尔巴哈有关宗教的观点，"宗教把人的本质变成了幻想的现实性，因为人的本质没有真实的现实性"。

恩格斯在《反杜林论》中对宗教的本质也进行了论述，认为："一切宗教都不过是支配着人们日常生活的外部力量在人们头脑中的幻想的反映，在这种反映中，人间的力量采取了超人间的力量的形式。"与马克思一样，恩格斯也是从人的本质的异化的角度来分析宗教的本质，将宗教看成是对

---

[1]《马克思恩格斯选集》（第1卷），人民出版社2012年版，第2页。

> **文化讲堂**
>
> 一切宗教都不过是支配着人们日常生活的外部力量在人们头脑中的幻想的反映，在这种反映中，人间的力量采取了超人间的力量的形式。
>
> ——恩格斯《反杜林论》

现实的一种曲折反映，从而揭示了宗教的世俗基础和客观根源。马克思和恩格斯对宗教本质的深刻论述，是我们进一步研究宗教本质问题的理论指导。但我们也应实事求是地指出，马克思、恩格斯对宗教的论述并不是金科玉律和最终结论。客观地说，马克思、恩格斯的很多经典论述，虽然都从某一个侧面揭示了宗教的本质，但到目前为止，马克思和恩格斯的著作中还找不到对宗教本质的一个完整定义，这就需要我们运用马克思主义的思想原理，并吸收已有的宗教学研究成果，对宗教的本质问题作进一步的探讨。

为此，我们先要对马克思所说的"宗教是人民的鸦片"作一个具体的分析。"宗教是人民的鸦片"这句话，由于后来被列宁誉之为"马克思主义在宗教问题上的全部世界观的基石"[1]，所以有些马克思主义的宗教理论工作者常把它认定为马克思主义对宗教本质的经典论述。与此有关，列宁说过，"宗教是一种精神上的劣质酒"。这是列宁对马克思上述论断的换一种说法，其意义和性质基本相同。无论是马克思、恩格斯还是列宁，总的来说，他们对宗教是持否定态度的。但这并不意味着马克思、恩格斯、列宁没有看到宗教在历史上曾经起到的复杂作用。就马克思所用的"鸦片"这一比喻而言，我们也应当从当时的语言环境出发来理解马克思对宗教的看法。

马克思一方面为了唤醒沉溺于宗教幻想幸福之中的民众而对宗教的麻醉性作了尖锐的批判，提出"废除作为人民幻想的幸福的宗教，也就是要求实现人民的现实的幸福。要求抛弃关于自己处境的幻想，也就是要求抛弃那需要幻想的处境。因此对宗教的批判就是对苦难世界的批判的胚胎"。但另一方面，马克思从历史唯物主义的立场出发，也对产生宗教的具体社会历史原因进行了简要地分析，揭示了宗教对于身处苦难而又无力改变自

---

[1] 国家宗教事务局宗教研究中心选编：《马克思恩格斯列宁论宗教》，宗教文化出版社 2008 年版，第 607 页。

己命运的人们具有精神安慰的作用。马克思所说的"宗教是被压迫生灵的叹息,是无情世界的感情",正是表达了这样的意思。

这样看来,我们不能片面理解"宗教是人民的鸦片"这句话,更不能以对鸦片的仇视态度对待宗教,这是不符合马克思主义宗教观的。江泽民同志于1993年在全国统战部长工作会上提出"积极引导宗教与社会主义社会相适应"的观点,重新估量了现阶段宗教与社会主义社会的关系,体现了马克思主义与时俱进的理论品质。我们当然承认宗教与社会主义社会有许多不相适应之处,所以需要引导。对宗教采取正确、客观的态度,可以使我们化消极因素为积极因素,最大限度地团结一切可以团结的力量,为建设社会主义的中国服务。至于解决宗教的本质问题,则既要运用马克思主义原理,同时又要科学深入地研究宗教内部的诸多构成要素,然后才能给出比较科学、全面的回答。

马克思主义宗教观的基本观点,是中国特色社会主义宗教理论的基础。中国特色社会主义宗教理论,是中国共产党在正确认识和处理改革开放和社会主义现代化建设中的宗教问题的实践中逐步形成和发展的。

三、宗教的外在表现

宗教的本质反映着宗教内在的东西,其外在表现为一种社会现象,特别是表现为一种社会组织,使人们能具体感受到宗教是实实在在看得见、摸得着的东西。

(一) 宗教是一个复杂的系统

宗教作为一种社会现象,并不是单纯存在于教徒头脑中一种纯粹精神的东西,它还通过具有共同宗教信仰的一个庞大的宗教徒群体作为其外在的表现。所以,宗教徒是宗教的主体,涉及宗教的方方面面均是宗教徒行为的结果,没有宗教徒,也就不可能有现实的宗教的存在,宗教徒是由教职人员和一般教徒组成的。教职人员是指在宗教组织内专门从事教务工作并有一定宗教职务的人,他们负责宗教活动场所的管理,主持宗教礼仪,组织宗教活动等。一般教徒是指经过相应的入教仪式,正式加入宗教的人士。

宗教作为一种社会现象的另一表现,就是宗教徒都会从事宗教活动。

宗教活动是宗教徒为了表达对神的信仰和虔诚而在身体动作和语言表达上的一系列行为。从宗教的历史发展来看，宗教活动或行为主要有巫术、宗教禁忌、祈祷献祭、宗教礼仪等。

为了满足宗教活动的需要，在各宗教的发展中，陆续建造了寺、观、教堂等宗教活动场所，并配备了各种各样的器物，如神灵的塑像、画像及其他物品，以保证宗教活动的肃穆与庄严。为了更好地将宗教徒联系起来，使宗教活动更为规范化，宗教组织及其宗教制度应运而生。宗教组织在不同的历史时期和在不同的国家的表现形式有所不同。如在政教合一的国家，宗教组织往往是国家政权机构的一部分；在政教分离的国家，宗教组织一般是用以满足宗教徒的信仰的机构。欧洲封建社会时期，宗教组织干预政治、干预国家行政的情况十分突出。宗教制度则是维系宗教群体、规范宗教生活、指导宗教活动的规章、教法、体制、惯例和传统的总称。

总体而言，宗教作为一种社会现象，是一个由若干基本要素组成的多层次的系统。其中宗教思想处于基础或核心的地位，它直接反映了宗教的本质。宗教徒有了宗教思想，才会产生特殊的宗教感情和体验，才会产生一系列宗教崇拜的外在行为。宗教的组织和制度则是宗教思想信条化、宗教行为规范化和制度化的结果，它处于宗教体系的最外层，是宗教实体的集中表现，对宗教信仰者及其宗教思想、宗教心理和宗教行为起着凝聚团结的作用。因此，宗教是一种包含宗教意识及其外在表现的社会体系。

(二) 宗教是一种文化现象

宗教作为一种文化现象，从广义上来说，是人类社会历史发展过程中所创造的物质财富和精神财富的一部分，如原始社会的中后期，人类的文化史几乎就等同于宗教史。从狭义上来说，宗教作为一种社会意识，在社会的精神生活领域广泛地同哲学、政治、法律、道德、文学、艺术乃至科学产生密切的关系，形成了独特的宗教文化现象。

从世界历史上看，世界各民族的哲学、道德、教育、科学、文学、艺术以至风俗习惯、生活方式都不同程度地受到了宗教的影响。奴隶社会时期，人类对自然界和社会的认识大多表现为巫术和神话的形式，表现在文学艺术方面则是对神的赞歌、娱神的舞蹈以及表现宗教内容的绘画和雕刻。古希腊罗马建筑艺术的杰作大多是神殿、陵墓和纪念堂等。在封建社会，特别是在欧洲，宗教成为思想领域的绝对权威，各种文化现象更是弥漫着宗教色彩。在这样的历史条件下，宗教和其他意识形态紧密结合而产生的宗教文学、宗教音乐、宗教美术、宗教建筑等，均成为各民族历史文化的一部分，成为人类文化史上的宝贵财富。

从中国历史上看，佛教思想作为中国哲学史的重要组成部分，对于推动中国哲学史的发展起过重要作用。佛教文化的精华，如敦煌壁画和经卷，龙门、云冈、大足等地的石刻等，都是中华文化史上的灿烂篇章。道教为寻求"道法自然"，在探索方术中，客观上对医学、化学和天文学等的发展作出了贡献。在我国西北和西南各少数

敦煌壁画"飞天"

民族地区，宗教与民族的历史文化、伦理规范和生活习惯有密切关系。我国有十个少数民族几乎全部信仰伊斯兰教。伊斯兰教虽是外来宗教，但自传入中国后，在保持其基本特点的基础上与中国固有文化相融合，成为信仰伊斯兰教各民族文化不可分割的重要组成部分，并且对中华民族的历史文化，特别是医药学、天文学、数学和历法等作出了巨大贡献。藏传佛教文化是藏族民族文化中最基本的部分，客观上对西藏的医学、历法、文学、工艺美术等方面的发展有着重要的作用。布达拉宫和塔尔寺是人类建筑史上的杰作。藏历以佛教密宗所传的功法为主，其干支纪年与汉族地区相同，正确地记录了农业节期的变化。基督教传入中国后，曾有过被帝国主义者利用而作为侵略工具的历史，但它在中国建立医院、开设学校、提倡男女平等、出版报刊图书，等等，对于传播西方科学文化，客观上起到

了一定的积极作用。

宗教不仅是一种社会文化现象，而且是一种历史现象，也就是说宗教和任何事物一样，都为物质世界的唯物辩证法规律所规定，都是一定社会历史条件下的产物，都有其产生、发展直至消亡的过程。

四、当今世界主要宗教流派

随着社会的发展，世界各地在政治、经济、文化等方面的交往日趋频繁，在某些民族、国家中出现了超民族和超国家地区的宗教乃至世界性宗教，佛教、基督教和伊斯兰教即为当今世界主要宗教流派，世称世界三大宗教。

（一）佛教

佛教是世界三大宗教之一，相传为公元前6世纪至公元前5世纪古印度的迦毗罗卫国（今尼泊尔境内）王子释迦牟尼所创，广泛流传于亚洲的许多国家。佛教传入中国以后，从"水土不服"到"入乡随俗"，适应并且完成了中国化的历程。历史证明，佛教教理的多样性和融摄性、行为规范的忍让和协和精神、处世应变的"智巧"，善于将入世与出世、王法与佛法、戒律与伦理等相会通，因时因地做出适应性的解释和回应，从而使其能立足中国并存续和发展，成为中国重要宗教之一。

（二）基督教

基督教是对奉耶稣基督为救世主的各教派的统称，亦称基督宗教。公元1世纪，基督教发源于罗马巴勒斯坦地区。基督教在世界各地分布最广、占人口比例最高、影响也最大，一般认为其信徒约占世界人口的三分之一。基督教在人类发展史上有着极为重要且不可替代的关键作用和深远影响。

（三）伊斯兰教

伊斯兰系阿拉伯语音译，公元7世纪时由麦加人穆罕默德在阿拉伯半岛上首先兴起，原意为"顺从""和平"，意指顺从和信仰创造宇宙的独一无二的主宰安拉及其意志，以求得两世的和平与安宁。公元7世纪至17世纪时期，在伊斯兰的名义下，曾经建立了倭马亚、阿拔斯、法蒂玛、印度德里苏丹、土耳其奥斯曼帝国等一系列大大小小的封建王朝。经过一千多年的历史沧桑，这些盛极一时的封建王朝都已成为历史陈迹。但是作为世界性宗教的"伊斯兰"却作为一种宗教、文化和政治的力量，一种人们的生活方式，在世界范围内不断地发展，乃至成为世界的三大宗教之一。

第二节　党的宗教政策

习近平总书记指出，宗教工作本质上是群众工作，如何让群众全面理解和领会党的宗教工作方针政策，是做好新形势下宗教工作的首要问题。只有赢得了信教群众的理解和支持，我们才能实现宗教和谐和社会稳定。宗教问题很敏感，但不能因为敏感就绕着走，该讲的也不讲，不该回避的却回避，甚至存在不敢讲、不愿讲、不会讲的现象。我们应该旗帜鲜明、理直气壮地用党的宗教工作方针政策，以及相关的法律法规宣传群众、教育群众、引导群众、团结群众，让群众知道哪些是对的，哪些是错的；哪些是合法的，哪些是违法的；哪些是应该倡导的，哪些是应该抵制的。这关系到党群关系、民族团结、宗教和谐和社会稳定。

一、尊重和保护宗教信仰自由

尊重和保护宗教信仰自由，是党对宗教问题的基本政策。这是一项长期政策，是一直要贯彻执行到将来宗教自然消亡为止的政策。宗教信仰自由的主要含义是：每个公民既有信仰宗教的自由，也有不信仰宗教的自由；有信仰这种宗教的自由，也有信仰那种宗教的自由；在同一宗教里，有信仰这个教派的自由，也有信仰那个教派的自由；有过去不信教而现在信教的自由，也有过去信教而现在不信教的自由。应当强调指出，宗教信仰自由政策的实质，就是要使宗教信仰问题成为公民个人自由选择的问题，成为公民个人的私事。贯彻党的宗教信仰自由政策，要体现全面性，防止片面性。应从以下方面理解党的宗教政策：

第一，宗教信仰自由。我国宪法、刑法、选举法、兵役法、义务教育

法等法律对保护宗教信仰自由有明确规定,即尊重和保护公民信教的自由,也尊重和保护公民不信教的自由。

第二,国家实行宗教与政权相分离的原则。社会主义国家政权当然绝不能被用来推行某种宗教,也绝不能被用来禁止某种正常的宗教信仰和宗教活动。同时,绝不允许宗教干预国家行政、干预司法、干预学校教育和社会公共教育;绝不允许强迫任何人特别是未成年人入教、出家和到寺庙学经;绝不允许恢复已被废除的宗教封建特权和宗教压迫剥削制度;绝不允许利用宗教反对党的领导和社会主义制度,破坏国家统一和民族团结。中国各宗教不论信众多少,不论影响大小,在法律面前一律平等,政府对各宗教一视同仁。

第三,不得歧视不信教的公民,也不得歧视信教的公民。无论是哪个民族,在哪个地方生活,都要相互尊重不同的宗教信仰,在多数群众不信教的地方,要特别注意尊重和保护信教群众的权利;在多数群众信教的地方,还要特别注意尊重和保护少数不信教群众的权利,决不能采取压制、歧视的办法对待对方。

第四,国家保护一切在宪法、法律和政策范围内的正常宗教活动。各宗教团体按照宪法、法律和政策的有关规定,可自主地办理各种教务。经政府主管部门批准,开办宗教院校,出版宗教书刊,销售宗教用品和宗教艺术品,开展宗教方面的国际友好交往,进行宗教学术交流活动。依法登记的宗教团体和宗教活动场所的合法权益受法律保护。任何人不得到宗教场所进行无神论的宣传,或者在信教群众中发起有神还是无神的辩论;但是任何宗教组织和教徒也不应当在宗教活动场所以外布道、传教,宣传有神论。

第五,要警惕带有政治图谋的宗教渗透和诉求。以习近平同志为核心的党中央敏锐地认识到,当前境内外敌对势力利用宗教对我国进行的渗透破坏活动不断加剧,并呈组织化、系统化、精细化趋势。西方敌对势力利用基督教实施所谓动摇群众基础的"松土工程"和瓦解我国上层建筑的"金字塔工程",扶持境内"家庭教会",推动中国"福音化",企图把中国变为世界上最大的"牧场"。一些境外"宗教极端势力"打着伊斯兰教的旗号,传播"宗教极端思想",煽动境内人员进行所谓"圣战",大搞恐

怖活动,制造民族分裂。"法轮功"等一些邪教组织不断制造所谓拯救生命的"法术",把自己造为"神",其真实目的是想否定社会主义制度,制造动乱,祸国殃民。这些都要告诉我们的群众,让群众擦亮眼睛、明辨是非,坚决抵制这种带有政治图谋的宗教渗透和诉求。

第六,实行宗教信仰自由政策不适用于共产党员。党的宗教信仰自由政策,是对我国公民来说的,并不适用于共产党员。共产党人是无神论者,不能信教,不能参加宗教活动;对有宗教信仰的共产党员,要教育和帮助其摆脱宗教影响,长期坚持不改的要劝其退党。但生活在基本上全民信教的少数民族地区的基层党员,应当根据具体情况区别对待这一规定,既要做到在思想上同宗教信仰划清界限,又要在生活中尊重和随顺民族习俗,以利于联系群众。

二、宗教界是爱国统一战线的重要组成部分

我国坚持和发展的中国特色社会主义宗教理论,是从中国宗教的具体实际出发,根据中国宗教在不同历史时期发生的变化,不断总结经验,逐步形成了一整套关于宗教问题的基本观点和基本政策,走出了一条妥善处理社会主义历史条件下宗教问题的正确道路。坚持"爱国爱教"是我国各宗教中国化方向的基本点和立足点。在宗教界必须提倡爱国爱教,爱教必先爱国。每一个宗教界人士,第一身份首先是中华人民共和国公民。爱国不是空洞的或虚无的概念和口号,爱国是具体的已融入全民族血液的文化基因。爱国就要做到服从和适应国家的政治制度和法律制度,拥护社会主义制度、拥护中国共产党的领导,对祖国认同、对中华文化认同、对中华民族认同、对中国共产党认同、对中国特色社会主义认同,离开了这个基本点,包括宗教在内的一切意识形态都是不能存续的。

在新的历史时期,我国宗教界作为中国共产党领导下的爱国组织,作为党和政府联系、团结、教育广大信教群众的桥梁,在带领信教群众爱国守法、维护社会稳定、促进祖国统一、共同致力于建设有中国特色社会主义的伟大事业中作出了突出的贡献。

(一)为社会公益和服务事业效力

改革开放以来,宗教界发扬各教的优良传统,积极开展社会公益和服

务事业,在扶贫救灾、助学济残、开荒种地、植树造林、架桥铺路、服务社会等方面表现出极高的热情,作出了重大的贡献。仅在1998年的抗洪救灾中,宗教界就为灾区捐款4000多万元。1999年9月,我国台湾地区发生百年罕见的强烈地震,祖国大陆宗教界获悉后,深刻体恤台湾同胞的蒙灾之苦,纷纷以不同的方式表达对台湾同胞的慰问,并积极加入赈灾救助行列。

(二) 开展宗教反邪斗争,维护社会安定

改革开放以来,随着正常宗教活动的开展,邪教组织活动也空前活跃起来。它们打着宗教的旗号,歪曲宗教经典,篡改宗教教义,以反对无神论为名反对中国共产党的领导和社会主义制度。以李洪志为首的"法轮功"是最具欺骗性和危害性的邪教之一,其活动猖獗,频频制造事端、危害社会、蛊惑人心、荼毒生灵,制造了一起起惨绝人寰、伤天害理的人间悲剧。中国宗教界最早举起反对"法轮功"邪教的旗帜。早在政府取缔"法轮功"之前的1996年,以赵朴初为首的中国佛教界就指出,"法轮功是邪教","光是取缔还不够,还须以理摧伏其谬论,才能有效"。各宗教出版物也纷纷揭露"法轮功"的反动本质,1998年由宗教界人士撰写的《佛教"气功"与法轮功》是国内第一部批判"法轮功"的著作。2001年春,中国佛教协会向全国佛教界发出了公开信,并呼吁我国五大宗教,积极行动起来,开展一场宗教反邪活动,"用慈悲之心,感化冥顽,拯救迷者,以正义之举,除恶反邪,去伪匡正"。正邪不可两立,摧邪方能显正,宗教界为反对邪教,维护社会安宁稳定作出了重要贡献。

(三) 尽职尽责维护祖国统一

在新的历史时期,宗教界在维护祖国统一方面,作出了积极的努力,藏传佛教领袖班禅大师就是杰出的爱国主义者。1987年秋，当少数民族分裂分子纠结达赖集团策动分裂祖国的活动，在拉萨市蓄意制造骚乱时，班禅大师就此发表讲话，严厉谴责这一罪恶行径，积极维护祖国统一。1991年，中国天主教青年代表团在马尼拉参加世界天主教青年大会期间，围绕梵蒂冈制造的"中华民国伪旗事件"同梵蒂冈展开坚决斗争，粉碎了国际反华势力制造"两个中国"的阴谋，捍卫了国家主权。1996年2月，大陆宗教界呼吁台湾宗教界积极响应江泽民同志提出的"和平统一八项主张"，以国家和民族利益为重，积极主动地与"台独"势力进行斗争，为增强两岸交往和祖国统一大业尽职尽责。

（四）为维护世界和平而不懈努力

和平和发展是当今世界的两大主题。和平是发展的前提和保障，是全世界人民根本利益之所在。一切真正宗教教义的共同特征和根本精神都包括和平——内心世界和外部世界的安宁与和平，一切真正的宗教往往把维护世界和平视为神圣天职。所以，占世界人口五分之四以上的宗教徒是一支重要的和平力量，而宗教领袖以其对信仰精神的深刻把握及其独有的宗教睿智和人格魅力，可以在防止战争、化解冲突中发挥独特的作用。我国宗教界具有维护世界和平的光荣传统，进入新时期，更为世界和平而不懈努力。

第三节　宗教极端主义与邪教是美好生活的毒药

宗教极端主义和各种邪教，是人们美好生活的毒药。宗教极端主义秉持极端的宗教观点，采用极端主义的方式对待社会、对待他人，是不理性、反人道的。邪教更是社会的毒瘤，极端反社会、反人性。

一、宗教极端主义的反动本质及特性

宗教极端主义是一种打着宗教旗号出现的一种极端主义思潮，其本质是反社会、反科学、反人类，为了达到其不可告人的政治目的，对宗教建设任意歪曲篡改，煽动宗教狂热，煽动教派之间、不同信仰之间、不同民

族之间的仇恨，制造暴力冲突。要解决宗教极端主义问题，就必须对这个"怪胎"进行剖析和清理，认清宗教极端主义的现实危害及反动本质。

宗教极端主义的反动本质和特性有以下表现：

一是亵渎性。任何一种正常的宗教都在其教义中倡导向善的思想。然而宗教极端主义不仅背弃了宗教正信，而且亵渎教规教义，在一次次的暴恐案件中，他们杀人放火，残害无辜生命，不论男女老少，不分哪个民族，他们一律大开杀戒，犯下滔天罪行……种种暴行与宗教教规教义格格不入，挑战了合法宗教的权威，这是对合法宗教最为严重的亵渎。

二是暴恐性。宗教极端主义的另一个代名词就是"暴恐主义"，从一起起暴恐案件可以看到，暴恐分子毫无人性可言，丧失理智，残害无辜，背离社会公德，破坏社会秩序，制造恐慌和动乱，成为和谐社会必须割除的"毒瘤"；其野蛮残暴行径严重挑战了人类社会的文明底线，是现代文明社会所不能容忍的。不消除宗教极端思想这一暴力恐怖的根源，暴恐活动就会像癌细胞一样不断复制繁衍扩散。

三是欺骗性。宗教极端主义的欺骗性表现在：披着宗教的外衣，大搞"神权政治论"，利用人们朴素的宗教感情灌输宗教极端思想，从而进行渗透破坏活动。

四是民族分裂性。宗教极端主义的分裂阴谋有以下方面：阴谋之一是煽动教派之争。宗教极端主义否定延续千百年的、传统的、正常的宗教礼仪和活动，认为传统教派是"非正宗"的，鼓吹"极端"是"正宗"的，而且故意滋生矛盾制造纷争，教唆和强迫教民相信这种教派而不能信那种教派。阴谋之二是破坏民族团结。宗教极端主义千方百计破坏各民族之间的团结，歪曲宗教演变史、民族发展史，煽动民族仇恨，制造民族隔阂，故意把宗教问题与民族问题扯在一起，从中渔利。

五是非法性。宗教极端主义鼓吹宗教至上论，排斥国家法律，干涉干扰政府事务，具体表现在：宗教极端主义者鼓噪教大于法，信教不信法，鼓吹教法统治，以"教法"代替国法，反对国家法律和制度的实施。具有严重的非法性。

认清了宗教极端主义这些反动本质和特性，就不难得出结论：宗教极端主义根本就不是宗教，而是彻头彻尾的披着宗教外衣的打着宗教旗号的黑社会性质的反动政治组织。

二、邪教的共同特点及危害

邪教是宗教的异化，二者之间有着本质区别，这些本质区别表现在教义、组织活动、道德传统以及对待社会和政府的态度等方面。当代邪教是伴随着新兴宗教的产生而产生的，因此必须注意区分邪教和新兴宗教的联系与区别。一般而言，新兴宗教都是在传统宗教的基础上演化发展而来的，其教义一般都来自传统宗教，只不过是获得了新的宗教启示。而邪教却是走到了新兴宗教的极端，邪教的主要特征无非是打着宗教旗帜的歪理邪说，通过神化教主思想控制秘密组织，以实现教主的私人利益。这其中既有经济利益，也包括不可告人的政治目的，最终的结果都是危害信众、危害社会。因此可以说，邪教是危害社会的一个"毒瘤"，其本质是反人类、反社会、反政府、害教众的。

全球邪教组织到底有多少，目前还没有准确的数字。在世界很多国家都有邪教组织的存在，中国也不例外。当代世界主要邪教组织有奥姆真理教、人民圣殿教、大卫教、科学教派、上帝之子、统一协会、太阳圣殿教、恢复上帝十戒运动等。

宗教是人类社会历史发展到一定阶段的产物，是人类社会灿烂文化的重要组成部分，在一定的历史条件下，它满足了人类的精神需求和终极关怀，促进了人类的发展。然而，正如西方著名宗教社会学家缪勒所说："哪里有人类生活，哪里就有宗教。而哪里有宗教，由宗教产生的问题就不可能长久地隐而不露。"[1]宗教和邪教有着密切的联系，但是两者之间却有着本质的区别。尽管宗教和邪教都是有神论，但是宗教发展至今已有几千年的历史，各传统宗教都形成了自己的经典、教义、崇拜仪式、组织形式，并广为人们所接受，其组织形态井然有序，其精神追求相对地较为真诚、执着，崇尚真善美，在世界各国拥有数量众多的信徒。更为重要的是，传统宗教在其历史发展中，与主流社会相适应，是社会上层建筑和意识形态的一部分，是民族文化传统的代表，其价值观与主流社会相吻合。

当代邪教是新兴宗教中一个特殊而又个别的现象，是指在宗教创立、发展过程中走向严重危害社会、违反法律与人性、扰乱社会秩序甚至自绝于社会与人类、导致信众或无辜百姓蒙受巨大的生命财产损失的一些极为个别的教团。区别邪教与其他宗教的一个主要标准是，是否有极端的反人类性、反社会性和对教主的绝对服从性。因此我们不能简单地将新兴宗教等同于邪教，更不能在宗教与邪教之间画等号。

当一个宗教组织逐步走向反社会、反人性的道路，其行为活动违反了社会的基本道德和法律时，我们就可以将之定性为邪教。它是新兴宗教的一种恶变，它把新兴宗教具有的某些一般特征极端化，成为其特有的教义，尤其表现为绝对的教主至上，同时在信仰教义上鼓吹具体的末世论，即判定某一个具体的日期为世界的末日，或把某些事件作为世界末日的标志等。例如日本邪教"奥姆真理教"教主麻原彰晃预言2000年将爆发"世界最终战争"。对一般人来说，邪教组织及其教义和预言可谓荒唐至极。但对于某些精神极度空虚的人来说，邪教的"末世预言"却有巨大的感召力，可能导致集体自杀或其他严重的社会事件，所以应引起我们的关注。这些年来由于各种复杂的原因，邪教在世界范围内有蔓延趋势。有些邪教组织利用电脑网络等先进科学技术手段传播妖言邪说，发展信徒，进

---

[1] 麦克斯·缪勒：《宗教的起源与发展》，上海人民出版社1989年版，第5页。

行疯狂的跨国邪教活动。如"奥姆真理教"以日本为大本营,在美、俄、法、斯里兰卡等国设立海外分部;"太阳圣殿教"势力遍及欧美12个国家;"基督教科学派"在57个国家设立分部等。

邪教组织一般有如下特点:

第一,反正统性,宣扬"教主"崇拜,对教徒实施精神控制,使信徒变成绝对服从教主的奴隶。传统宗教的崇拜对象是超人间的神,如基督教的上帝、佛教的佛、道教的太上老君等,教职人员并不是神本身或神的化身,信众并不将教职人员甚至宗教领袖作为神来崇拜。邪教组织的教主却自封为"神""主""活基督",集神权与教权于一身,扮演着世界创造者、主宰者和救世主的角色,宣扬自己的种种"特异"能力,迷惑信徒,并企图"改朝换代",有明显的政治野心和政治色彩。

日本的"奥姆真理教"教主麻原彰晃自称"神圣法皇",要求教徒一字一句地背诵其著作,称这是把他们的脑波换成麻原的脑波。

第二,反现世性,制造邪说,蛊惑人心。传统宗教教义除强调追求天国幸福之外,还适当地关注人的现世生活,给人以安慰、劝勉和鼓励,如基督教教人博爱、忍耐、宽容;佛教教人慈悲、宽大;伊斯兰教主张两世吉庆等。在某种程度上,传统宗教具有一定的稳定社会、扶助人生的作用。而邪教则偏执一端,狂热地渲染灾劫的恐怖性和紧迫性,扬言世界末日将至、天国将临、唯入其教者方可获救等异端邪说,制造恐怖不安气氛,扰乱社会秩序,由此往往导致两类极端行动的发生:一是煽动信徒在所谓的"世界末日"来临之际集体自杀"升天";二是为建立地上"天国"对社会进行暴力攻击,达到其"改朝换代"的罪恶目的。

第三,反社会性的非法、非人道的教内生活。传统宗教虽然被动但却一直努力地调整教义,力求与社会相适应,有限度地倡导服务社会、造福群体。如佛教的"庄严国土,利乐有情",基督教的"荣神益人",道教的

"慈爱和同、济世度人",伊斯兰教的"善行"等,即体现了传统宗教对人的关怀之情。一般而言,流传至今的传统宗教的教义和制度并不危及国家宪法、法律赋予信徒的基本权利,教职人员对信徒采取劝诫的方法,并不施以暴力胁迫。而邪教的立言行事则违背公认的社会伦理、道德准则、法律准则,使用欺骗、恐怖的手段,对教徒的精神生活和世俗生活进行控制,强制剥夺教徒的合法权利,残酷摧残教徒的身心健康,诈骗钱财、盘剥信众、蹂躏女性,实行专制统治。如由韩国人文鲜明创立的"统一教派"教唆教徒离开家庭,奉献教会,然后乱点"鸳鸯谱",每隔一段时间就为信徒举行集体婚礼,而信徒在婚礼前完全不知道自己的"另一半"是谁。

第四,秘密结社,对抗政府。现存的传统宗教并不以颠覆政权、建立神权政治为目标,而是寻求与政权相协调,在社会生活中发挥民间团体的辅助作用,力求将爱国与爱教结合起来。而邪教组织却具有强烈的反社会倾向,与法律相抵触,敌视现存的社会秩序和政权,隐含着取而代之的权力意图,故而政教合一,组织严密,甚至囤积武器弹药,进行与法律相抵触的反社会行为。如日本的"奥姆真理教"仿照日本政府的"省厅制"机构,设有"法务省""建设省""文部省""外务省"等,俨然一个"奥姆帝国"。该邪教一心扩展其"神圣空间",称"神圣空间"充分展开之日,便是日本政府灭亡之时。邪教在受到人们或政府追查时,教主为了保住"神"的地位和尊严,往往不惜牺牲教徒的生命。1978年,美国"人民圣殿教"在教主查姆·琼斯的煽动下集体服毒自杀,造成914人死亡。1994年至1995年,"太阳圣殿教"70多名信徒先后在法国、瑞士、加拿大等地神秘死亡。2000年,乌干达的众多邪教成员在"恢复上帝十戒运动"中集体自焚,造成至少530人死亡。据乌干达警方统计,该教派已害死了1000多名信徒。

目前,我国部分地区出现的一些邪教组织大多是从国外渗入,在国内滋长发展起来的。这些邪教组织虽然为数不多,但社会危害性很大。虽组织名称各异,但其表现如出一辙。例如,"被立王"邪教组织,是由原"呼喊派"骨干分子吴扬明非法成立的。他根据《圣经·路加福音》中有句关于"被立"的说法,歪曲解释,自封为"被立王",并宣传异端邪说,声称要在2000年前推翻"撒旦"政权,用"被立精神统一全国大业,建立新天地的神国"。该组织体系严密,吴扬明为"父王",下设16权柄,凡入教者都要废除真名,以"灵名"替代。"被立王"邪教组织戒律很多,其中包括:不能与家人一起吃饭、不许看电视、看见上级要跪拜等,教主吴扬明向信徒收取"祭坛"(信徒向教主奉献的财物)。[1]

三、远离邪教,珍爱生活

从以上世界范围内对邪教定义和特征的研究及概括来看,邪教无非是打着宗教旗帜的歪理邪说,通过神化教主、思想控制、严密组织来实现教主的私人利益,这其中既有经济利益,也包括不可告人的政治目的,最终的结果都是危害信众、危害家庭、危害社会。因此可以说,邪教是危害社会的一个"毒瘤",其罪恶本质是反人类、反社会、反政府。

由于邪教组织从事危害国家安全和社会秩序、危害人民群众生命财产等违法犯罪活动,中国共产党和中国政府采取的政策是:坚决查禁取缔邪教组织,制止和打击其非法活动。中国共产党第十五届三中全会通过的《中共中央关于农业和农村工作若干重大问题的决定》中明确指出:"全面贯彻党的宗教政策,依法打击邪教和利用宗教进行的非法活动。"对利用邪教组织进行违法犯罪的首要分子,要按照《刑法》第三百条依法处理;对不够依法打击处理的一般骨干,主要采取教育转化;对受蒙骗的群众,主要进行宣传教育,教育他们不要参与邪教组织活动,摆

---

[1] 陈浩、曾琦云:《宗教文化导论》,浙江大学出版社2006年版,第46页。

脱邪教组织的影响。

建立正确的宗教观,认清宗教极端主义和邪教的反人类、反社会、反政府本质,对于每个公民的幸福生活而言都是非常重要的。传统宗教都有其社会功能,都在一定程度上可以满足人们的精神和心理需要,因此国家尊重和保护每个公民的信仰自由。但是由于宗教极端主义和邪教,都是打着宗教的外衣和旗号开展活动的,因此不可避免地具有欺骗性。所以,有宗教信仰是可以的,参加合法的宗教活动,也是可以的。但是必须小心,要认真辨析那些打着宗教旗号,行反社会、分裂国家、祸害教众和信徒之实的危险分子,远离宗教极端主义和邪教,是每个人自由和幸福的保障。

思考题

1. 什么是宗教?为什么会有宗教?
2. 宗教极端主义是什么?有哪些危害?
3. 邪教的特征是什么?危害在哪里?
4. 如何理解党的宗教政策?
5. 如何远离邪教和宗教极端主义?
6. 信教和爱国是不是矛盾的?

政治改造分册

第八章

人生再审视

社会是由人组成的，人类是大自然的一部分。树立正确的世界观、人生观、价值观，是每个人健康成长的基础。人的一生，挫折和错误是难免的。重要的是建立正确的是非观和幸福观，并经常反省自己。习近平总书记在 2018 年 2 月 14 日春节团拜会上指出："奋斗本身就是一种幸福，只有奋斗的人生才称得上幸福的人生。"人应该怎样活着？什么样的人生才是幸福？这样的问题再次让许多人沉思。对犯过错误的人来说，回头审视自己的人生，审视自己的三观，审视自己对于幸福和是非的看法，是完成自身改造、重回正确人生轨道的重要一环。如何做一个大写的人，成就我们大写的国家，是每个人应该思考的问题。

第一节　人是自然的一角

个体的人组成了人类社会，人类社会又是大自然的组成部分。因此对世界的正确看法也就是正确的世界观，是正确的人生观和价值观的基础。人的能力有大小，但精神是平等的。只要有为人民服务的精神和胸怀祖国、胸怀天下的境界，就是一个大写的人。

一、人类社会是大自然的组成部分

在人类社会产生之前，自然界就已经存在了。自然界就像母亲，人类社会就如同孩子，人类生活的方方面面都取之于大自然。人类对大自然的态度从一开始的迷信般的崇拜与爱戴，到后来无节制的索取，导致自然界遭到严重的破坏。这一切都源于人性的贪婪，由于贪婪，使得最初的崇拜变成了征服。如今，人类对自然过分索取的结果就是自然对人类的报复：沙尘暴严重、荒漠化加剧、全球气候变暖、海平面下降导致很多物种濒危灭绝……人与自然之间紧张的关系需要加以改善。生态文明的观念在近几年广泛流行，它是人类对传统工业文明的反思，是人类站在时代前

沿，对人——自然——社会的关系进行全面反思，对自然生态系统进行深入探讨之后，提出的创新性概念。生态文明发展观所追求的目标是人与自然的和谐发展。

（一）人与自然的对立统一

人与自然的发展一直处于对立状态，如何实现人与自然的和谐发展一直是困扰人类的难题。生态文明发展观强调，在开发和利用自然的过程中，必须要遵循自然界的发展规律，尊重自然的价值和内在属性，使人与自然和谐相处，协调发展。首先，在人与自然的发展过程中，保护与改造同时进行，只有将保护与改造二者辩证结合在一起，才能更好地实现人与自然的协同发展。人类只有认识自然、树立保护自然的意识，才能使自然正常地发展延续。其次，在人对自然的改造过程中，尊重与利用相统一，只有将尊重作为前提，利用作为过程，在尊重的基础上有方法有成效的加以利用，才能促进人与自然和谐共生。人类要想真正保护自然，就应该在改造自然的过程中尊重自然、充分认识自然、遵循自然的发展规律。人类只有清楚地认识自然，按自然的发展规律去合理开发与利用自然，树立保护自然的意识，才能使自然得以正常发展和延续。因此，在人与自然和谐发展的过程中，改造自然与保护自然是不能分割的，要改造自然必须以保护自然为前提，而要想更好地保护自然，又必须要求人类积极参与到自然中去，通过改造自然以更好地认识自然，了解自然自身的发展规律。因此，在人与自然的和谐发展过程中，保护自然与改造自然是协调统一的。

（二）人与人的和谐统一

人与人和谐发展是指每个人都应该公平享有对自然资源的权利，都享有自身自由发展的权利，而不受他人或其他群体的侵犯。

首先，从代内的公平性来看，无论是群体还是个人，要想实现彼此的和谐发展，就不能侵犯其他群体或个人的生存和生活空间，尤其是其健康的生态环境。群体发展与个体发展相互制约，如果个体发展超过了自己的极限，这个极限也就是哲学上经常说的"度"，那必然会影响到他人或群体的发展。反过来讲，如果群体的发展超过了自己发展的"度"，那也将会影响其他群体和个体的发展。其次,从代际间的公平性来看,前一代人过度开发和利用自然资源必定会给下一代人的生存和发展带来隐患。一代人在发展过程中,对环境的污染与破坏必然会损害后代的利益,将会给后代造成无法挽救的损失。因此,人类一定要注意代际间的公平问题,任何一代人,在自己生存发展的同时,必须要为后代的生存和发展留下余地,为后代的健康成长创造条件。

人与人的和谐统一,不仅仅是代际间在生态环境中的和谐统一,也包括政治、经济、文化、社会的和谐发展。社会和谐是发展的前提和保证,人与人之间的和谐更是一切发展的前提。

(三) 环境保护与经济发展的协调与统一

生态文明作为一种新式的发展观,强调在保证自然环境的承受能力的前提下进行发展,把经济发展与环境保护结合起来,将二者看作是一个有机整体。经济发展与环境保护二者相互依存、不可分割。人类不能为了单纯追求经济效益而忽视人类的生存环境;同时,也不能为了单纯的生态复归,而忽视社会经济的发展。将生态保护与经济利益的追求作为一件事的两个方面,是对历史环境的尊重,也是对人类发展的贡献。习近平总书记说过,"绿水青山就是金山银山",在追求经济利益的前提下,要保护青山绿水。坚持二者协调发展,不仅是当代人的责任,也是下一代、下下一代人的使命。

因此,健康的经济发展与良好的生态环境是分不开的,良好的生态环境能为经济的可持续发展和人类自由全面的发展提供强有力的物质保障,自然环境得以延续,经济的发展和人的发展才能得以延续。但我们也不能只为了单纯的生态环境而放弃经济发展,因为实现良好的生态环境,以及治理环境污染和保护生态环境,依然需要我们发展经济来支撑。在生态文明的发展过程中,环境保护与经济发展是相互依存、相互促进、和谐共生的。

人类社会是大自然的组成部分,要加强人与自然和谐相处,要发展人与人之间的和谐模式,要坚持生态环境与物质利益的协同共进,如此才能更好地实现人类社会的和谐发展、健康发展。

二、每个人都是社会人

人是社会中最活跃的因子。马克思对于人的本质进行了细致深刻的研究和分析。他在总结人类思想史上优秀文化的基础上，第一次对人的本质做出了科学界定。一是劳动是人的本质，这是区别动物与人的规定性。二是一切社会关系的总和是人的本质。马克思认为："人的本质不是单个人所固有的抽象物，在其现实性上，它是一切社会关系的总和。"[1]这种社会关系决定人的生产生活方式以及存在的价值。三是人的需求即人的本质。这三方面的规定性都与社会发展相关，体现了人作为社会人的基础。

（一）人是劳动的产物

劳动是人的本质。无论从人类进化的历史看，还是从人类不断发展壮大的历史看，劳动都对人类发展做出了突出贡献。对处于萌芽状态中的人而言，他们通过不断地劳动来锻炼自身的能力，在人的成长过程中，找到适合自身不断发展进化的内在动力，这应该归功于劳动在人的发展变化过程中不断地完善和提升人的各方面能力。从劳动促使人类进化成为真正的人的角度看，可以发现人类的本质界定是从劳动开始形成的。马克思认为人的社会属性和动物的群体属性之间存在一定的区别，这种区别是人与动物的区别，劳动是人的本质所在。在这个意义上，人的社会性体现在人参与到社会活动中的时候，这种活动往往是通过协作式的劳动来完成的，而动物则不具备主观能动性的劳动活动。人类进行劳动的过程就是改造自身的过程，人之所以能比动物更好地生活在地球上，劳动发挥了不可取代的作用。

人不仅仅能够在进行劳动的过程中改造周围的客观世界，而且能在劳动过程中改造自己的主观世界，从而促进了社会的进步。在这个层面上，人是社会的人，劳动是社会的象征。马克思曾说过："整个所谓世界历史，不外乎是人通过人的劳动而诞生的过程，是自然界对人来说的生成过程。"[2]从劳动是人的本质定义这一点可以看出来，马克思是从人类及其历史产生的方面进行论述的，可以肯定的是劳动在促进人从动物转化为

---

[1]《马克思恩格斯全集》（第一卷），人民出版社1995年版，第60页。
[2] 马克思：《1844年经济学哲学手稿》，人民出版社2000年版，第92页。

人的阶段中发挥了关键的作用。

(二) 人是一切社会关系的总和

马克思将人的本质定义为一切社会关系的总和，这不仅仅是从人区别于动物的角度上来进行区分的，更多的是从人与人之间的区别上来阐释的，这就涉及了人类社会的分工和协作。在人类社会不断地进步和完善的过程中，人与人之间形成了一定的社会关系。人类社会关系总和的形成不是一次性的，而是由后天不断地学习以及持续的社会实践过程中完善的，可以说是人类在不断地学习、工作、生产、交往的过程中所建立起来的人与人之间的关系。这种社会关系的总和还需要人们不断地改进和完善，将自身的各项交往活动和自身的提升融入到社会的发展过程中去。[1] 在这个意义上，每个人都是社会的人，人的个性包含在社会的共性中。

让人们在现实的生活中成为一个真真正正的社会人，这样才能够有效地提升人类对于自身本质的探索。从这个角度上来看，马克思对于人的本质的认识是一个逐渐提升和完善的过程，从劳动是人的本质开始，上升到人是一切社会关系的总和。对于人类社会的发展进程来说，人在其中所发挥的作用就是人作为一切社会关系总和的一种体现。

(三) 个人需求和社会需求

马克思在不断思考人的本质的过程中，对于人类的自身发展以及社会发展的看法日渐成熟。人类为了满足自身生理需求，往往需要通过辛勤的劳动来换取一定的物质资源，一切生命活动的首要条件就是同外界进行一定的物质交换。这种物质交换的过程往往就是自身需求意识的积极体现，从这个角度来看，人类还存在着一定的动物属性。但是人类这种自身需求的满足往往是随着物质条件的增长而不断变化的，这种变化是不断进步和发展的过程。正是在这一过程中，人类对于需求内容不断进行提升和完善。

马克思认为，人类社会的劳动创造活动内在的主要原因和根本动力来源于人类不断发展的需求。这种需求激发了人们将自身的努力更好地投入到社会的建设过程中，从中获得更多的社会财富，以满足人们不断

---

[1] 杨兰："马克思这样界定人的本质"，载《人民论坛》2018年第3期。

增长的物质文化需求。从这个角度上来看，人类社会在不断的发展过程中，一直都要从事的一项活动就是要不断地满足人们日常生活发展的需要。

三、大写的人和小写的人

人因为具备历史内涵，承担着对国家、民族、社会、公众的未来的一份责任而显其"大"，人因为固闭于自我生存、自我发展、自我存在而显其"小"。人的生活也因为联接着历史的运行而显其"大"，因为囿于个人的生存而显其"小"。"大写的人"不单指大人物，"小写的人"也不单指小人物，革命战争时期为革命事业牺牲的无名英雄们也是"大写的人"，改革开放以来为中国特色社会主义事业默默奋斗的中国人都是"大写的人"，而有些人，虽然掌握着较大权力或者经营着大生意，但是贪污腐败、受贿行贿、昧心昧德，依然不能成为"大写的人"，而只能被社会所唾弃。

"小写的人"终究要被社会所淘汰。一心只想着个人利益，一辈子走不出个人得失的小圈子，甚至为了私利不惜损害他人利益，不惜违反公共道德，甚至违法乱纪，最终走上犯罪道路。

"穷则独善其身，达则兼济天下"，这句名言是很多人的梦想。在不发达的时候，先照顾好自身，想办法让自己变得更优秀、更出色，等到有一天成功的时候可以帮助更多需要帮助的人，这是许多人所信奉的哲学。可是，也有人说钱多了为什么要去做慈善？为什么要帮助那些不相干的人？为什么要浪费精力在那些跟自己没有利益关系的人的身上？这就是一个人的人生观的问题了。能够正确对待他人和社会公共利益，能够公而忘私，把社会利益置于个人利益之上，这种人是"大写的人"。

第八章　人生再审视

有了"大写的人",才有大写的国。有人说,"人"字最简单,没有偏旁,没有繁体,何谓大写、小写?但有一点是肯定的,"大写的人"的脊梁是笔直的,人格是闪亮的。这个社会,就因为有了"大写的人",才会充满希望和生机。由此,我们可以看到,"大写的人",就是崇高的人,伟大的人,他们的人格魅力能给我们一种向上向善的力量。

中共中央总书记习近平在 2017 年 5 月对我国著名的地球物理学家黄大年同志的先进事迹作出重要指示:"黄大年同志秉持科技报国理想,把为祖国富强、民族振兴、人民幸福贡献力量作为毕生追求,为我国教育科研事业作出了突出贡献,他的先进事迹感人肺腑。"习近平总书记强调:"我们要以黄大年同志为榜样,学习他心有大我、至诚报国的爱国情怀,学习他教书育人、敢为人先的敬业精神,学习他淡泊名利、甘于奉献的高尚情操,把爱国之情、报国之志融入祖国改革发展的伟大事业之中、融入人民创造历史的伟大奋斗之中,从自己做起,从本职岗位做起,为实现"两个一百年"奋斗目标、实现中华民族伟大复兴的中国梦贡献智慧和力量。"

黄大年同志是我国著名的地球物理学家,生前担任吉林大学地球探测科学与技术学院教授、博士生导师。2009 年,黄大年同志毅然放弃国外的优越条件回到祖国,刻苦钻研、勇于创新,取得了一系列重大科技成果,填补了多项国内技术空白。黄大年同志就是一个"大写的人"。他始终坚持把自己定义为"国家的人",他一直坚守为国做事,为国奋斗。他是一个"大写的人",是我们奋斗路上的一面旗帜。

"大写的人"拥有"先天下之忧而忧,后天下之乐而乐"的情怀,他们登高远望,将党和人民的利益放在第一位,不突破红线,不逾越法纪,只为踏踏实实保国为民。他们是时代楷模,是人民的英雄,是国家的骄傲,是一座座巍峨的丰碑,他们的先进事迹值得我们永远传承弘扬!

第二节　人的一生应该怎样度过

什么样的人生才有价值？人的一生应该怎样度过？这是许多人经常思考的问题，失去自由身陷囹圄的人，也应该好好问一问自己这些问题。

人的一生难免犯错，知错能改善莫大焉。古人有见贤思齐，闻过则喜的典故，也有浪子回头金不换的俗语。说的就是一个人，犯了错误并不怕，只要迅速改正，就仍然可以被社会所接纳。在人生的旅途中，犯了错误并不可怕，可怕的是执迷不悟、知错不改，甚至在错误的道路上越走越远。任何人不管犯了什么样的错误，只要认真思过，诚心悔过，积极努力改造自己的世界观，回归社会，恢复正常健康的生活，就是有可能的。那么，人的一生应该怎样度过？什么样的人生是有价值的？

一、什么样的人生是有价值的

鲁迅先生曾说过："一个人的生命是可宝贵的，但是一代的真理更可宝贵，生命牺牲了而真理昭然于天下，这死是值得的。"在鲁迅先生看来，真理，比生命还要珍贵。

（一）追求真理的人生才有价值

在中国共产党的历史上，用生命去追求真理、捍卫真理的英雄有许多，也正是老一辈无产阶级革命家不畏艰苦、上下求索的精神才铸就了中国共产党与时俱进、实事求是的优良品格。回首百年历史，战火硝烟没有击退中国共产党人追求真理的脚步，腥风血雨不曾动摇中国共产党人捍卫真理的信念。

20世纪初，列强凌辱，军阀混战，中华大地满目疮痍，民不聊生。甲午海战战败后，谭嗣同以悲凉的诗句记录下了当时的国情："世间无物抵春愁，合向苍冥一哭休。四万万人齐下泪，天涯何处是神州？"[1]就是在这样的社会背景之下，有无数仁人志士前仆后继探索救亡图存的道路。在那暗无天日的时代，追求真理就意味着流血和牺牲。但中国共产党人始终不曾退却，在寻求真理的路上，真正诠释了中国共产党人的风骨。

1928年的冬天，白色恐怖笼罩全国。革命先辈夏明翰在武汉进行革命工作时被敌人逮捕。敌人劝夏明翰投降，只要他肯放弃共产主义，就能免遭毒手。但他坚定地回答："我可以牺牲我的生命，决不放弃我的信仰！"敌人用尽酷刑，将他折磨得血肉模糊，遍体鳞伤。但是，再残酷的刑罚也无法动摇他革命意志，面对敌人的审讯，他依然高呼"共产党万岁"，在敌人将他押到刑场时，他依然面无惧色，高唱着国际歌，留下绝笔诗后慷慨赴死。

夏明翰

"砍头不要紧，只要主义真。杀了夏明翰，还有后来人。"这是夏明翰同志用生命留下的千古绝唱。虽然他的人生很短暂，但却重于泰山，他用鲜血和生命守护的是共产主义的伟大信仰。这样壮烈的人生成就了他永世不灭的精神，正是许多这样的精神成就了一个伟大的政党。习近平总书记2017年9月29日在十八届中央政治局第四十三次集体学习时的讲话中指出："时代在变化，社会在发展，但马克思主义基本原理依然是科学真理。尽管我们所处的时代同马克思所处的时代相比发生了巨大而深刻的变化，但从世界社会主义500年的大视野来看，我们依然处在马克思主义所指明的历史时代。"大浪淘沙，任何时候，真理都像金子一样闪闪发亮，追求真理的人们永远不会畏惧敌人的屠刀，因为我们始终相

---

[1] 谭嗣同：《谭嗣同全集》，中华书局1981年版，第540页。

信，真理的力量可以战胜一切，人生也会因为追寻真理而显得意义非凡。

（二）温暖他人的人生才有价值

自幼唱着"学习雷锋好榜样"长大的我们从小便被教育要团结同学、乐于助人，这是我们一直以来推崇和学习的优良品德。雷锋同志说过："自己活着，就是为了使别人过得更好。"这句话看似简单，但凝结其中的，是他毕生的价值追求。"雷锋"二字也早已经成为人们心中乐于助人、见义勇为、奉献社会的代名词。随着时代变迁，有人说，雷锋只不过是在过去那样的特定年代中被"神话"了的人物，被宣传标榜成了特殊的精神载体和价值符号，今天来看雷锋精神已经成了"老土"，雷锋精神早就已经过时了。为此，我们必须要深思，从小父母老师教育我们的"学习雷锋好榜样"真的已经没有意义了么？

随着当代中国迈向市场经济和现代化，人们追逐经济效益，追求富裕的生活。但与此同时，我们也必须认识到，在进行经济建设的同时，思想道德建设也同样不可放松。雷锋精神是经过了时光磨洗后的中华民族宝贵的精神财富，其中包含着个人对社会的责任、对社会的热爱和对祖国的忠诚。雷锋和他所属的那个时代已经过去，但是忠诚、坚强、乐观、奉献这些与雷锋精神一脉相继的品质在新时代仍被赋予了更加丰富的含义，在今天依然具有着鲜活的生命力

党的十八大以来，习近平总书记多次动情地谈到雷锋精神，号召全党将雷锋精神代代传承下去。习近平总书记2018年9月28日在东北三省考察并主持召开深入推进东北振兴座谈会时强调："雷锋是时代的楷模，雷锋精神是永恒的。实现中华民族伟大复兴，需要更多时代楷模。""我们既要学习雷锋的精神，也要学习雷锋的做法，把崇高理想信念和道德品质追求转化为具体行动，体现在平凡的工作生活中，作出自己应有的贡献，把

雷锋精神代代传承下去。""我们要见贤思齐,把雷锋精神代代传承下去。""学习雷锋精神,就要把崇高的理想信念和道德品质追求融入日常的工作生活,在自己岗位上做一颗永不生锈的螺丝钉。"[1]这句句嘱托,是新时期道德建设的重要方向,号召我们要做雷锋精神的种子,把雷锋精神广播在祖国大地上。

(三) 奉献祖国的人生才有价值

爱因斯坦曾经说过:"人只有献身社会,才能找出那实际上是短暂而有风险的生命的意义。"在今天,我国一对英雄伉俪用毕生的时间和经历诠释了这句话,《感动中国》栏目写给他们的颁奖词是这样的:"浪的执着,礁的顽强,民的本分,兵的责任。岛再小,也是国土。家未立,也要国先安。三十二年驻守,三代人无言付出,两百面旗帜,收藏了太多风雨,涛拍孤岛岸,风颂赤子心。"时代楷模王继才、王仕花夫妻二人,日升日落,守护着一面红旗,只为了告诉世界这里属于中国。大海磅礴,是为他们唱颂的最坚贞的赞歌。王继才是今天全社会学习的榜样,成为一面鲜红的旗帜,飘扬在祖国的海岛,更飘扬在每个人的心里。

> **文化讲堂**
>
> 浪的执着,礁的顽强,民的本分,兵的责任。岛再小,也是国土。家未立,也要国先安。三十二年驻守,三代人无言付出,两百面旗帜,收藏了太多风雨,涛拍孤岛岸,风颂赤子心。
>
> ——《感动中国》颁奖词

习近平总书记对王继才同志先进事迹做出重要指示时强调,王继才同志守岛卫国32年,用无怨无悔的坚守和付出,在平凡的岗位上书写了不平凡的人生华章。我们要大力倡导这种爱国奉献精神,使之成为新时代奋斗者的价值追求。从建党之初的浴血奋战,到新时代的改革发展,中国共产党走的每一步都离不开共产党员脚踏实地的奋斗。正是无数共产党员的牺牲奉献,祖国才实现了从站起来、富起来到强起来的伟大飞跃。

爱国主义精神在中华民族几千年的历史长河中绵延传承、生生不息。在不同时期不同的历史背景之下,有着不同的表现形式,但是却始终贴近

---

[1] 2018年9月28日习近平在抚顺考察,号召"做一颗永不生锈的螺丝钉"。

时代脉搏，反映社会风貌，雕琢着一代又一代人的精神品质。在中华民族走向复兴的伟大征途中确立爱国主义精神在现代社会的重要地位，确立奉献精

神的价值导向地位有着重要的现实意义。习近平总书记在党的十九大报告中指出："人民有信仰，国家有力量，民族有希望。"加强爱国主义教育，是新时代中国特色社会主义建设过程中信仰构建的重要组成部分。社会主义核心价值观强调公民要自觉树立国家意识、民族意识和责任意识，主动为中华民族伟大复兴的中国梦贡献力量，在服务社会和奉献国家的实践中实现自身价值。

二、奋斗的人生最幸福

（一）奋斗成就出彩人生

中国特色社会主义进入了新时代，这是奋斗者的时代。习近平总书记告诫青年群体："广大青年要培养奋斗精神，做到理想坚定，信念执着，勇于开拓，顽强拼搏，永不气馁。"[1]习总书记关于幸福人生是这样解读的："奋斗本身就是一种幸福，只有奋斗的人生才称得上幸福的人生。"[2]奋斗应当成为我们人生的底色。

在2019年的新年贺词中，习近平总书记回首过去一年的奋斗旅程，肯定了每一位奋斗者的辛勤付出，热情礼赞了每一位奋斗者的追梦之旅。总书记满怀信心地鼓舞亿万人民"我们都在努力奔跑，我们都是追梦人"。总书记的贺词中饱含着对奋斗者的致敬，也是对新时代奋斗精神的深情呼唤。在主席的贺词中，林俊德、张超、王继才、黄群、宋月才等奋斗英雄们是新时代最可爱的人，在新时代的伟大征程上写下了浓墨重彩的篇章。正是有了千千万万这样的奋斗者，我们才能创造出美好的生活，才能构建

---

[1] 习近平2018年5月2日在北京大学师生座谈会上的讲话。
[2] 习近平2018年2月14日在春节团拜会上的讲话。

这个伟大的新时代。

致敬奋斗者，就是推崇奋斗的伟大精神。站在这样关键的历史节点上，回首过去，没有先辈们的奋斗，就不会有我们今天的幸福生活。改革开放四十年来，国家前行的每一步都成就了亿万中华儿女的个人梦，无数个人梦想的实现也汇聚成了推进国家进步的合力。中华儿女以感天动地的奋斗者姿态创造了举世瞩目的中国奇迹。新的征程就在前方，中国梦也是我们每个人的梦，只有将个人价值的实现熔铸进国家的梦想中才有实现的可能和助力。我们不能满足于现今取得的成就，而是要有"雄关漫道真如铁，而今迈步从头越"的气魄，去勇敢地追寻自己的梦想。

奋斗的人生才有意义，无论是一名普通的快递小哥、环卫工人、出租车司机或者退伍军人……工作看似平凡无奇，但是我们都有一个神圣的身份，就是新时代的奋斗者。新时代是奋斗者的舞台，更是追梦人的舞台，无论你身处何方，都可以用奋斗者的姿态来证明，我们有机会、有能力在奋斗中书写新时代的伟大历史，创造中华民族的伟大奇迹！

（二）奋斗铸就中国梦

如果说奋斗能成就一个人有价值的一生，那么千万人的奋斗就能绘就一个国家繁荣昌盛的壮美蓝图。回首中国共产党百年光辉历史，中国共产党从成立的那一天起，就把实现民族独立和人民解放作为自己的使命，这就注定中国共产党选择了一条满是艰险的奋斗之路。在困难面前，中国共产党人从来没有退却，对真理的追求也没有动摇，在变革的洪流中，风险、困难和挑战纷至沓来，如何化险为夷、成功地应对困难都是对共产党人的严峻考验。枪林弹雨的革命战争年代，共产主义远大理想激励着一代又一代共产党人英勇奋斗，成千上万的烈士为了这个理想献出了宝贵生命。只争朝夕的改革岁月中，涌现出了一大批为了建设祖国鞠躬尽瘁的奋斗楷模，为了中华复兴，他们把自己化成尖刀利刃，化成国之重器。正是他们用坚定理想、百折不挠的奋斗精神证明了大国的骄傲和雄风，沧海横流，方显英雄本色，艰难困苦，砥砺精神品格。中华民族总是能从危难中奋起，于困顿中重生，越是面对困难和矛盾，越能激发出意想不到的力量。一路走来经历了无数艰辛，但令人欣慰的是，近百年峥嵘岁月，中国共产党风雨兼程，在关系党和国家命运的关键时刻，总是能做出正确的判断，带领中国人民取得一个又一个的胜利。回首这些历史，我们更加信心百倍、豪情满怀，更有理由相信在中国共产党的领导下能够早日实现中华民族的伟大复兴。

（三）幸福都是奋斗出来的

关于奋斗，古人留下了太多经典诗句，既有"人定兮胜天，半壁久无胡日月"的豪迈，也有"业无高卑志当坚，男儿有求安得闲"的壮志。爱因斯坦也有过这样的灵魂拷问："我们一来到世间，社会就会在我们面前树起了一个巨大的问号，你怎样度过自己的一生？我从来不把安逸和享乐看作是生活目的本身。"

文化讲堂

幸福都是奋斗出来的。
——习近平

习近平总书记曾多次强调，"幸福都是奋斗出来的"，[1]"世界上没有坐享其成的好事，要幸福就要奋斗"。[2] 习近平总书记所倡导的"奋斗幸福"已经成为了全社会的共识，引发了强烈的共鸣，尤其是对于青年来说，更是重要的思想导向。中华民族从站起来到富起来再到强起来的伟大飞跃中，始终离不开伟大的奋斗精神。只有继承和弘扬奋斗精神，才能在新时期找到前进的姿态，才

---

[1] 习近平 2018 年 5 月 2 日在北京师范大学师生座谈会上的讲话。
[2] 习近平 2018 年 3 月 20 日在第十三届全国人民代表大会第一次会议上的讲话。

能建功立业，报效国家。[1]

首先，要弘扬奋斗精神必须先夯实爱国之情。对国家和人民的热爱是报效国家的原动力，培养爱国之情是弘扬奋斗精神的感情先导，培养热忱自信的爱国情怀是弘扬奋斗精神的基础。其次，弘扬奋斗精神的关键在于立报国之志。将爱国之情转化为报国之志才是弘扬奋斗精神的核心，只有将奋斗情怀升华为思想认同，才能坚定中国特色社会主义道路的共同理想。最后，我们必须脚踏实地地走好奋斗之路，这也是继承和弘扬奋斗精神的出发点和落脚点。新时代弘扬奋斗精神的最终目的就是要引领全国人民为了美好生活奋斗，所以实践维度是奋斗精神的最终维度。空谈误国，实干兴邦。爱国不是响亮空洞的口号，而是奋斗的行动，没有坚持不懈的奋斗实践，再谈国家和人民的情怀也是空话套话。新时代是奋斗者的时代，只有将爱国之情和报国之志转化为实实在在的报国行动才有可能收获幸福人生。

艰苦奋斗，玉汝于成，"不驰于空想、不骛于虚声"，要始终保持一股热情和激情，奋发进取、锐意创新，扎扎实实地做好每一件事情。幸福不会从天而降，坐而论道不行，坐享其成更不可能。要创造美好生活，收获幸福，必须不懈奋斗。

第三节　践行社会主义核心价值观

有了正确的世界观，人生观，价值观，明白了什么样的人生才是有价值的人生，就确立了自己人生的正确方向。正确的方向一旦确立，重要的就在于行动，在于实践。践行社会主义核心价值观，就是每个中国公民的

---

[1] 中组部、中宣部："关于在广大知识分子中深入开展'弘扬爱国奋斗精神、建功立业新时代'活动的通知"，载《人民日报》2018年8月1日。

行为准则。

一、什么是社会主义核心价值观

（一）人人应当牢记的24个字

党的十八大报告提出了倡导"富强、民主、文明、和谐、自由、平等、公正、法治、爱国、敬业、诚信、友善"的社会主义核心价值观，并要求全社会积极培育和践行社会主义核心价值观。其中"富强、民主、文明、和谐"是国家层面的价值导向；"自由、平等、公正、法制"是社会层面的价值取向；"爱国、敬业、诚信、友善"是个人层面的价值准则。

"富强、民主、文明、和谐"是我们国家建设社会主义现代化强国的重要目标，居于社会主义核心价值观的最高层次，对其余价值理念有着统领作用。"富强、民主、文明、和谐"是我们从国家和社会层面对社会主义核心价值所作的阐述，也是我们始终如一的奋斗目标。它反映着全党全国各族人民对社会主义现代化国家的美好憧憬，描绘出了中华民族实现国家富强、人民幸福、和谐文明的美好愿景。"富强、民主、文明、和谐"的表述立足于我国基本国情，也体现着和平与发展的时代主题。就其自身构架而言，富强是经济基础，民主是政治保障，文明是进步的标志，和谐是对富强、民主和文明的总括、延伸和升华，它们相互作用，相互促进，四位一体，共同构成了国家层面的核心价值理想和目标。

"自由、平等、公正、法治"是从社会层面对社会主义核心价值观的凝练，反映着我们党在近百年的执政历程中始终追求的价值理念，也代表着中国特色社会主义社会的本质属性。"自由、平等、公正、法治"是营造美好社会环境的有力保障，也是每位公民能够投身于工作的前提和基础。只有构建起这样的社会，整个国家才能充满活力和动力，才能集中力量建设社会主义现代化强国，中华民族伟大复兴的中国梦才能早日实现。马克思曾指出在未来社会中"一切人，或至少是一个国家的一切公民，或一个社会的一切成员，都应当有平等的政治地位和社会地位"。[1]中国共

---

[1]《马克思恩格斯选集》（第一卷），人民出版社1995年版，第9页。

产党一直将"自由、平等、公正、法治"作为社会发展的重要价值准则，并使之成为了中华儿女戮力同心、共同追求的伟大精神力量。

"爱国、敬业、诚信、友善"是从个人层面对社会主义核心价值观的总结升华，是公民在社会生活中最基本的道德规范。"爱国、敬业、诚信、友善"的价值准则，有利于提升广大人民群众对于国家和民族的认同感，有利于形成全民族和全社会的共同价值理念，有助于调动一切积极因素建设社会主义现代化强国。"爱国、敬业、诚信、友善"分别论述了个人与国家、个人与社会、个人与集体、个人与他人的关系实践中应当遵循的基本道德规范。其中，"爱国"是基石，是个人层面最重要的价值标准，与其余三点构成了社会主义核心价值观对个人的要求，个人层面的价值标准也是整个社会主义核心价值观的基础。

（二）社会主义核心价值观的重要意义

党的十九大报告指出："社会主义核心价值观是当代中国精神的集中体现，凝结着全体人民共同的价值追求，要以培养担当民族复兴大任的时代新人为着眼点，强化教育引导、实践养成、制度保障，发挥社会主义核心价值观对国民教育、精神文明创建、精神文化产品创作生产传播的引领作用，把社会主义核心价值观融入社会发展各方面，转化为人们的情感认同和行为习惯。"社会主义核心价值观凝聚了国家、社会、个人三个层面的价值要求，是马克思主义在社会意识形态领域的生动体现，也可以分开理解成马克思主义理论与中国具体国情相结合而形成的当代国家观、社会观和公民观，这也是马克思主义指导国家和社会发展的具体实践。

社会主义核心价值观是中国特色社会主义在价值导向上的核心要义，是社会主义核心价值体系的灵魂内核。社会主义核心价值观的形成也经历了一个孕育和发展的过程，是国家、公民、个人三个层面对民族品格、社

会意识、公民道德三个问题的科学回答。社会主义核心价值观是中国共产党领导人民在革命、建设和改革的艰辛历程中孕育形成的民族品格、社会品格和公民品格，指引着中华民族一直走在正确的道路上。

当前，我国已经进入中国特色社会主义建设的新时代，大力培育和弘扬社会主义核心价值观是巩固马克思主义在意识形态领域的指导地位，保持社会主义文化先进性的重要保障，对于集中力量决胜全面建成小康社会、实现中华民族伟大复兴都有着重要的现实意义和深远的历史意义。社会主义核心价值观有其自身的特征和规律，我们要致力于探讨新形势下社会主义核心价值观的规律和特点，从而准确做出把握和判断，循序渐进、深入持久地培育和弘扬社会主义核心价值观，使之成为指引人民生活和实践的重要价值遵循，成为引领中国特色社会主义现代化建设的价值标杆。

（三）社会主义核心价值观的践行路径

第一，以中华优秀传统文化滋养社会主义核心价值观，是培育和弘扬社会主义核心价值观的重要路径。2014年9月24日在纪念孔子诞辰2565周年国际学术研讨会暨国际儒学联合会第五届会员大会开幕会上，习近平总书记指出："优秀传统文化是一个国家、一个民族传承和发展的根本，如果丢掉了，就割断了精神命脉。"中华优秀传统文化是中华民族的"根"和"魂"，中华民族传统文化博大精深、源远流长，经过了数千年的历史积淀，形成了完备的价值体系和道德评判标准。中华民族悠久的历史文化滋养着一代代中华儿女，形成了中华民族所独有的精神标识。在我国的传统文化当中，早就有家国天下的概念，关于国家治理方式、社会发展理念、家庭道德规范的论述中的许多观点在今天看来也十分适用。这些优秀的传统文化引导着人们不断地提高精神境界、提升道德品质，在社会的稳定和发展中起到了至关重要的作用，维护了传统社会的稳定和繁荣。

第二，培育和弘扬社会主义核心价值观，要以制度、机制调整和创新作为重要保障。培育和弘扬社会主义核心价值观，一是要坚定"四个自信"，坚定马克思主义理论自信，不断强化马克思主义理论素养；二是要树立广大人民群众对于社会主义核心价值观的情感认同和理论认同，将培育和弘扬社会主义核心价值观融入到中国特色社会主义的伟大历史进程中去，使之成为国家和社会、个人的核心价值引领；三是要形成培育和弘扬社会主义核心价值观的常态化机制，让有利于实现社会公正和谐、公平正义、诚信平等的积极因素充分发挥作用，将社会主义核心价值观融入到公共政策之中，从而营造更加和谐美好的社会环境。

> **文化讲堂**
>
> 世界上最难的事情，就是怎样做人，怎样做一个好人。要做一个好人，就要有品德、有知识、有责任，要坚持品德为先。
>
> ——习近平[1]

第三，培育和弘扬社会主义核心价值观，必须以脚踏实地的实践作为重要落脚点。党的十九大报告中指出："要以培养担当民族复兴大任的时代新人为着眼点，强化教育引导、实践养成、制度保障，发挥社会主义核心价值观对国民教育、精神文明创建、精神文化产品创作生产传播的引领作用，把社会主义核心价值观融入社会发展的各方面，转化为人们的情感认同和行为习惯。"这一重要论述，进一步明确了核心价值观培育的重要落脚点。在人民群众的生产生活实践中，探索培育和践行社会主义核心价值观的实践路径，以喜闻乐见的方式去宣传社会主义核心价值观，以良好的社会环境滋养社会主义核心价值观，使之逐渐成为人民群众日常工作实际和生活实践中的自觉行为准则和价值标尺。

二、社会主义核心价值观对个人的基本要求

（一）爱国

爱国主义是一个历史的范畴，在社会发展的不同阶段，不同时期有着不同的历史内涵。但是不论在哪一个历史时期，中国共产党始终是最忠诚的爱国者。对于个人而言，爱国是每个公民都应当具备的最起码的情怀。

2016年10月21日在纪念红军长征胜利80周年大会上，习近平总书记对于民族的精神力量做过这样的论述："人无精神则不立，国无精神则不强。精神是一个民族赖以长久生存的灵魂。"在中国共产党近百年的奋斗历史中，形成了许多珍贵的民族精神，直到今天这些宝贵的精神财富还

---

[1] 习近平2016年6月1日在会见中国少年先锋队第七次全国代表大会代表时的讲话。

在激励着中华儿女为了美好生活而努力奋斗。我们作为新时代的奋斗者,要始终铭记习近平总书记的教诲:"爱国主义精神是中华民族精神的核心。"[1]"爱国主义精神深深植根于中华民族心中,是中华民族的精神基因。"[2]

中国特色社会主义进入了新时代,也赋予了爱国主义新的时代内涵。习近平总书记在将马克思主义与中国社会历史发展伟大实践相结合的过程中,创造性地阐述了新时代爱国主义精神的丰富内涵。首先,步入新时代,爱国主义的主题发生了变化。习近平总书记强调:"实现中华民族伟大复兴的中国梦,是当代爱国主义的鲜明主题。"[3]其次,新时代我国的主要社会矛盾发生了变化,当代爱国主义的根本奋斗目标也转变为实现人民对美好生活的向往。

厚植爱国主义情怀,就是要坚持中国特色社会主义道路自信、理论自信、制度自信、文化自信,将爱国之情和报国之志自觉融入到坚持和发展中国特色社会主义事业、建设社会主义现代化强国、实现中华民族伟大复兴的奋斗征程中去。

(二) 敬业

所谓敬业,"就是人们基于对一件事情、一种职业的热爱而产生的一种全身心投入的精神,是社会对人们工作态度的一种道德要求。它的核心是无私奉献意识。低层次的即功利目的的敬业,由外在压力产生;高层次的即发自内心的敬业,把职业当作事业来对待"。[4]

在现代世界上的所有国家,敬业精神都是高度提倡的精神品质。尤其是在中国,敬业是社会主义现代化建设的必然要求,也是实现中华民族伟大复兴中国梦的题中之意,更是建设富强、民主、文明、和谐的社会主义现代化强国的必须品质。敬业也是中华民族的传统美德,自古就有诗句表达前人对敬业的态度,"春蚕到死丝方尽,蜡炬成灰泪始干","鞠躬尽瘁死而后已"……步入新时代的今天,敬业依然是对公民职业价值评价的基

---

[1] 习近平:"在第十三届全国人民代表大会第一次会议上的讲话",载《人民日报》2018年3月21日。
[2] 2015年12月30日习近平主持中共中央政治局第二十九次集体学习。
[3] 2015年12月30日习近平主持中共中央政治局第二十九次集体学习。
[4] 源自百度百科。

本行为准则，是对人的本质和追求与自我价值实现的评价标准。个人只有具有高度的敬业精神和敬业态度，才能够在服务社会的过程中实现自我价值，从而得到社会的认可和肯定。

（三）诚信

诚信是契约社会的基本素养，是人与人之间交往的基本原则。诚信强调的就是人际交往中的一言九鼎、信守承诺，就是社会生活中的诚实劳动、合法经营。诚信是一个人道德修养的外在表现，人无信而不立，业无信而不兴，国无信而不宁。诚信是个人之根本，行业之根本，社会之根本。习近平总书记在论及诚信时强调讲仁爱、重民本、守诚信等思想，不论是过去还是现在，都具有永不褪色的价值。马克思也从辩证唯物主义和历史唯物主义的角度深刻地阐述了什么是共产主义真正的诚信。由此可见，诚信不仅传承了中华民族的传统美德，也是对马克思主义价值观、人生观的解读和践行。

如今，诚信在社会道德建设中起到的作用越来越明显，对个人道德评价的标杆作用也更为突出。凡事讲求诚信的人往往能赢得他人的信任和喜爱，赢得领导和同事的赏识和青睐，赢得社会各界的看好，人生也就多了许多机会，他们也就更容易成功。与之相反，如果一个人言而无信，满口谎言，不论是家人还是朋友，都无法信任他，社会也就会质疑他的品行，这样的人就失去了社会竞争力，就注定不可能有大的建树，甚至可能走上违法犯罪的道路。

诚信是社会和谐发展的基础，树立诚信理念，营造诚信环境，建设诚信体系已经成为全社会的责任。但近年来，随着市场化进程的加快，各类社会主体之间的活动日益多样化、复杂化，各种失信行为频繁曝光，给社会带来严重危害。针对诚信缺失的问题，我国建立了个人诚信档案，包括个人职场诚信档案、大学生诚信档案、个人社会诚信档

案等重要层面,这对于规范个人诚信、监督个人诚信、促进全社会诚信有着重要作用。我们要以诚为先、以诚相待,深刻理解社会诚信的重要性,积极重塑和维护社会诚信,只有这样,我们的社会才会更加和谐,人民的生活才会更加美好。

(四) 友善

友善是指人与人之间的团结互助,尊重友好。对人友善是中华传统文化的优良品质。自古便有"仁人无敌于天下""天时不如地利,地利不如人和"等传世名言。《论语》中也记录了孔子诸多关于仁爱友善的思想:不仅有"四海之内皆兄弟也"的博爱亲善,也有"益者三友,损者三友。

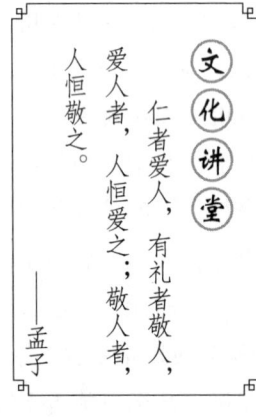

文化讲堂

仁者爱人,有礼者敬人,爱人者,人恒爱之;敬人者,人恒敬之。
——孟子

友直,友谅,友多闻,益矣。友偏辟,友善柔,友便佞,损矣"[1]的哲人思维。孟子也是中国古代思想家中推崇友善的代表人物,他留下了许多关于友善的教诲,"可欲之谓善,有诸己之谓信,充实之谓美,充实而有光辉之谓大,大而化之之谓圣,圣而不可知之之谓神","仁者爱人,有礼者敬人,爱人者,人恒爱之;敬人者,人恒敬之"。[2]这些都是教导人们心怀善良、团结友爱的名言警句。

古人的教诲字字珠玑,时至今日也是值得我们深思和遵从的传统文化。当今社会,友善包括人和人、个人和社会、人与自然环境等各方面的友善,有着更为丰富的内涵,是更加系统科学的友善观。友善对于促进社会关系和谐,维护社会秩序稳定都有着重要的现实意义和长远影响。只有友善地对待他人,才能获得幸福感和满足感。友善对待社会,才能实现个人价值。友善对待自然,才能收获绿水青山。由此可见,友善是人们日常活动的精神动力,也是人们追求自身自由全面发展过程中的道德支撑。只有在友善的环境下,个体才能在社会中健康成长,社会才能安定和谐,国家才能走向现代化,实现伟大复兴的中国梦。

---

〔1〕 朱熹:《四书章句集注》,中华书局2011年版,第160页。
〔2〕 朱熹:《四书章句集注》,中华书局2011年版,第346~347页、第278页。

三、走好自己的人生之路

《钢铁是怎样炼成的》一书中,保尔·柯察金写道:人,最宝贵的是生命;它,给予我们只有一次。人的一生,应该这样度过,当他回首往事时,不因虚度年华而悔恨,也不因碌碌无为而羞耻;这样在他临死的时候,他就能够说:"我已经把我的整个生命和全部精力,都献给了这个世界上最壮丽的事业——为了人类的解放而斗争!"这是保尔选择的人生价值,并且他也为之奋斗付出,一步步走出了自己的人生之路。对于如何走好自己的人生之路,我们应该从以下几个方面去做。

(一)树立正确高尚的人生观、价值观

人的一生随着时间的推进逐渐消逝。俗话说:一寸光阴一寸金,寸金难买寸光阴。过去的日子就像泼出去的水一样再也回不来。小时候老师、家长会问我们,长大后的梦想是什么?我们的回答五花八门、多种多样,喜欢什么就会说什么。随着年龄的增加,阅历的丰富,我们越来越知道自己想得到什么,知道自己想做什么。但也是从这个时候,每个人的人生观渐渐地开始产生差异,逐渐走上了不同的人生之路。

> **文化讲堂**
>
> 一个人光溜溜地到这个世界上来,最后光溜溜地离开这个世界而去,彻底想起来,名利都是身外物,只有尽一个人的心力,使社会上的人多得他工作的裨益,是人生最愉快的事情。
>
> ——邹韬奋

人生观,就是指对人生的看法,也就是对人类生存的目的、价值和意义的看法。随着世界的改变和社会环境的变化,每个人的人生观在不同的时期会发生变化。价值观,就是指个人对客观事物及对自己的行为结果的意义、作用、效果和重要性的总体评价。正确高尚的人生观、价值观会帮助我们塑造健康积极的人生态度,创造多彩丰富的人生。而错误的人生观、价值观会使人误入歧途,甚至掉入犯罪的深渊。爱因斯坦说:"一个人的价值应该看他贡献了什么,而不应该看他取得了什么。"人生观和价值观就像灯塔一样,指引着人生前进的航线方向。树立正确高尚的人生观、价值观是对个人层面上道德培育的关键所在。我们要铭记中华民族的

传统美德,真正将个人的人生观、价值观统一到国家社会层面来,走光明正确的人生大道。

(二)对自己的人生有科学合理的规划

人活着,从来不是人云亦云、随波逐流。我们要对自己的人生高度负责,我的人生我做主。一位哲人说过:"我们既要低头前行,也要仰望星空。"科学合理的人生规划,就像出行前提前计划好路线,才能不慌不忙,淡定从容。

如何作好科学合理的人生规划?一是要正确认识自己。《孙子兵法》云:"知己知彼,百战不殆。"俗语也说,"人贵在有自知之明"。了解自己、正确认识自己,知道自己人生的目标是什么,知道什么样的人生才有意义。二是要制定恰当的目标。一个人要想自己的人生有一定的价值和意义,要想自己的人生之路充满动力,就一定要有目标、有理想。在新中国成立之前的革命战争时期,中国人民的理想是实现民族独立和人民解放;新中国成立后的生产建设时期,中国人民的理想是解决温饱、发展社会主义市场经济;步入新时代,中国人民的理想是中华民族的伟大复兴和"两个一百年"奋斗目标。有了目标,党和国家、各族人民就有了前进的方向。对于我们个人而言,在确立人生目标的过程中,要注意结合自身的情况,树立切实可行的目标。三是吸取经验,他山之石可以攻玉。《论语》记载:"三人行,必有我师焉,择其善者而从之,其不善者而改之。"我们要善于学习并运用好他人的经验,结合自身的特点,变成自己的经验。

(三)践行对自己的承诺,撸起袖子加油干

有了正确高尚的人生观、价值观,确立了科学合理的人生规划,接下来最重要的就是积极行动,实现自己的人生目标。幸福从来都不是想象出来的,而是踏踏实实干出来的。空想只会浪费时间、消耗生命。"撸起袖子加油干"是国家主席习近平在2017年新年贺词中对全党全军全国各族人民的激励和倡议,是时代赋予我们这一代人的使命。"撸起袖子"是号召也是动员,"加油干"是命令也是鼓舞。作为中国人,我们要抓住历史机遇,响应习主席号召,精诚团结、努力奋斗、奋发向上,真正做到实干兴邦。在明确目标的前提下,理清思路,拉单列条,把握重点,严守规矩，力求实效，真正将个人的理想目标，转化为扎实的行动，以踏石留印、抓铁留痕的作风践行承诺。

马克思在他青年时所写的《青年在选择职业时的考虑》中说道："如果我们选择了最能为人类福利劳动的职业，那么重担就不能把我们压倒，因为这是为大家而献身。"回顾马克思的一生，他用毕生的热情、精力和时间诠释了这句话，这就是他对自己的承诺最完美的践行。我们要将个人理想和社会理想有机地结合起来，将个人理想融入社会理想之中，用社会理想指导个人理想，个人的理想信念才能迸发出无穷的力量。

"一个人的生命，可以燃烧，也可以腐朽，我不愿腐朽，我愿燃烧起来！"我们是幸运的一代，个人的成长成才有幸与祖国同频共振。让我们携手并肩，胸怀理想，继承先辈遗志，发扬光荣传统，为实现中华民族伟大复兴的中国梦贡献自己的力量！

思考题

1. 个人和社会的关系是怎样的？
2. 如何树立正确的世界观、人生观、价值观？
3. 什么样的人生才是有价值的？
4. 犯了罪或者犯了错的人，如何进行改造，才能重新走好自己的人生路？

政治改造分册

第九章

未来世界

世界正面临百年未有之大变局,新科技革命的浪潮方兴未艾,新材料技术、5G 技术和智能化生产,将更深层次地改变世界。久经磨难的中国人民,经历了站起来富起来的历史性转变,正迈着坚定步伐走向社会主义现代化,走向中华民族的伟大复兴。

第一节 未来世界属于社会主义

习近平总书记 2018 年 6 月在中央外事工作会议上,提出一个重大的政治论断,并多次在不同场合反复强调,即当前中国处于近代以来最好的发展时期,世界处于百年未有之大变局,这是党中央对国际格局发生巨大变迁的科学论断!更加美好的中国和世界,正在向我们走来,面向未来,你准备好了吗?

一、令人憧憬的未来世界

以科学技术的发展为标志的未来世界令人憧憬,仿生人、机器人学、飞行汽车、人工生命、生命延长、行星矿业和意识下载等科学技术的发展促使以往只在科幻小说和电影中出现的场景,有望在不远的将来出现在我们的身边。科学技术正在改变我们身体的内部环境,包括我们的大脑、躯干和意识的运作方式。

虚拟现实给了我们体验世界的全新方式,而人类对视觉的追寻——人工视觉的植入,将会改变人类的视觉能力。科学技术也同样改变着我们的环境,包括地球上的自然环境和外太空。经济发展伴随着人类对环境的破坏,环境污染、物种灭绝和气候变暖等全球性的问题,干扰着社会的正常运行和人类的身体健康。沼泽地再造这种恢复地球生态系统的技术将在未来彰显它的重要性。可以想象,恢复已经被破坏掉的生态系统是一件多么困难的事情,而沼泽地再造却使这种可能成为现实。拥堵的城市道路严重影响着人类的生活品质,为了解决这一问题,飞行车即将来到我们的生活中,每天驾驶飞行车穿梭于楼宇间,这一科幻电影中的场景也会成为未来世界的一部分。当地球上矿产资源枯竭的时候去行星上淘金,这听起来仿

佛遥不可及，但这是开展太空探险的经济动力，是人类真正意义上走出地球的标志。

科学技术改变了人类社会，人类社会也在不断地发展着科学技术。新技术、新趋势给我们以启发，予我们以机遇，但同时像达摩克利斯之剑一样也给我们带来不安。比如，未来的机器人会杀人吗？这样的疑问，使得技术发展所带来的技术伦理问题开始摆在人们的面前。在《未来世界：改变人类社会的新技术》一书中，史蒂芬·科特勒通过生动的笔法，揭示了新世界的生活场景，他这样写道："生命是狡猾的运动——也是这个故事的情感核心，这也是我们不能重新把潘多拉放回盒子里的真正原因。当你抛开一切，技术的承诺无非是一个更简单的未来。它是希望的承诺，你怎么能阻止希望？"科技不仅改变着我们的身体和世界，而且改变着我们的一些道德底线。

二、 人类仍是未来世界的主人

看到AlphaGo战胜围棋冠军，我们可能会猛然意识到：机器人、自动化、人工智能正在变得比人类更强大。未来，技术是否会最终将人类淘汰？技术变革导致了人类社会的重构，绝大部分的人没机会参与这个进程，只能被动接受其他人安排自己的命运。不得不问的是，在这个剧烈变化的年代，怎么才能成为一个可以把握自己命运的幸存者？

新技术会创造出新的工作岗位，但与之前工业革命不同的是，信息技术革命创造出的职业，远远小于它消灭掉的职业。尤其是人工智能和大数据，它们的技术目标就是不需要人的参与！因此技术正在动摇着人类社会的结构，正在将整个社会一分为二——有技术的人和没有技术的人，他们之间的差距将会越来越大。真的很可能有一天，机器驾驶汽车比人类驾驶得更好。如果这项技术成功，十年以后，就没人去学开车了，一些相关的职业就会慢慢消失。终有一天，因为人类不如机器可靠，汽车就只能由机器驾驶。如果你还想开车过过瘾，必须去专门的游乐场，就好像现在想骑马只能去马场一样。

技术正在不断替代劳动力，那些被替代的人们根本没有办法得到补偿……人类社会究竟走向哪里：忍受现实的不平等，还是在虚拟世界中重构平等？未来从来没有像现在这般扑朔迷离，令人琢磨不透。

其实，以上这一切都是技术发展对人类的生活方式和思维方式的影响，以及其带来的伦理、生活等方面的担忧。这些担忧虽然是必要的，却不应该成为一种影响人们生活的负面情绪。我们应该看到积极的方面：科学技术的发展给我们带来了无穷的便利，推动人类文明取得了长足进步，蒙昧无知这个词越来越远离我们的生活。

新时代的人们开始更加文明的生活，开始能够摆脱鬼神概念的束缚，能够越来越独立自主地使用理性思考和实践来应对工作生活等方方面面的事情。科学技术本身没有善恶，有善恶的是人本身，未来世界的科学技术，是成为人们生活的障碍，还是成为继续促进人类社会发展的强大助力，这不由科学技术本身说了算，而是由有着善恶选择自由权利的人类自己说了算。也就是说，不管人工智能如何高速发展，即使科学技术造就的物质力量会越来越强大，甚至人在力量上也已经越来越不能同科学技术造就的强大力量相比较，但是因为人类具有自我否定的能力，人工智能作为人的智力延伸的产物，都永远无法摆脱人这一"否定性"力量的关键作用，我们仍然可以自信的是：未来必然仍是属于人类的世界！

三、未来世界属于社会主义

一切向往和平与美好的善良人们都会相信，危机、混乱、贫困、暴力和罪恶的替代方案一定是存在的。马克思早已阐明了资本主义社会向社会主义社会过渡的必然性规律。在谈到资本集中时，马克思写道："一个资本家打倒许多资本家……随着那些掠夺和垄断这一转化过程的全部利益的资本巨头的不断减少……资本的垄断成了与这种垄断一起并在这种垄断之

下繁盛起来的生产方式的桎梏。"[1]但是，以追求利益为最高目的的资本主义在造就巨额资本累积的同时，也制造出巨大的社会不公平和贫富差距，同样催生出了资本主义世界的掘墓人：无产阶级的人民大众。

在马克思生活的时代，资本的集中才刚刚开始发展，到现在已经达到了空前的程度。最大的跨国公司控制着世界工业生产的50%以上，约占国际贸易的70%，占新设备专利和许可证的80%，90%的资本以直接投资的形式进行输出。这是一个巨大的集团，它们的资本超过了许多国家的财富。

世界上80%的附加值，是在由大企业控制的生产和贸易链中创造的。它们可以在一个国家启动技术进步，在另一个国家停止技术进步。一个国家的经济发展速度、在世界劳动分工体系中的位置，取决于某个国际公司在这个国家的订单数量。为了不停留在发展的边缘和外围，许多国家被迫服从跨国公司的利益。

如果承认马克思关于经济将集中在世界最大的跨国公司这一结论，马克思的反对者还有一个否认世界正在向社会主义过渡的理由，即世界已经"非工业化"，"无产阶级已经不存在"，工人没有组织可参与并去争取他们的权利。显然，这是完全不符合事实的。目前，世界人口的无产阶级化比马克思所处的时代要高得多。迄今为止，全球约有8亿人在从事工业生产，而1900年工业无产阶级的数量仅为7 000万。

目前，在全球范围内，工业工人的就业人数比1991年增加了46%。换句话说，发达资本主义国家典型的"非工业化"，并没有影响其他世界大部分地区，各个行业和领域的雇佣者总数超过30亿。这包括马克思和恩格斯所指出的"脑力劳动的无产阶级"，他们这些被压迫的人，在客观上成为反对资本斗争中的工人阶级的盟友。无产阶级的"能量"已经熄灭的观点需要驳斥。尽管世界领先的大众媒体对工人阶级运动保持沉默，但工人们仍在为自己的权利而奋斗。

伊格尔顿说："从全球来看，资本主义已经变得比以往任何时候都更加集中，对穷人的掠夺前所未有……这个星球上每天都有10亿人在挨饿，

---

[1]《马克思恩格斯选集》(第2卷)，人民出版社2012年版，第299页。

南半球国家的大多数特大城市都是疾病横行、过度拥挤、臭气熏天的贫民窟。在这种情况下,宣称马克思主义已经过时,就等于说,因为纵火犯已经变得比以往任何时候都更加狡猾和神通广大,消防员的职业已经过时。"[1]

自马克思主义诞生以来,已经过去了一个半世纪。这一时期的资本主义既不公平也不和平。和以前一样,资本主义造就了一个数量少却很强大的资产阶级。它剥削压迫广大劳动人民,使广大劳动人民受尽苦难。和以前一样,资本家的财富是由数百万人的艰辛劳动创造的。剥削并没有消失,只是变得更加复杂。这一切都表明,人类的生活需要改变。

牛津大学经济学家马克思·罗泽长期致力于研究世界范围内人类生活水平的变化。他认为,要想认清这个世界的改变,只看最近三五十年的情况远远不够,要把眼光放长远。马克思·罗泽将观察的时间线拉长到了两百多年前,汇总了1800~2015年人类生活状况的数据,包括贫困、教育、健康、出生率等。他得出的结论是,我们的世界变得更好了,未来世界属于社会主义。

我们之所以不能深刻体会到时代的进步,一个原因是我们不知道过去有多差。1820年的时候,只有极少数的精英享受较高的生活水平,而有大约95%的人处于我们今天所说的绝对贫困状态。在此后的150年间,绝对贫困人口比例持续下降,越来越多的国家和地区经历工业化发展,提高了生产效率,越来越多的人摆脱贫困。20世纪70年代,60%的世界人口尚处于绝对贫困中,此后这一比例急速下降,1981年降到41%,2015年这一比例已经不到10%了。这是一个极大的成就,特别是考虑到同期世界人口史无前例地增加了7倍。

1800年,一个孩子有将近一半可能活不到5岁;2015年,儿童死亡率下降至不到5‰。全球人均可预期寿命在不断增长,过去的100年里翻了一番。世界人口正在经历从高出生率、高死亡率向低出生率、低死亡率的转型。20世纪全球人口增加了4倍;21世纪这种增速恐怕不会再现,甚至

---

[1] 转引自久加诺夫:"卡尔·马克思:'功勋科学家和革命家'",李瑞琴译,载《世界社会主义研究》2018年第8期。

有人口学家预测，全球人口将在2075年停止增长。

识字曾经是极少数精英的特权，教育的普及也可以说是近来才有的成就。假设你穿越到1800年，有90%的人是文盲，1930年这个比例下降到60%，而今天全球只有15%的人不识字。1800年世界有1.2亿人能读会写；今天世界有62亿人能读会写。读写正是人类进行科学、文化、政治行动的基础。教育状况也在持续改善，人们的受教育水平不断提高。国际应用系统分析研究所的数据显示，没有接受教育的人口在持续减少，接受中高等教育的人数则不断增加。预计到2100年世界所有人口都将接受正规教育，约有70亿人至少拥有中等教育水平。

第二节　未来中国的美好蓝图

党的十九大召开是具有里程碑和划时代意义的重大政治事件，也为中国人民绘就了一副美轮美奂的未来发展蓝图，提出了到2050年中国社会经济发展的若干重要发展节点。这是在对中国社会发展主要矛盾变化进行科学把握基础上所作出的重要论断。

党的十八大以来，我国各领域发展取得了历史性成就，发生了历史性变革。这些变革从生产力到生产关系、从经济基础到上层建筑、从国内到国际全方位展开。在价值目标上，由以往相对注重"物质发展"走向更加注重"以人民为中心"；在奋斗目标上，由"三步走"战略走向实现"两个一百年"奋斗目标和实现中华民族伟大复兴的中国梦；在生产力上，由"要素驱动""投资规模驱动"走向更加注重"创新驱动"；在生产关系上，由"让一部分人先富起来"

走向更加注重"共同富裕",增进人民福祉,使全体人民共享发展成果;在国家权力运作方式上,由传统"国家主导体制"走向在中国共产党领导下更加注重推进国家治理体系现代化;在意识形态上,由相对注重打破"思想僵化"走向也注重解决"思想分化";在社会发展上,由注重重点突破的非均衡发展走向更加注重全面协调的可持续发展;在对外政策和国际战略上,由"回应挑战"走向积极参与全球治理、合作共赢、构建人类命运共同体。这是我们党带领全国各族人民长期努力的结果,也是习近平新时代中国特色社会主义思想这一科学理论体系的实践基础。

一、 中国站在新的历史起点

经过40年的改革开放,我国十几亿人解决了温饱问题,在民主、法治、公平、正义、安全、环境等方面的要求日益增长,社会生产力水平显著提高,综合国力显著增强,我国站在了实现"强起来"的新的历史起点上,进入全面建成社会主义现代化强国的新时代,这也是党的十九大作出的具有划时代意义的重大政治判断。近些年来,我国经济、外交取得了惊人变化,可以看出"中国正在从世界的边缘走到世界舞台的中心"。特别是过去的5年,中国的国际地位和经济地位发生了翻天覆地的变化,如果说毛泽东同志领导中国人民从此站起来了,邓小平同志领导中国人民从此富起来了,那么习近平同志正领导中国人民从此强起来。显而易见,今天,正是我们历史上最接近实现中华民族伟大复兴的时代,日益增长的综合国力正不断加强中国的国际地位和对全球发展的影响力。对世界而言,中国崛起和中国模式的出现是石破天惊的历史巨变!

请看,这些不完全数据反映的中国实力:2016年,中国经济对世界经济增长的贡献率达33.2%,仍居世界首位;在过去的5年里,中国经济的世界贡献率持续保持在30%上下,而作为当今世界第一经济体的美国,贡献率仅在20%左右。

请看,这些不完全数据反映的中国贡献:1950~2016年,中国累计对外提供贷款4000多亿人民币,实施各类援外项目5000多个,举办国际培训班1.1万多期,培训发展中国家人员26万多名,这些数据在国际统计中名列前茅。

请看，这些不完全数据反映的中国机遇：未来 5 年，中国将进口 8 万亿美元的商品，吸收 6000 亿美元的外来投资，中国对外投资总额将达 7500 亿美元，出境旅游将达 7 亿人次。这是中国的发展，也是世界的机遇。

当前，中国的大国地位更加稳固，中国的大国担当和大国影响力日益凸显，中国对未来的把握和立场正给世界以方向和启迪，中国的政策与智慧正给解决世界性问题以信心，同时，中国的选择与方案也正给世界人民以期待。有着数千年文明传承，勤劳善良智慧的中国人民始终坚信，世界好，中国才会好；中国好，世界才会更好。目前，尽管世界形势千变万化，但"中国好"已经成为一个鲜明的事实和无法阻挡的趋势，而且，中国人民也正在各行各业中以中国独有的传承、襟怀、意志和能力，努力奋力回答着"如何让世界更好"的时代之问。

雄伟的航母

作为时代大国，中国已经融入到世界发展大局当中，中国的发展是自己的，也是世界的。因此，我们既要为当代着想，也要对后代负责。正是秉持着这样一种大国情怀和历史担当，以习近平总书记为核心的新一代党中央领导集体，高瞻远瞩，以"构建人类命运共同体"的宏大布局向世界人民展示了解决世界可持续发展难题的中国方案和中国智慧。这个命运共同体，是由世界各国共同掌握世界命运、共同书写国际规则、共同治理全球事务、共同分享发展成果的共同体，这一设计极大地推动了世界历史进程的正向前进，极大地符合了各国一切希望美好生活的人们的意愿！

中国特色社会主义进入新时代，是党的十九大报告所强调的全部实践创新和理论创新的逻辑起点和出发点，立足于这一历史方位，党的十九大报告对"新时代"的基本内涵进行了科学阐释：这是承前启后、继往开

来,在新的历史条件下继续夺取中国特色社会主义伟大胜利的时代;是决胜全面建成小康社会、进而全面建设社会主义现代化强国的时代;是全国各族人民团结奋斗、不断创造美好生活、逐步实现全体人民共同富裕的时代;是全体中华儿女戮力同心、奋力实现中华民族伟大复兴的中国梦的时代;是我国日益走进世界舞台中央、不断为人类做出更大贡献的时代。这"五个时代"所阐释的新时代内涵,其本质是中国特色社会主义步入了从富起来到强起来的历史方位。从经济社会发展的角度来看,该如何理解党的十九大为中国未来发展绘就的宏伟蓝图呢?

权威经济发展研究认为,按照人均水平和购买力平价来看,到了2020年,中国将非常接近世界银行2008年定义的高收入国家的标准;到了2025年,中国将稳步迈入世界银行所定义的发达国家的门槛。

随着2020年我们全面建成小康社会的目标顺利实现,中国社会就会为彻底摆脱"中等收入陷阱"打下坚实基础,而顺势进入高质量发展的轨道。党的十九大报告指出,2035年中国将实现社会主义现代化。也就是说,最有可能的是到2035年,我们将稳稳地进入世界发达国家的行列,在人民的生活水平、人均发展水平、人民的富裕程度、人民期望能过上的美好生活的程度上,在人口超过500万的中大型国家里面,我们将进入三十强。这个水平相当于那个时候的世界发达国家大国人均发展水平的60%,这一数字是十分可观的。据研究分析,如果一个国家发展水平能够达到世界发达国家大国发展最高水平的50%以上,这个经济体就比较稳定了,社会整体结构将充分强劲发展。

再有,2050年中国将建成社会主义强国。经研究分析,把中国目前的增长潜力、发展潜力都考虑进去,也考虑其他东亚国家和地区发展的路径,到2050年,我们能够期待中国将迈入世界500万人口以上的最富裕国家的十强。到了2050年中国人均发展水平将达到世界发达国家大国的70%以上,这又是一个非常重要的里程碑。据此,2020年、2035年、2050年这一系列的里程碑,特别值得我们去期待、去实现!

二、未来世界只能是"人类命运共同体"

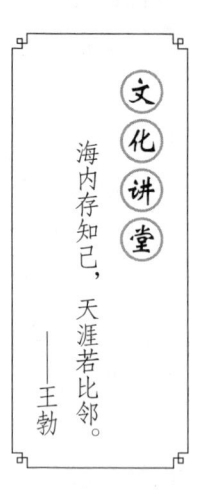

文化讲堂

海内存知己，天涯若比邻。
——王勃

"志合者，不以山海为远。"[1]这是习近平总书记在同拉美和加勒比国家领导人会晤时提及的话语，并提出要打造中拉命运共同体。在与其他国家领导人进行会晤访问时，习近平总书记也都提出共同打造"命运共同体"，向世界展示只有坚持平等相待、真诚相助，方可实现各自的发展，只有以开放包容、合作共赢的心态谋求共同发展，不断增加凝聚力，方可实现国际公平公正新秩序的构建。

十八大之后"中国梦"的提出，不仅对中华民族伟大复兴有着重要的指导意义，而且对于推动世界的和平发展也有着重要的作用。无论是"中国梦"，还是"命运共同体"的提出，都为我国的对外发展营造了一个良好的国际环境，同时也有利于塑造和维护我国负责任大国的良好国际形象。

当前的世界以及未来的世界就是一个你中有我、我中有你的命运共同体。在首次出席博鳌亚洲论坛年会时，习近平总书记第一次明确提出各国应牢固树立"命运共同体"意识，在此之后的两年多里，习总书记也曾数十次在演讲中强调"命运共同体"。当今世界虽然仍存在地区矛盾和冲突，但总体上来说，各国之间合作的可能已大大增强。各国都已认识到局部地区的冲突，地缘政治、新合作机制等问题如若处理不好，将会导致更严重的国家间的危机冲突。为了各自发展，也为了避免和减少冲突矛盾，各国都应从共同利益出发，共同进步、共同发展，拒绝"零和"思维。在世界各国联系日益紧密的今天，"地球

---

[1] 习近平：《让友谊、合作的彩虹更加绚丽夺目》，南非《星报》2015年12月1日。

村"距离我们越来越近，中国在改革开放后的40年里日益强大，成为世界第二大经济体，由一个世界大国成为世界强国，在国际上的地位与日俱增。正是在这样的环境下，我国政府展现大国担当，以天下为己任，提出并强调建设"你中有我，我中有你"休戚与共的命运共同体，各国协同合作、共同发展。正如习近平总书记所言，合作共赢，就是要倡导人类命运共同体意识，在追求本国利益时兼顾他国合理关切，在谋求本国发展中促进各国共同发展，建立更加平等均衡的新型全球发展伙伴关系，同舟共济，权责共担，增进人类共同利益。

当代国际社会面临的全球性问题不仅仅是南北关系、环境污染等问题，还包括生态失衡、人口爆炸、资源短缺、国际恐怖主义、跨国犯罪以及信仰危机等一系列关乎整个人类生存与发展的严峻问题。若这些问题不解决，则会严重妨碍全球社会和经济的发展，所以，世界各国必须联起手来，共同治理当前面对的诸如此类问题。在尼泊尔地震大救援中，中国将"命运共同体"的理念非常好地体现出来。中国政府及民间力量在尼泊尔地震后从各方面、全方位地对其进行援助，得到了国际组织和尼泊尔政府及人民的肯定，这不仅是和平中国的最好体现，也是在国际社会构建"命运共同体"的最好实践。一国的安全并不真正安全，只有普遍的安全才是真正的安全。只有在各国的共同努力下，建立一系列完善的管理、治理机制，才可以使共同的利益得以实现，进而实现各个国家的更好发展，才可以使世界呈现长期和平与发展的良好态势。

中国保持自身稳定和持续发展的时期，也是为命运共同体注入强大正能量的时期。中国在此时发挥着负责任大国的作用，主动在国际外交中提出中国方案、中国智慧，促使各国间树立牢固的命运共同体意识，把建设命运共同体作为共同的目标和自觉行动，共同实现利益的可持续发展。

命运共同体是全球化时代的产物，是新时期国际关系发展大势所趋。构建命运共同体是历史赋予世界各国的共同课题。我们要有智慧和勇气，超越零和博弈与冷战思维，开辟人类合作应对挑战、实现可持续共同发展的崭新道路。

三、构建"人类命运共同体"方案的中国精神与世界情怀

中国提出构建"人类命运共同体"，是对中国传统"和"文化思想的

继承和发展，体现了有中国特色的国际外交方向，体现了中国声音、中国精神。中国将持续深化同世界各国的互帮互助，全方位推进睦邻友好合作，同时也希望世界各个国家和地区与我们共同努力，共建世界各国的繁荣，为人类和平与发展作出更大贡献。

世界各国都有自己的文化源头，而中国文化的源头正是"和"文化思想，这也是中华文化的精髓。中华传统文化的"和"思想认为个体之间都是相互的，是同一的，具有统一性，用"和而不同"指向世界的统一性及人类世界的统一性。"和"存在于世界万物的发展过程之中。

中华传统文化以"和实生物""和而不同"指出了世界万物的存在和发展方式，同时也用"厚德载物"揭示了人类社会发展的基本规律。当今世界的发展趋势不约而同地指向了个体的共同体命运，需要所有行为体之间相互包容理解，寻求社会治理的创新优化，寻求合作、互利、共赢，促进社会的稳定和繁荣。

早在 21 世纪之初，胡锦涛同志首次提出"和谐世界"的理念，并在国际上多次从政治、经济、文化、安全等方面阐述其丰富内涵。政治上要求世界各国建立和谐共处、公正、民主的社会；经济上提倡各国间互利合作，实现全球经济的和谐发展；文化上倡导促进不同文明间的交流，推动世界文明的发展；安全上提出新安全观，促进各地区间的安全稳定，建立一个和谐稳定的世界。"和谐世界"理念是我国在提出走和平发展道路之后的一个重要理念，对于丰富我国的对外政策，深化对外战略，提高国家软实力都有重大的影响。

当前世界经济的全球化促使生产要素在全球范围内快速流动，使得各国间的联系日益紧密，各国之间虽存在冲突和矛盾，但也有谋求合作的愿望和可能。在这种时代背景下，中国提出建立命运共同体，号召世界各国都秉持一个包容开放的态度进行合作，以更好地促进世界的发展，以合作共赢的态度建立新型的世界大国关系。

现阶段，中国正处于从世界大国走向世界强国的过程，国际地位日益提升，与此同时，中国又以一个负责任大国的形象协调国际关系，坚定不移地致力于维护世界和平，促进共同发展。在这样的历史新时期，提出命运共同体，有利于优化国际关系，促进各国共同发展。

党的十八大报告中提出"要和平不要战争，要发展不要贫穷，要合作不要对抗，推动建设持久和平、共同繁荣的和谐世界，是各国人民的共同愿望"。十八大报告中还提出处理国际关系的"平等互信、包容互鉴、合作共赢"的精神，共同维护国际的公平正义。而"合作共赢"的精神也就是今天所提出的"人类命运共同体"的前身，"合作共赢"所倡导的就是要在追求本国利益的同时兼顾他国利益，在谋求本国发展的过程中促进各国的共同发展，建立一个更加平等、更加均衡的新型国际关系，同舟共济，增进人类的共同利益。

第三节 "我将无我"，点燃未来岁月

什么是公民？大哲学家卢梭在《爱弥儿》中说，公民，就是城邦的护卫者，他守护着城邦的财产，同时也守护着城邦的灵魂。书中也讲了一个很好的故事，说明为什么斯巴达人是公民：有一个斯巴达妇女的五个儿子都在军队里，她等待着战事的消息。一个奴隶来了首先告诉她："你的五个儿子都战死了。"她愤怒地说："贱奴，谁问你这个！""……我们已经胜利

文化讲堂

位卑未敢忘忧国。
——陆游

了！"于是，这位母亲便跑到庙里去感谢神灵。天下兴亡，匹夫有责。首先想到国家和社会，这就是一位公民的家国情怀。

一、 人总是要有一点精神的

当今这个世界正在发生着深刻的、翻天覆地的变化，构成人类社会的思想、文化、经济、政治等方方面面都在坚定而迅速地向着未来飞跃，其

速度、深度和广度前所未有。"天下大势，浩浩汤汤，顺之者昌，逆之者亡。"在这场千年不遇的世界大变局之中，每一个人、每一个机构、每一个国家，都在寻找自己的位置，都要做出自己的应对。作为崛起中的伟大的中华民族的一员，生活在这个民族复兴的伟大时期、伟大时代，无疑是幸运的。但时代同时也给每一个生活在其中的个人提出了重要的时代之问和人生之问：从现实性的角度来讲，人是由实际发生的一切社会关系构成的，也就是说人不仅仅是一种社会性的存在，同时更是一种历史性的存在，那么作为个人，我们是否是一个合格的现代公民，这取决于我们是否能够理解并融入现代文明，而文明是一个历史的过程。在这个百年未遇的伟大变革的时代，我们该如何正确认识我们的历史，并过好自己的一生？这是一个涉及每一个人安身立命的，人们不得不深入思考的话题！

新时代的中国人，生存已经不是问题，所以我们应该对自己的人生做一些认真的思考，我们应该怎样活着？什么样的人生才是有价值的人生？《黑客与画家》的作者保罗·格雷厄姆，有一个非常好的概括："……（你）只是一个负责实现领导意志的技术工人，职责就是根据规格说明书写出代码，其实与一个挖水沟的工人是一样的，从这头挖到那头，仅此而已，从事的都是机械性的工作。"我们不是他人的工具，活着不是为了被动地被他人使用，而是应该有自己的价值。作为一个人，我们追问生命的意义，实际上是想实现生命的价值。在今天，或许人面对的最大的问题就是价值观的困惑。从价值观本身来说，这是一个需要我们每一个人都必须认真思考的重大问题。

二、实现梦想的动力，就在你心中的一念觉悟

《异类：成功人士的故事》这本畅销书中，提出一个"10 000 小时规则"的概念，即成功大致需要 10 000 个小时的投入。走红之前，甲壳虫乐队在酒吧演出过 10 000 个小时。创立微软公司之前，比尔·盖茨编程超过 10 000 个小时。画家毕加索、音乐家莫扎特、篮球运动员乔丹，都有超过 10 000 小时的训练……行动吧！点燃生命，从当下的实践开始，从眼前的生活改造开始！

马克思在《德意志意识形态》中这样说，共产主义对我们来说不是应

当确立的状况,不是现实应当与之相适应的理想。我们所称为共产主义的是那种消灭现存状况的现实的运动。共产主义不是从天上掉下来的,更不是对人类未来的人文主义的畅想与虚构。恰恰相反,共产主义首先是历史的产物,共产主义制度因历史的发展而变化。马克思曾这样写道,"每个人眼前都有一个目标,这个目标至少他本人看来是伟大的,而且如果最深刻的信念,即内心深处的声音认为这个目标是伟大的,那它实际上也是伟大的"。[1]不忘初心,方得始终。共产主义信念,是深深植根于人类内心深处的精神欲求,是人类之"初心"。社会发展的动力和个人成长的动力,其实是统一的,动力就在你心中的一念觉悟。

大哲学家叔本华曾说,"单个的人是软弱无力的,就像漂流的鲁滨逊一样,只有同别人在一起,他才能完成许多事业"。[2]是的,取长补短、合作共赢才应该是全球国际关系的主流。中国推动的"一带一路"倡议,正是因为秉承着互联互通、共商共建共享的原则,才在世界上赢得了广泛认同。中国传世经典《周易》有言:"穷则变,变则通,通则久",主张通过变革以求发展。而这种变革与发展的良性互动,在当今中国的改革开放实践中,表现得最为淋漓尽致。

三、 中国强大了, 中国人才有尊严

经济全球化、社会信息化、和平与发展是人类社会不可逆转的时代潮流,也是人类福祉所系。构建"人类命运共同体",不是空乏的概念,而是具体的、实践的、关乎世界福祉的伟大设计。改革开放 40 年来,我们始终把自身的发展繁荣置于世界的发展进步之中,可以说,中国的发展离不开世界的总体和平稳定,离不开与世界范围内其他优秀文明成果的交流互通。正因为中国的发展得益于世界,作为回馈,中国应该也愿意为世界提供更多支持,做出更大的贡献。中国始终秉持着这一必然规律,一心一意加速着对外开放及与世界交流融合的进程。

---

[1]《马克思恩格斯全集》(第 1 卷),人民出版社 1995 年版,第 455 页。
[2] 转引自曹克纯、吴新能:"团结协作 共创辉煌",载《思想政治课教学》2010 年第 8 期。

发展才是硬道理。中国是发展中国家,改革开放以来,中国取得的巨大成就举世瞩目,这充分证明了中国共产党领导的中国特色社会主义制度的优越性和先进性。在处理国际关系问题方面,中国从一个一穷二白的国家走到今天,我们不畏强权,我们热爱和平,但绝不放弃斗争,更不接受屈辱。中国一直希望和平发展、互惠互利、合作共赢。艰难困苦,玉汝于成,中国不会盲目自信,更不会无谓恐惧,中国人民会将外部压力转化为促进发展的强大动力,会理智从容应对中国崛起之路上的每一沟坎,并接受大国成长之路上的每一次考验。中国坚持改革开放大方向不会变,坚持苦练内功、强基固本不会变,坚持和平发展道路不会变!国家兴亡,人人有责,中国强大了,中国人才有尊严。我们要对祖国充满信心和希望!祖国好,我们才好;每一个中国人做好自己,每一个中国人通过努力奋斗取得成就,就是对祖国最大的回报!我们相信我们的祖国会更好!

2019年3月22日,习近平总书记在罗马会见意大利众议长菲科时,被问到作为一个大国领袖的感受,他用了8个字来回答:"我将无我,不负人民。"新一代的中国领袖,就是这样面对国家,面对人民,面对自己的责任的。

作为普通人,面对国家日益走向兴旺发达的未来,面对日益美好的世界,我们又该想些什么,说些什么,做些什么呢?

我们身处一个伟大的时代。中国人民和中国历史选择了中国共产党作为社会的领导核心。中国共产党不辱使命,团结带领全国各族人民,自力更生,艰苦创业,用28年的时间完成了实现国家主权、民族独立的历史任务,用不到百年的时间初步实现了国家繁荣和人民幸福。再有30年多一点的时间,中国共产党会领导全国各族人民建成富强民主文明的社会主义现代化强国。我们身处一个伟大的时代,一个中华民族和平崛起的伟大时

代,伟大的时代需要凝聚每一份善良的力量,去不断创造和巩固美好的发展成果,去抵达美好的生活高地!

未来可期,中国特色社会主义伟大事业进入新时代,一个突出的标志就是:每一个个人不仅物质文化生活获得更高的满足,而且必然在安全、公平、正义等方面获得更高的满足。我们充满信心,只要我们坚持正确的方向,每一个人都会赢得更多的自由、机会和尊重!作为个人,摆在我们面前的问题是:时代不抛弃个人的时候,我们自己能不能不负时代,自己能不能不负自己?

思考题

1. 世界的未来会怎样?
2. 未来的中国会有多美好?
3. 身为服刑人员,如何去迎接美好的未来?

结束语

中华民族是一个历史悠久的大家庭，中国是一个历史悠久的多民族国家，中华文明是人类历史上唯一一个延续至今的古文明。中国共产党创立的中华人民共和国是这个文明的优秀继承者。认同自己的祖先、民族和国家，认同自己的历史、文化和共同价值观，是每一个国民最基本的思想素质。

中国共产党领导和带领中国人民经过极度艰苦卓绝的英勇奋斗和流血牺牲，充分发扬中华民族勤劳勇敢、自立自强、团结统一的民族精神，赢得了国家独立和人民解放；中国共产党领导和带领中国人民站起来、富起来，使我们看到民族复兴国家强盛的胜利曙光。为国家谋独立，为民族谋复兴，为人民谋幸福，为人类谋大同，一代又一代的共产党人，不忘初心为之奋斗，是中国人民赢得个人尊严和追求幸福美好生活的坚强保障。进入中国特色社会主义新时代，习近平同志提出的全面建成中国特色社会主义现代化强国的伟大奋斗目标，为我们勾画出了更加美好的未来图景。

中华民族的伟大复兴，是全体中国人的共同愿望，需要每一个中国人贡献出自己的力量。古语说，浪子回头金不换。一个人，不管身犯何种罪错，只要从今天做起，从现在做起，认真改造自己的世界观，重新树立自尊自爱自强、爱党爱国家爱民族的正确价值观，树立中国特色社会主义必胜的坚定信念，愿意为实现中华民族伟大复兴的中国梦贡献自己的力量，就能够重新为社会所接纳，开始光明幸福的新生活。

声 明　1. 版权所有，侵权必究。
　　　　2. 如有缺页、倒装问题，由出版社负责退换。

图书在版编目（CIP）数据

"五大改造"教育读本丛书.政治改造分册/北京市监狱管理局编著
北京：中国政法大学出版社，2019.11
　ISBN 978-7-5620-9277-3

Ⅰ.①五… Ⅱ.①北… Ⅲ.①犯罪分子－监督改造－中国－学习参考资料 Ⅳ.①D926.7

中国版本图书馆CIP数据核字(2019)第251147号

书　名	"五大改造"教育读本丛书 政治改造分册 WUDAGAIZAO JIAOYU DUBEN CONGSHU ZHENGZHIGAIZAO FENCE
出版者	中国政法大学出版社
地　址	北京市海淀区西土城路 25 号
邮　箱	fadapress@163.com
网　址	http://www.cuplpress.com（网络实名：中国政法大学出版社）
电　话	010-58908466(第七编辑部) 58908334(邮购部)
承　印	北京中科印刷有限公司
开　本	720mm×960mm　1/16
印　张	21.5
字　数	345 千字
版　次	2019 年 11 月第 1 版
印　次	2019 年 11 月第 1 次印刷
定　价	85.00 元